GTB
Gütersloher Taschenbücher
1440

W0190697

Jonathan Magonet

Wie ein Rabbiner
seine Bibel liest

Aus dem Englischen übersetzt von
Sieglinde Denzel und Susanne Naumann

Gütersloher Verlagshaus

Deutsche Erstausgabe

Die englische Originalausgabe erschien 1991 bei SCM Press Ltd,
London, unter dem Titel »A Rabbi's Bible«.

Die Deutsche Bibliothek – CIP-Einheitsaufnahme

Magonet, Jonathan:
Wie ein Rabbiner seine Bibel liest / Jonathan Magonet. Aus dem Engl.
übers. von Sieglinde Denzel und Susanne Naumann.
– Dt. Erstausg. – Gütersloh : Gütersloher Verl.-Haus, 1994
(Gütersloher Taschenbücher ; 1440)
Einheitssacht.: A rabbi's bible <dt.>
ISBN 3-579-01440-4
NE: GT

ISBN 3-579-01440-4
© Gütersloher Verlagshaus, Gütersloh 1994

Das Werk einschließlich aller Teile ist urheberrechtlich geschützt.
Jede Verwertung außerhalb der engen Grenzen des Urheberrechtsgesetzes
ist ohne Zustimmung des Verlages unzulässig und strafbar.
Das gilt insbesondere für Vervielfältigungen, Übersetzungen,
Mikroverfilmungen und die Einspeicherung und Verarbeitung in
elektronischen Systemen.

Umschlaggestaltung: Dieter Rehder, Aachen unter Verwendung
einer Abbildung aus dem »De Bry Psalter« um 1470/80
aus Spanien/Portugal/Lissabon, Floersheim Trust,
Katalog »Jüdische Lebenswelten«, S. 425.
Satz: Steggemann, Herford
Druck und Bindung: Clausen & Bosse, Leck
Gedruckt auf chlorfrei gebleichtem Werkdruckpapier
Printed in Germany

Für Dorothea,
Gavriel und Avigail
in Liebe

Inhalt

Teil A   Lesen lernen

Teil B   Die alten Fragen, die alten Antworten

Vorwort zur deutschen Ausgabe

Das Erscheinen der deutschen Ausgabe meines Buches gibt mir die willkommene Gelegenheit, eine alte Schuld gegenüber vielen deutschen Christen – Freunden, Kollegen und Lehrern – abzutragen. Zwar hatte mich eine Reise mit der Jugendkompanie meiner Schule bereits zu einem sehr frühen Zeitpunkt nach Deutschland – zum britischen Luftwaffenstützpunkt in Wildenrath – geführt, doch mein erster ernsthafter Versuch, mich ganz persönlich dem schmerzlichen Rätsel der Deutsch-Jüdischen Beziehungen zu stellen, geht auf einen Besuch bei der Jüdischen Gemeinde von Berlin in den Sechzigerjahren zurück. Die Kontakte, die ich damals vor allem mit deutschen Pfarrern knüpfte, wurden zum Anlaß für eine – als »kulinarisch-theologische Rundreise« geplante – Reise durch Deutschland. Ich fuhr über Hamburg nach Düsseldorf. Von dort kam ich durch Pastor Rudolf Stamm ins Hedwig-Dransfeld-Haus nach Bendorf, wo ich die Bekanntschaft der bemerkenswerten Leiterin dieser Institution, Anneliese Debray, machte. Diese Begegnung hatte folgenschwere Konsequenzen für meine sommerlichen Aktivitäten in den kommenden sechsundzwanzig Jahren, denn die jährlich stattfindende Jüdisch-Christliche Bibelwoche in Bendorf wurde zu einem wichtigen Bestandteil der interreligiösen Landschaft in Deutschland wie auch meines eigenen Lebens. Über einundzwanzig Jahre lang war Bendorf daneben auch der Tagungsort der Jüdisch-Christlich-Moslemischen Konferenz, die mir den Rahmen bot, vielen Generationen von Rabbinatsstudenten des Leo Baeck College und unzähligen anderen Teilnehmern das einzigartige Erlebnis dieses Ortes der Begegnung fühlbar zu machen.

Die Menschen, die in all den Jahren nach Bendorf zur Bibelwoche kamen, brachten das Bedürfnis mit, mehr über das Judentum zu erfahren, zugleich aber auch die Bereitschaft, sich zur Schuld der deutschen Vergangenheit zu bekennen, und den dringenden Wunsch, zu einer neuen Beziehung zu Juden zu finden. Dieses Engagement und diese Offenheit haben mich tief beeindrukt und stellen Jahr für Jahr eine neue Herausforderung für mich dar, nun, da diese außergewöhnlichen Tagungen unter der Leitung von Ute Stamm weitergeführt werden. Leider sind weder Anneliese Debray noch Gisela Hommel, die großen theologischen Anteil an dem vorliegenden Buch haben, noch am Leben. Das gilt leider auch für viele andere, die den Geist der ersten Bibelwochen geprägt haben. Manche von ihnen leben in den Liedern weiter, die ich in jenen frühen Jahren in Bendorf schrieb.

Eine weitere wichtige Haltestelle auf meiner Reise durch Deutschland war die Universität Heidelberg. Hier bin ich vor allem meinem Doktorvater, Prof. Rolf Rendtorff, zu Dank verpflichtet. Er war bereit, meinen in der damaligen Zeit noch sehr neuen literarischen Ansatz zum Buch Jona als Dissertationsthema zu akzeptieren, boxte meinen Antrag in der äußerst komplexen Universitätsmaschinerie durch und betreute meine Arbeit. Der Tag meines ersten Besuches in Heidelberg zu einem Vorbereitungsgespräch fiel mit dem Todestag von Gerhard von Rad zusammen. Ich hatte jedoch das Privileg, meine Arbeit mit einem seiner berühmtesten Schüler, Hans Walter Wolff, besprechen zu dürfen. Mit Heidelberg verbunden ist auch die Begegnung mit meiner Frau Dorothea und unsere Hochzeit, überhaupt erst die zweite Hochzeitszeremonie in der dortigen jüdischen Gemeinde seit Kriegsende. Die Feier wurde von Rabbiner Peter Levinson und Pnina Navé-Levinson gestaltet, die bei meinen ersten zaghaften Berührungen mit Deutschland ebenfalls eine wichtige Rolle spielten.

Die andere entscheidende Station für mein Hineinwachsen in den Deutsch-Jüdischen Dialog war Berlin, und dort ganz besonders Pastor Winfried Maechler. Ich war ihm in London begegnet, als er an der Dietrich-Bonhoeffer-Kirche Dienst tat, und traf ihn bei vielen Gelegenheiten an der Evangelischen Akademie in Berlin wieder. Gemeinsam mit Rabbiner Lionel Blue suchte er seinen eigenen Weg zu einer deutsch-jüdischen Zusammenarbeit nach dem Krieg.

Indem ich diese wenigen Namen nenne, übergehe ich ungezählte andere, die ebenfalls Glieder jener großen Familie, jener »Gemeinde« sind. Schon während ich diese Worte niederschreibe, wird mir bewußt, wieviel ich ihnen allen verdanke und wie ungeheuer reich meine deutschen Erfahrungen mich gemacht haben. Ich hoffe, daß die deutsche Ausgabe dieses Buches auch vielen anderen etwas von dem eröffnet, was ich selbst in der Weggemeinschaft mit diesen ganz besonderen Reisegefährten beim Arbeiten und Diskutieren über die hebräische Bibel gelernt habe.

Zum Schluß möchte ich noch Herrn Dr. Walter Homolka, der dieses Projekt angeregt, und Herrn Dr. Frank Wössner, dem Vorstand der Bertelsmann Buch AG, der es unterstützt hat, danken. Mein großes Anliegen war, daß in der Übersetzung etwas von dem humorvollen Ton des Originals spürbar werde – eine Aufgabe, der die beiden Übersetzerinnen Susanne Naumann und Sieglinde Denzel, wie ich meine, voll gerecht geworden sind. Ulrike von Essen vom Gütersloher Verlagshaus sei gedankt für all die Mühe, die sie aufgewendet hat, um dieses Buch einem neuen Publikum zugänglich zu machen.

Jonathan Magonet

Leo Baeck College, London

Vorwort

Als Teenager gehörte ich der Junior Membership der West London Synagogue an und stieg schließlich zu ihrem Vorsitzenden auf (in einer Organisation ehrenamtlicher Mitglieder kein besonderes Kunststück). Es war das Vorrecht der »Jugend«, einmal im Jahr, anläßlich des *Chanukka*-Festes, den Gottesdienst in der Synagoge zu gestalten, und der Vorsitzende hielt dabei die Predigt. Ich kam meiner Pflicht denn auch mit der ganzen religiösen Begeisterung, Inbrunst und Überzeugtheit nach, wie sie nur ein junger Mensch aufbringen kann. Meine Predigt wurde denn auch wohlwollend aufgenommen, und als ich im Anschluß daran mit dem Senior Minister, Rabbiner Dr. van der Zyl, sprach, bot ich ihm großzügig meine Predigerdienste an, wann immer er sich meiner bedienen wolle. Er schenkte mir ein wissendes Lächeln und sagte freundlich: »Ja, ja, wir alle tragen *eine* Predigt in uns!«

Vielleicht tragen wir auch alle ein Buch in uns. Ich habe mit dem meinen fast zwanzig Jahre gewartet, bis ich mich an die Niederschrift machte – zwanzig Jahre, in denen ich werdende Rabbiner am Leo Baeck College in London lehrte, vor christlichen Hörern in England und Deutschland und vor vielen Menschen in anderen Ländern und aus anderen Kulturkreisen sprach. In so langer Zeit sammelt sich ein ganzer Schatz von Anekdoten, Zitaten und Beispielen an, die förmlich auf eine Gelegenheit warten, auf ein bißchen Raum und Zeit, um herauszusprudeln. Ein wenig länger dauerte es, bis ich herausfand, was ich mit all diesen Bruchstücken eigentlich sagen wollte – das wurde mir eigentlich erst beim Schreiben so recht deutlich.

Für »Raum und Zeit« danke ich dem Leo Baeck College, das mich schließlich zwang, ein schon zweimal verschobenes Freisemester endlich in Anspruch zu nehmen, und die finanzielle Unterstützung und technischen Hilfsmittel bereitstellte, dieses Freisemester zu einem wirklich fruchtbaren zu machen. Der Hauptteil des Buches entstand während meiner Zeit als erster Inhaber der »Scholar in Residence Jewish Education Fellowship« des Fachbereichs für Jewish Education an der Universität von Tel Aviv und des Department of Education and Culture der World Zionist Organization im Jahr 1990. (Allein um den Titel zu erklären, bräuchte man schon ein ganzes Kapitel.) Ganz besonders danke ich Dr. David Zisenwine und Dr. David Schers vom Fachbereich für Jewish Education, Dr. Hank Skirball, Leiter des Department of Education and Culture der WZO, sowie Asher Amir, dem »Mann in Israel« des Leo Baeck College, für ihre Bemühungen, die mir diesen Aufenthalt möglich machten. Einen Reisezuschuß verschaffte mir der Sherman Award, der mir von der Anglo-Jewish Association verliehen wurde.

Ganz besonders stehe ich in der Schuld von Harvey und Ruth Cohen, die mir während meiner Zeit in Tel Aviv ihre Wohnung zur Verfügung gestellt und mich auch sonst in vielfältiger Weise unterstützt haben.

Mehrere der Kapitel im zweiten Teil des Buches erschienen bereits in leicht abgewandelter Form in *The Month*, und ich bin froh um die Erlaubnis, sie an dieser Stelle wiederabzudrucken.

Vor allem aber habe ich meiner Frau Dorothea und meinen Kindern Gavriel und Avigail zu danken, die mir die Freiheit zugestanden, sie für lange Monate der Arbeit alleinzulassen – und die mit bemerkenswerter Gelassenheit meine gelegentliche Geistesabwesenheit ertrugen, als ich wieder zu Hause war und das Material ordnete. Ohne ihr Verständnis und ihre Unterstützung wäre das alles nicht möglich gewesen.

Das Buch ist ihnen gewidmet, ebensosehr aber auch dem Gedächtnis einiger meiner Lehrer, die sich nicht mehr mit mir daran freuen können: Dr. Ellen Littmann, Rav Shmuel Sperber, Dr. Sara Kamin.

Jonathan Magonet

Teil A

Lesen lernen

1

»Wer ist der, und wo ist der?«[1] (Est 7,5)

Eigentlich gibt es ja schon viel zu viele Bücher über die Bibel – was bereits die Bibel selbst auf ihre höchst eigene, ironisch-subversive Weise andeutet (Koh 12,12). Warum also noch eines schreiben? Zum einen, weil ich mir in aller Bescheidenheit zutraue, ein paar alte Wahrheiten neu zu formulieren. Und zum anderen, weil mich gewisse Bücher über die Bibel dermaßen ärgern, daß ich dem Leser gern einmal etwas anderes vorsetzen möchte.

Am enervierendsten an der gängigen Literatur zur Bibel sind für mich die Schriften voll der frommen, inbrünstigen Begeisterung des »wahren Gläubigen«, für den alles überwältigend neu, unbezweifelbar wahr und ungeheuer bedeutungsschwer ist. Ihnen auf dem Fuße folgen die Machwerke des blasiert-distanzierten Medienmenschen, der der Öffentlichkeit die neuesten Ergebnisse der Bibelforschung auf genau die gleiche Weise »verkauft« wie jedes beliebige andere Thema (»Ich stehe hier an ebender Stelle, wo – wenn man den Archäologen glauben darf – ...«). Einer gewissen Ungeduld kann ich mich aber auch meinen gelehrten Kollegen gegenüber nicht erwehren, die es fertigbringen, einen so spannenden, anregenden Gegenstand wie die Bibel zum Gähnen langweilig zu präsentieren.

Als eklektizistischer Gläubiger, selbst hin und wieder Medienmensch und nicht zuletzt Vollzeitakademiker bin ich natürlich geradezu prädestiniert, sämtliche oben genannten Fehler getreulich nachzumachen. Ich hoffe aber, daß es mir gelungen ist, in das vorliegende Buch eine Art Alarmanlage einzubauen, die mich rechtzeitig vor solchen Sünden warnt. Wie ich noch wiederholt betonen werde: Die Bibel ist ein äußerst subversives Buch. Sie verlangt von dem, der sich mit ihr beschäftigt, daß er sich in Frage stellen läßt und auch selbst immer wieder in Frage stellt.

---

1. Die Bibelzitate wurden durchgängig nach dem Text J. Magonets neu übersetzt.

14

Da dies ein sehr persönliches Buch werden soll, ein Buch darüber, wie ein ganz bestimmter Rabbi die Bibel liest, bedarf es einer kurzen persönlichen Einführung. Weitere Einzelheiten meiner Biographie sind dann im ersten Teil des Buches enthalten. Als Bibelforscher bin ich weitgehend Autodidakt. Das heißt nicht, daß ich die großen Verdienste meiner Lehrer am Leo Baeck College, wo ich meine Ausbildung erhielt, oder an der Hebräischen Universität von Jerusalem, wo ich meine Dissertation begann, die ich dann in Heidelberg abschloß, schmälern möchte – oder auch die ungezählter anderer Freunde und Lehrer in all den Jahren. Der eigentlichen Bibelforschung habe ich mich jedoch erst relativ spät zugewandt, und sie machte auch nur einen recht kleinen Teil meiner ursprünglichen Ausbildung zum Rabbiner aus, so daß ich also nicht den üblichen Weg, wie er im Rahmen der Universitätslaufbahn vorgezeichnet ist, hinter mir habe. Auf diese Weise erwarb ich mir eine breit gestreute, wenn auch von vielfältigen Abneigungen geprägte biblische »Bildung«. Ich habe über Jahre hinweg aus allen möglichen und unmöglichen Informationsquellen alle möglichen Häppchen und Bröckchen biblischer Bildung aufgepickt. Das hatte zwar manchmal recht chaotische Auswirkungen, führte am Ende jedoch zu einer sehr persönlichen Synthese.

Das Schreiben hat mir immer Freude gemacht, und nicht weniger gern verfasse ich gelegentlich ein Gedicht oder ein kleines Lied. Diesem Talent verdanke ich meiner Ansicht nach ein gewisses Gespür für die Dichtung und Erzählweise der Bibel, das dann auch meiner Arbeit die Richtung gab. Als ich Mitte der siebziger Jahre promovierte – über die literarische Struktur des Buches Jona –, gab es noch so gut wie keine Literatur auf diesem Gebiet. Jeder Schritt führte in Neuland, und jede Entdeckung mußte mit entsprechend überzeugenden Argumenten untermauert werden. Heute, da die Textanalyse biblischer Erzählungen einen wahren »Boom« erlebt, der uns in den letzten zehn Jahren unzählige Veröffentlichungen beschert hat und zahlreiche Forscher faszinierte, kann man sich kaum noch vorstellen, wie neu das damals alles war.

Mir wurde erst ganz allmählich bewußt, was die hebräische Bibel mir bedeutet. Der eigentliche Ausgangspunkt lag in meiner Ausbildung zum Rabbiner. Das mag selbstverständlich erscheinen, ist es aber – so wie die jüdische Welt heute aussieht – keineswegs. Die eher traditionell ausgerichteten jüdischen Lehrzentren, die *Jeschiwot*, legen stärkeres Gewicht auf spätere Texte wie den Talmud, jenes große Kompendium jüdischer Theologie und Gesetzesauslegung, das die ersten sieben Jahrhunderte unserer Zeitrechnung umfaßt. Die »liberalen« Rabbiner-Seminare in Amerika wiederum setzten sich bis vor kurzem noch fast ausschließlich mit den großen Strömungen der »wissenschaftlichen« Bibelforschung des letzten Jahrhunderts auseinander und blieben in ihrem Bemühen, zu einem »objektiven« historischen Urteil zu gelangen, dieser »Tradition« treu. Das Leo Baeck College war, als ich dort studierte, eine noch relativ junge Institution und spiegelte recht eindrücklich die Suche der Nachkriegszeit nach einem neuen Verständnis jüdischer Gelehrsamkeit, ja des Rabbinertums überhaupt, wider. Dabei spielte die wissenschaftliche Genauigkeit eine große Rolle, weil es immer noch möglich schien, zu objektiven Schlußfolgerungen über den historischen Hintergrund der Texte, die uns beschäftigten, zu gelangen. Die Ergebnisse dieser Arbeit trugen allerdings auffallend wenig dazu bei, eine jüdische Welt, die noch immer gezeichnet war von den Schrecken der *Shoa* (des Holocaust), in ihrem Innersten wiederherzustellen und zu erneuern. Irgendwie mußte die Bibel wieder zu einer Quelle des Trostes, der Herausforderung und des religiösen Wachstums werden, ohne daß dabei der wissenschaftliche Ernst und die Ergebnisse der Forschung auf der Strecke blieben.

Erst heute ist mir ganz klar, wie stark wir alle damals unter dem Einfluß dieser Spannung standen, und ich rechne es meiner Lehrerin, Dr. Ellen Littmann, um so höher an, daß sie in dieser Situation versuchte, auf ihre ganz eigene Weise einen neuen Weg zu finden, der die Mitte zwischen den beiden Spannungspolen hielt.

Geprägt von der *Hochschule für die Wissenschaft des Judentums* in Berlin, der Hochburg des liberalen Judentums, lag Dr. Littmanns eigentlicher Forschungsschwerpunkt auf der Geschichtswissenschaft. Sie war im Zweiten Weltkrieg nach Palästina geflohen, wo sie sich ihren Lebensunterhalt als Putzfrau verdiente. Als das Leo Baeck College seine Arbeit aufnahm, berief Rabbiner Dr. van der Zyl, der eigentliche Gründer des Colleges, Dr. Littmann als Bibelwissenschaftlerin an die neugeschaffene Einrichtung. Dr. Littmann kam ihrer Unterrichtsverpflichtung mit großer Hingabe und Liebe, vor allem zu ihren Studenten, die hier in der Fremde ihre einzige Familie bildeten, nach, litt jedoch sehr unter der Belastung, sich noch einmal in einer völlig neuen, nunmehr ihrer dritten, Sprache verständlich machen zu müssen. Zweifellos war Ellen Littmanns Einfluß maßgeblich daran beteiligt, daß ich mich auf die Bibel verlegte.

Mein persönliches Bibelverständnis ist jedoch sicherlich noch durch eine ganze Reihe anderer Faktoren geprägt. Wie es in unserer Familie üblich war und von mir erwartet wurde, studierte ich zunächst Medizin. Ich kann allerdings nicht sagen, daß es mir besondere Freude gemacht hätte – zu meiner Zeit bestand das Medizinstudium noch allzusehr aus bloßem Auswendiglernen, und wir wurden kaum ermutigt, logische Zusammenhänge zwischen den Informationen, die wir uns aneigneten, herzustellen. Andererseits machten mich die Erfahrungen, die ich mit einer naturwissenschaftlichen Disziplin gemacht hatte, später äußerst kritisch gegenüber der Arbeitsweise der theologischen Forschung. Allzuviel davon bestand meiner Ansicht nach in der bloßen Wiederholung dessen, was irgend jemand vor hundert Jahren behauptet hatte, und allzuviele Hypothesen waren mittlerweile in den Rang von Dogmen erhoben worden, die über jede Kritik erhaben waren. Ginge man in der Medizin genauso vor, dann arbeiteten wir heute noch mit Blutegeln, und alle unsere Patienten würden vor der Zeit das Zeitliche segnen. Nicht umsonst fühlte ich mich in meiner neuen Disziplin oft fatal an die Pathologie erinnert. Die theologische Wissenschaft roch nach dem Sezieren exhumierter Leichen, und ich hatte eigentlich nie den Eindruck, daß es dabei um die Auseinandersetzung mit dem Wunder eines lebenden Organismus ging. (Sie sehen, hier machen sich bereits meine Vorurteile bemerkbar.)

Eine weitere Quelle für mein ganz spezielles theologisches Interesse bildeten die Geschichten, die mein Vater von seiner Arbeit als Arzt und Hypnotiseur mit nach Hause brachte. Er war während des Krieges aus Kanada nach England gekommen und dem Royal Army Medical Corps zugeteilt worden. Als Außenseiter blieb ihm die klinisch-akademische Laufbahn verschlossen, auch wenn er meiner Ansicht nach ein hervorragender Kliniker war. Statt dessen wurde er Allgemeinarzt, begann aber gleichzeitig, mit Hypnose zu experimentieren, eine Technik, die er während seines Studiums in den USA erlernt hatte. Da solche unkonventionellen Behandlungsmethoden im konservativen medizinischen Establishment der damaligen Zeit tabu waren, ging er stur seinen eigenen, unabhängigen Weg und baute eine große Privatpraxis auf. Mein Vater besaß eine einzigartige Intuition für die Nöte und Bedürfnisse der Patienten, die – in der Regel nach vielen fehlgeschlagenen Therapieversuchen – zu ihm kamen, und eine gehörige Portion Skepsis in bezug auf die Grenzen der konventionellen Medizin. Ich bin überzeugt, daß mir seine Berichte und Analysen der Lebensumstände, die zu den verschiedenen psychosomatischen Störungen seiner Patienten geführt hatten, den Blick dafür öffneten, wie wichtig es ist, immer auch zwischen den Zeilen zu lesen – ein Anliegen, auf das ich im zweiten Kapitel noch zurückkommen werde. Ich glaube, der »ganzheitliche« Ansatz meines Vaters – das Wort »ganzheitlich« war damals allerdings noch nicht in Mode – weckte in mir das Gespür für die »Ganzheit« einer Geschichte, das Bedürfnis, ihre innere Kohärenz zu entdecken. Eine solche Vorgehensweise schlug der konventionellen Bibelforschung, wie sie damals noch betrieben wurde, geradezu ins Gesicht: dem »atomistischen« Vorgehen, Textpassagen in immer kleinere Bestandteile aufzulösen, die sämtlich unterschiedlichen historischen Ursprungs sein sollten. Nicht, daß ein solcher Ansatz an sich illegitim wäre. Ich hatte nur oft den Eindruck, daß ihm zweifelhafte Kriterien zugrundegelegt und angeblich zeitgenössische, gesellschaftliche oder politische Umstände in den Text hineinprojiziert wurden, für die es wenig oder überhaupt keine Belege gab. Von meinem Vater hatte ich also die Liebe zu Geschichten und einen gesunden Skeptizismus geerbt.

Dabei darf nicht unerwähnt bleiben, daß sicherlich auch ein gewisser Sinn für Humor, ganz bestimmt aber für Ironie, in meiner persönlichen Entwicklung eine wichtige Rolle spielte und letztlich auch in meinen theologischen Ansatz einfloß. Die Bibel steckt voller Humor – was ebenfalls bis vor kurzem entweder nicht bemerkt oder aus Schicklichkeitsgründen geflissentlich übersehen wurde (und zwar von den Wissenschaftlern genauso wie von den Klerikern). Zugegeben: Die Anlässe zu schallendem Gelächter sind selten (mit Ausnahme vielleicht des grotesken Todes von Eglon in Ri 3,16-22!), aber immer wieder machen sich sprühender Witz, volkstümlicher Humor und vor allem eine doppelbödige Ironie bemerkbar. Rabbiner Dr. Albert Friedlander verdanke ich die Erkenntnis, daß selbst in der Geschichte von der Durchquerung des Schilfmeeres noch eine Dosis Galgenhumor steckt: Die Kinder

Israel stehen am Rand des Meeres. Pharaos Streitmacht ist ihnen auf den Fersen. Da wenden sie sich zu Mose und sagen (und man muß sich das wohl in einer Art breitem Berlinerisch vorstellen):

»Gab es denn keine Gräber in Ägypten, daß du uns zum Sterben in die Wüste holst?!« (Ex 14,11)

Ich erwähne dies nur, weil auch das vorliegende Buch – wie ich hoffe – nicht ganz humorlos ist, und weil ich den Humor sowohl als ureigene biblische Haltung wie auch als Arbeitsmodus für die Beschäftigung mit der Bibel legitimieren möchte.

Des weiteren war die Erfahrung des interreligiösen Dialoges ganz entscheidend für meinen Umgang mit der Bibel, wie das dritte Kapitel zeigen wird. Vielleicht sollte ich kurz skizzieren, welche Ereignisse dazu führten. 1964 nahm ich an einem jüdischen Jugendtreffen in Holland teil. Eine Gruppe junger Juden aus Deutschland berichtete, daß sie zwar bereitwillig in andere Länder eingeladen würden, daß aber nie jemand nach Deutschland komme. Wenn es uns jedoch wirklich ernst sei mit einer jüdischen Zukunft in Europa, dann müßten wir unbedingt auch gerade dieses Land kennenlernen. Dieser Appell berührte mich tief und rüttelte mich auf. Tatsächlich hatten wir dann auch den Mut, die Tagung für das folgende Jahr in Berlin anzusetzen. Es sollte die erste internationale Zusammenkunft jüdischer Jugendlicher in Deutschland seit dem Zweiten Weltkrieg sein. Um auch äußerlich zu demonstrieren, wie ernst es mir mit der Sache war, begleitete ich die deutsche Delegation nach Berlin zurück und kam damit zum ersten Mal als Erwachsener nach Deutschland, wo ich eine Woche voller bewegender und widersprüchlicher Eindrücke verbrachte. Auf der Heimfahrt wurde mir plötzlich in einem Augenblick äußerster Klarheit bewußt, daß ich Rabbiner werden wollte – eine Idee, die ich schon seit einigen Jahren unklar mit mir herumgetragen hatte.

Die in Berlin geknüpften Kontakte führten mich schließlich, zusammen mit einigen Kommilitonen, ins Hedwig-Dransfeld-Haus im Städtchen Bendorf bei Koblenz. Das Hedwig-Dransfeld-Haus ist ein katholisches Tagungszentrum, das damals von einer bemerkenswerten Frau geleitet wurde, von Anneliese Debray. Sie hatte den Ort nach dem Zweiten Weltkrieg ganz in den Dienst der Völkerversöhnung – zwischen Deutschen und Polen, Deutschen und Franzosen – gestellt und plante nun, ihren Arbeitsbereich auf das Gebiet deutsch-jüdischer Beziehungen auszuweiten. Wir nahmen an einer Pfingsttagung teil. Das Auftreten dreier junger Anwärter auf das Rabbinat machte allgemein großen Eindruck – auf uns selbst kaum weniger als auf die deutschen Teilnehmer, die hier zum ersten Mal jungen Juden begegneten, die mit ihnen ins Gespräch kommen wollten. Spontan faßten wir den Entschluß, im Sommer, wenn im Haus eine Bibelwoche stattfinden sollte, wieder-zukommen. Damit war die Bendorfer Jüdisch-Christliche Bibelwo-che geboren, die sich 1993 zum fünfundzwanzigstenmal jährte. Wir begannen« damals mit dem ersten Kapitel der Genesis und haben uns im Lauf der Jahre bis zu Jeremia vorgearbeitet. (Es macht mir immer noch zu schaffen, daß wir Levitikus ausgelassen haben, doch ich fühlte mich dem Thema damals nicht gewachsen, hoffe aber, daß wir das Versäumte eines Tages nachholen werden.)

Das Besondere an der Bendorfer Bibelwoche war die Verknüp-fung der so stark belasteten deutsch-jüdischen Vergangenheit mit der noch sehr viel älteren Problematik der Beziehung zwischen Juden und Christen. Das Bibelstudium bot uns eine Textgrundlage, über die wir gemeinsam arbeiten konnten, und zugleich einen Ansatzpunkt für das Gespräch über all das, was uns zu schaffen machte. Die ersten Bibelwochen waren denn auch sehr schmerzlich für alle Beteiligten, gerade wegen der starken persönlichen Betrof-fenheit der Teilnehmer. Sie waren aber auch – vielleicht aus demsel-ben Grund – ganz besonders anregend und bereichernd. Wir konn-ten es uns unter den gegebenen Umständen nicht leisten, einfach nur höflich zu sein – die Leute hatten drängende Fragen mitge-bracht, Fragen zu ihrem eigenen Leben, aber auch zur Problematik der deutschen Schuld – der Schuld deutscher *Christen* – am Schick-sal der Juden, und sie waren ungeheuer neugierig auf die Lehren und Werte des Judentums. Bendorf hat mich insofern »verdorben«, als ich mich seither nie mehr mit der Oberflächlichkeit zufriedenge-ben konnte, die den größten Teil des sogenannten jüdisch-christli-chen »Dialogs« kennzeichnet. Die Bibel ist für mich untrennbar verbunden mit der Herausforderung einer solchen Begegnung zwischen Texten und Menschen, zwischen dem Bemühen zu ver-stehen, was der Text sagt, und der riesigen Bandbreite von Interpre-tationen, zu denen er unsere jeweiligen religiösen Traditionen inspi-riert hat. Doch die Bibelwoche blieb nicht auf die »religiöse«

Ebene beschränkt. Sie gab mir darüber hinaus Gelegenheit, Dichter, Schriftsteller, Künstler, Psychotherapeuten und viele Angehörige anderer Berufe und Berufungen einzuladen, damit sie uns von den Einsichten, die sie aus ihrer Kunst, ihrem speziellen Arbeitsbereich oder aus ihrer eigenen persönlichen Kreativität mitbrachten, erzählten. Das beschert unserem gemeinsamen Arbeiten zwangsläufig eine große Vielfalt, die aus der Spannung und Intensität starken persönlichen Engagements lebt. Am besten hat die Implikationen dieses vielschichtigen Ansatzes vielleicht Franz Rosenzweig zusammengefaßt, der große deutsch-jüdische Philosoph und Erzieher und Mitarbeiter Martin Bubers. Selbst dem Dialog zutiefst verpflichtet, schrieb er, daß er, wenn jemand mit einer wissenschaftlichen Frage zu ihm komme, stets versuche, weniger auf die Frage als vor allem auf die Person, die sie gestellt habe, einzugehen.

Das bringt mich wieder auf die Entstehungsgeschichte dieses Buches und das Anliegen, das ich damit verfolge. Jahrelang habe ich Aufsätze über bestimmte Aspekte der Bibel verfaßt, die zum größten Teil für eine christliche Leserschaft bestimmt waren und meist in der Zeitschrift *The Month* erschienen. Dabei war ich mir die ganze Zeit bewußt, daß diese Texte Material für ein Buch liefern könnten, falls ich jemals die Zeit finden würde, es zu schreiben. Ein schon lange überfälliges Freisemester sowie die Gespräche mit Dr. John Bowden von *SCM Press*, mit dem ich in einer anderen Diskussionsgruppe bin, gaben schließlich den endgültigen Anstoß zu diesem Projekt. Damit stellte sich jedoch sogleich auch eine Frage. Da die verschiedenen Einzelabhandlungen, die den zweiten Teil des Buches bilden, sich jeweils mit speziellen Themen befassen, blieb zu klären, was eigentlich den roten Faden des Buches ausmacht. Was will ich mit dem Ganzen überhaupt sagen? Ich glaube – oder hoffe vielmehr –, diese Frage im Laufe des Schreibens für mich und den Leser beantwortet zu haben.

Ich möchte mit diesem Buch etwas anbieten, das sich grundlegend von den oben karikierten populären Schriften zur Bibel unterscheidet.

Ich selbst habe mich, wie bereits gesagt, erst relativ spät ernsthaft mit »der Bibel« auseinandergesetzt. Dabei wurde mir das ganz besondere Vergnügen zuteil, die Bibel auf eigene Faust zu »entdecken« – und nicht nur die Bibel, sondern dazu auch die vielfältigen

Auslegungstraditionen speziell jüdischer Prägung, die sie hervorgebracht hat. Etwas von dem Spaß und von der Spannung bei der Entdeckung und Selbstentdeckung möchte ich hier spürbar werden lassen, und zwar möglichst auf eine Art und Weise, die dem Leser Raum läßt für eigene Forscherfreuden.

Als Rabbiner benutze ich eine andere »Bibel« (in Ermangelung eines besseren Begriffs im folgenden die »hebräische Bibel« genannt; vgl. jedoch unten) als das christliche »Alte Testament«, mag man es nun in der großartigen Wucht der lutherischen Übersetzung genießen oder eine zeitgenössischere Übertragung vorziehen. Natürlich ist es im großen und ganzen dieselbe Bibel – doch die andere Reihenfolge der Bücher in den jüdischen Ausgaben, das Fehlen eines »Neuen Testamentes«, vor allem aber die Möglichkeit, den Text in der Originalsprache zu lesen, sorgen für aufregende Verschiebungen bei den Schwerpunkten der Texte und im Textverständnis.

Darüber hinaus kann ich mich auf über zweitausend Jahre kontinuierlicher jüdischer Auslegungstradition stützen, die von einigen der größten Geister der jüdischen Geschichte mitgeprägt wurde. Wir müssen uns nur klarmachen, daß in früheren Jahrhunderten Genies wie Freud, Einstein oder Mahler ihre ganze Kraft in den Dienst der Bibelauslegung gestellt hätten. Welch eine ungeheure, geballte Ladung an Kreativität floß damals in die theologische Arbeit ein! Nicht umsonst dürfen Namen wie Raschi, Maimonides, Abraham Ibn Esra und Nachmanides im Pantheon unserer westlichen Kultur nicht fehlen.

Ganz abgesehen von dem Wert der Einsichten, die in jedem einzelnen dieser alten Systeme stecken, schenkt uns die Kenntnis einer lebendigen Tradition, die so weit zurückreicht und auf so hohem geistigen Niveau steht, ein ganz anderes Augenmaß für all die »neuen« und »ultimativen« Deutungen, mit denen wir heute konfrontiert werden. Auf einer ganz persönlichen Ebene – immer vorausgesetzt, daß ich angesichts einer solchen Tradition nicht vor Ehrfurcht erstarre – stellt diese Tradition eine solide Kontrollinstanz für die gewagteren meiner eigenen Auslegungsversuche dar. Mein Lehrer, Raw (Rabbiner) Shmuel Sperber, war jedesmal ganz aufgeregt, wenn er einen *Chiddusch* entdeckte, einen neuen Gedanken oder eine neue Lesart, und stürzte sich sofort auf die großen Kommentare der Alten, um irgend jemanden ausfindig zu machen, der dasselbe schon vor ihm entdeckt hatte. Man muß Sperber gekannt haben, um sich die köstliche Mischung aus Humor, Selbstzweifel und religiösem Ernst vorstellen zu können, die hinter diesem Bedürfnis stand, sich mit der Tradition zu verbünden.

Die Vielfalt der Perspektiven, die im Laufe der Geschichte entwickelt wurden, verhilft uns aber auch zu einer äußerst sinnvollen Distanz gegenüber dem, was uns als »gesicherte Ergebnisse der modernen Wissenschaft« präsentiert wird. Alle Wissenschaft ist grundsätzlich immer auch zeitgebunden und bewegt sich zwangsläufig innerhalb der Wertvorstellungen und Ansichten ihrer jeweiligen Epoche, auch wenn es oft schwer ist, das zu erkennen, zumal wenn man selbst in dieser Zeit lebt.

An dieser Stelle mögen all diejenigen, die der Ansicht sind, die Religion sei über solche Modeerscheinungen erhaben, versucht sein, schadenfroh über die »Beschränktheit« der sogenannten »Wissenschaft« zu lachen. Gegen sie muß jedoch geltend gemacht werden, daß die ganze lange Auslegungstradition selbst einen klaren Widerspruch zu der Überzeugung darstellt, daß wir in der Bibel definitive Aussagen, klare Antworten und »ewige Wahrheiten« vor uns haben – vor allem natürlich solche, die unsere eigene religiöse Position untermauern! Die Bibel befindet sich im ständigen Dialog mit uns – Gläubigen wie Ungläubigen –, und es kommt offensichtlich weniger auf eine »Wahrheit« an, die wir in ihr entdecken, als auf das aufrichtige Bemühen, uns mit dieser Wahrheit auseinanderzusetzen und sie in unser Leben zu integrieren.

Sehr schön deutlich wird dies an der Erklärung der Rabbinen, daß Gott sich Mose im brennenden Dornbusch als »der Gott Abrahams, der Gott Isaaks und der Gott Jakobs« vorstellte, und nicht als »der Gott Abrahams, Isaaks und Jakobs«. Warum tat er das wohl? Weil jeder der Erzväter Gott in seinem eigenen Erleben und in seiner eigenen Zeit entdecken mußte, wobei er nur das eine sicher wußte: daß es derselbe Gott war. Wenn die Rabbinen recht haben, dann hört dieser Prozeß nie auf, und jede Generation bringt in ihre Auslegung der Bibel ihre eigene Erfahrung mit Gott ein, was nicht bedeutet, daß die Entdeckungen der Vergangenheit deshalb vernachlässigt werden dürfen.

Irgendwo auf diesem Spektrum liegt die »Bibel«, von der ich reden und die ich entdecken möchte – vorausgesetzt, daß ich den richtigen Zugang finde.
An dieser Stelle müssen noch einige technische Details angesprochen werden.

Immer, wenn ich mit der hebräischen Bibel arbeite, wird mir bewußt, wie wenig ich eigentlich weiß. Aus diesem Grund versuche ich gar nicht erst, so zu tun als ob – das heißt, ich gehe in meinen Texterläuterungen nie über das hinaus, was ich weiß. An den Stellen, an denen ich nicht mehr weiterkomme, wahre ich gewöhnlich ein bedeutungsschweres Schweigen. Dem aufmerksamen Leser werden diese Stellen auffallen – mancher ist vielleicht auch enttäuscht, weil nicht auf seine Auffassung oder seine Fragen eingegangen wird.

Wenn ich schon eine ganze Menge über die Bibel nicht weiß, dann sind meine Wissenslücken im Blick auf das rabbinische Judentum noch viel größer. Das ist weder falsche Bescheidenheit, wie sich leicht überprüfen läßt, noch wirft es ein sonderlich schlechtes Licht auf meine wissenschaftliche Qualifikation – bildet die Tradition doch ein schier undurchdringliches Dickicht und warnt selbst immer wieder davor, sich allzu voreilig auf sie zu berufen. Eine ganz bestimmte Folgeerscheinung meiner Unkenntnis sollte jedoch nicht unerwähnt bleiben. Wir alle, die wir Predigten zu verfassen haben, haben die schlechte Gewohnheit angenommen, wichtige Passagen mit Wendungen wie »die Rabbinen sagen« oder »unsere Weisen haben gelehrt« einzuleiten. In der Tat beruhen die Aussagen, die dann folgen, in der Regel nicht auf unseren eigenen Erkenntnissen (das gilt zumindest für die meisten von uns), aber wir werden doch gern ein wenig vage, wenn es darum geht, genau anzugeben, wer dieses spezielle Stückchen Weisheit denn nun wirklich »gesagt« oder »gelehrt« hat, und wann oder wo genau er es tat. Das liegt zum Teil daran, daß wir im Laufe der Zeit eine Menge solcher Gedanken aufnehmen und später dann oft nicht mehr wissen, wo genau wir sie gehört oder gelesen haben – und meist fehlt uns die Zeit, es nachzuprüfen. Das Schlimme daran ist, daß auf diese Weise manchmal Aussprüche entstellt oder dem falschen Rabbi aus der falschen Partei im falschen Jahrhundert zugeschrieben werden – oder daß wir sie gar, was der Himmel verhüten möge, mit Dingen durcheinanderbringen, die wir irgendwo anders aufgeschnappt haben, die sich aber nach rabbinischer Tradition anhören.

Eine Folge dieser Verschwommenheit, die all jene, die Wert auf Genauigkeit legen, zu Recht aufbringt, ist, daß dadurch der Eindruck erweckt wird, die jüdische Tradition sei eine Art Monolith und jede Aussage aus der Vergangenheit, die vielleicht in Wirklichkeit nur von einer winzigen Minderheit vertreten wurde, der authentische Ausdruck der Gesamtheit jüdischer Wertvorstellungen. Damit will ich lediglich sagen, daß ich meine Zitate, soweit es mir möglich ist, kennzeichne. Wo ich es nicht kann, oder wo ich den Eindruck habe, daß ich im Trüben fische und möglicherweise die richtige Auslegung in den falschen Kontext verlege, werde ich entweder auf diese Möglichkeit hinweisen oder versuchen, die Klippe vorsichtig zu umschiffen.

Nun spielt die Sorge um die Quellenangabe schon im Talmud eine große Rolle. Die Überlieferungen werden stets unter dem Namen ihres Verfassers oder im Namen desjenigen tradiert, der sie vom Verfasser empfing und seinerseits weitergab. Darin spiegelt sich die Tatsache, daß die hebräische Bibel von der »Geschichte« als von *Toledot*, »Generationen«, spricht. Die Beziehung zur Vergangenheit manifestiert sich im Judentum also nicht in abstrakten Kräften, sondern in der lebendigen Kontinuität mit den eigenen Vorfahren.

Ich erwähne dieses Problem nur, weil mir mindestens zwei Quellen für die Stelle über die Erzväter, die Gott jeweils auf ihre eigene Weise finden mußten, einfallen. Bei genauerem Hinsehen beziehen sich jedoch beide auf den späteren Gebrauch der Wendung »Gott Abrahams, Gott Isaaks und Gott Jakobs« in der jüdischen Liturgie und nicht, wie es auf den ersten Blick scheint, auf die Wendung von Exodus 3,6. Man kann sich leicht vorstellen, wie kompliziert es wäre, jeweils sämtliche nur irgend denkbaren Quellen anzuführen und mit ausführlichen Fußnoten zu versehen. Ich möchte mich deshalb von vornherein bei all denen entschuldigen, denen Genauigkeit über alles geht, und sie herzlich bitten, mich nicht mit schriftlichen Anfragen zur Belegstelle eines anonymen Ausspruchs zu bombardieren.

Ich habe bereits auf die Schwierigkeit hingewiesen, eine Bezeichnung für das Buch oder das Konglomerat von Büchern, das wir unter dem Namen »Bibel« kennen, zu finden. Der Begriff »hebräische Bibel« dient zur Abgrenzung der von mir verwendeten Version von der griechischen Bibel, mit der das Neue Testament oder auch die Septuaginta, die griechische Übersetzung des Alten Testaments, gemeint sein kann. Die Problematik rührt vor allem daher, daß die verschiedenen Bezeichnungen für die Bibel nicht frei von polemischen Untertönen sind. Für Juden etwa ist es unannehmbar, daß ihr Testament »alt« und damit in gewisser Weise durch das »neue« überholt sein soll. Dennoch müssen auch die Juden zur Kenntnis nehmen, daß diese Auffassung tatsächlich von vielen Strömungen innerhalb des Christentums vertreten wird. Allerdings gibt es im christlichen Lager selbst unterschiedliche Meinungen darüber, in welchem Verhältnis die beiden Teile der heiligen Schrift des Christentums zueinander stehen.

Wie könnte man die »hebräische Bibel« sonst noch nennen? Es gibt eine ganze Reihe jüdischer Bezeichnungen, die allesamt unterschiedliche Sachverhalte zum Ausdruck bringen. Die heute vielleicht üblichste ist die Außenstehende fremd anmutende Wortbildung *Tenach. Tenach* ist ein Akronym aus den Anfangsbuchstaben der hebräischen Bezeichnungen für die drei Hauptteile der hebräischen Bibel im jüdischen Kanon: Die »Fünf Bücher Mose«, die *Tora*; die »Propheten«, *Newiim*, von Josua bis Maleachi; und die »Schriften«, *Ketuwim*, von den Psalmen bis zum Ende der Chronikbücher. Aus den drei Anfangsbuchstaben *T – N – K* wird die neutrale Bezeichnung *Tenach*, die mit der Renaissance des Hebräischen im letzten Jahrhundert allgemein gebräuchlich wurde.

Doch daneben existieren noch andere Bezeichnungen. Am bekanntesten ist wohl der Terminus *Tora*, der ebenfalls kurz erklärt werden sollte. Er stammt von der hebräischen Wurzel *jara*, was soviel bedeutet wie »Pfeile auf ein Ziel abschießen«. Der Begriff steht also für die Ausrichtung auf ein Ziel, für Wegweisung und Führung. In den alten Bibelübersetzungen ist *Tora* mit »Gesetz« wiedergegeben – vielleicht, weil man der Ansicht war, das »Alte Testament« sei in besonderer Weise mit dem »Gesetz« befaßt, im Gegensatz zum »Neuen Testament«, das die »Liebe« oder »Gnade« Gottes besonders herausstelle. In der Tat wird *Tora* manchmal für eine bestimmte »Gesetzesvorschrift« gebraucht; ihn ausschließlich in diesem Sinne zu verstehen, hieße jedoch, den Begriff, der letztlich ein sehr viel umfassenderes Bedeutungsspektrum hat, zu eng zu fassen. Neuere Übersetzungen bevorzugen deshalb für den Begriff *Tora* die Übersetzung »Lehre« im Sinne eines Systems von Vorstellungen, das uns hilft, uns in der Welt richtig zu verhalten.

Im jüdischen Denken bezeichnet der Terminus *Tora* ursprünglich nur die »Fünf Bücher Mose«, auch bekannt als *Chumasch* – ein Wort, das vom hebräischen Zahlwort »fünf« abgeleitet ist. Diese Bedeutung steht immer im Vordergrund, auch wenn damit alle drei Teile der Bibel gemeint sind, wobei die beiden letzteren, die »Propheten« und die »Schriften«, als eine Art äußere Schichten betrachtet werden, wie Zwiebelschalen, die das Herzstück der Tora umschließen. Mit der Zeit verschob sich die Bedeutung des Begriffs jedoch, und er wurde zum Oberbegriff für die ganze hebräische Bibel sowie für die gesamte Auslegungstradition (die mündliche *Tora*), das Studium dieser Traditionen und ihre Praxis. Am Ende steht die *Tora* dann nicht mehr nur für das Gesamt religiösen Wissens, sondern für einen ganzen Lebensstil – das Leben, das unter göttlicher Führung und Vorsehung gelebt wird. Sie ist also gleichsam in zweifacher Weise »der Weg«: der Weg, den der Mensch – als einzelner wie als Teil des ganzen Volkes – beschreiten, und das Mittel, das er anwenden muß, um das Ziel zu erreichen.

Ein weiterer Begriff, der wieder andere Konnotationen hat, ist *Miqra*, aus der Wurzel *qara* – »lesen« oder »rufen«. Der Terminus geht auf die Vorstellung zurück, daß »die Schrift«, bevor sie in geschriebener und damit jedermann zugänglicher Form vorlag, in Gestalt mündlicher Überlieferungen weitergegeben bzw. dem Volk aus dem schriftlich fixierten Text regelmäßig vorgelesen wurde. Dieselbe Wurzel, *qara*, steckt im ersten Wort des Buches Levitikus: »Der Herr *rief* Mose« – der Begriff spielt also zugleich auf eine persönliche Offenbarung, eine »Berufung«, an. Wir kennen ihn aus dem Wort »Koran«, der Bezeichnung für das heilige Buch des Islam, die von einer ähnlichen arabischen Wurzel herkommt. Der Terminus *Miqra* für die Bibel, der in der rabbinischen Tradition fest verankert ist, ist also in besonderer Weise religiös befrachtet und weist die Bibel als »göttliche Offenbarung« aus.

Wenn ich im folgenden den Terminus »Bibel« verwende, so meine ich damit grundsätzlich die »hebräische Bibel«, nur in Fällen, wo dies zu Unklarheiten führen würde, ist ausdrücklich von der »hebräischen« bzw. »christlichen Bibel« die Rede.

Es gibt jedoch noch ein zweites terminologisches Problem, das heute im Gefolge der Bemühung um eine »inklusive Sprache« eine ganz neue Nuancierung erfahren hat. Daß dieser Punkt unbestreitbar wichtig ist, dafür spricht nicht zuletzt die Emotionsgeladenheit der Diskussion zu diesem Thema. Ich persönlich halte diesen Aspekt für bedeutsam und werde mich bemühen, beim Schreiben auf ihn einzugehen, soweit es mir möglich ist. Das spezielle Problem, das sich in diesem Zusammenhang im Blick auf die Bibel stellt, hat mit dem Gebrauch der verschiedenen Bezeichnungen für »Gott« zu tun. Zu den beiden wichtigsten gehört zunächst *Elohim*, offenbar ein Oberbegriff, der sich nicht nur auf den Gott Israels bezieht, sondern auch auf Gott, wie er anderen Völker begegnet, auf ihre »Götter«, ja sogar »Götzen« (etwa in der Wendung »andere Götter«), und selbst auf Gestalten aus dem Umfeld Gottes sowie auf bestimmte weltliche Funktionen, wie sie etwa hinter dem Ausdruck »Richter« stehen. Der Terminus »Gott« ist an sich glücklicherweise nicht geschlechtsgebunden – auch wenn man sich die Geschichte von dem kleinen Jungen erzählt, der dabei blieb, daß Gott ein Mann sei. »Warum?« fragte seine Mutter. »Weil ›Gott‹ wie der Name von einem Jungen klingt«, kam die unwiderlegbare Antwort.

Noch schwieriger wird es mit dem anderen wichtigen Namen Gottes, jenem berühmten Tetragramm, das zum besonderen und exklusiven Namen für die Gottheit Israels wurde. (Ein äußerst begabtes israelisches Mädchen, das ich kannte, Miri Farber, die leider schon vor langer Zeit bei einem Autounfall ums Leben kam, erzählte mir einmal, daß sie sich *Elohim* als Nachnamen Gottes denke, und den anderen Begriff als seinen Vornamen.) Das aus den hebräischen Buchstaben *Jod, He, Waw* und *He* zusammengesetzte Wort scheint verwandt mit dem hebräischen Verb für »sein«. Wie aber soll man es aussprechen? Einer Tradition zufolge, die sich aus der Zeit des zweiten Tempels erhalten hat, darf man nicht einmal versuchen, den Namen Gottes auszusprechen – das war allein dem Hohenpriester vorbehalten und kam auch ihm nur am höchsten Festtag des Jahres, dem Tag des Versöhnungsfestes, im Rahmen der Festliturgie im Tempel zu. Und selbst dann noch bedeutete es ein großes persönliches Wagnis für den Hohenpriester, diesen Namen auszusprechen. Man ging deshalb dazu über, den Begriff durch das unverbindlichere *Adonai*, »Herr«, zu ersetzen. *Adonai* scheint in der Bibel häufig mit dem Tetragramm austauschbar.

Doch nun wird alles sehr kompliziert. Einige traditionalistische Juden hielten es sogar noch für unangemessen, auch nur diesen Ersatznamen auszusprechen, und erfanden Alternativen – zum Beispiel für die Bibellesung in der Synagoge oder bei der Segensformel. Deshalb existieren noch die verschiedensten anderen Bezeichnungen, von denen wohl *Haschem*, ganz einfach »der Name«, am gebräuchlichsten ist. Die jüdische Gepflogenheit, den Gottesnamen zu ersetzen, hatte auch für das Christentum Folgen. Um im hebräischen Text ganz deutlich zu machen, daß wir gar nicht erst den Versuch unternehmen wollen, das Tetragramm auszusprechen, auch wenn es geschrieben dasteht, wurden die Konsonanten J – H – V – H mit den Vokalen des Ersatzbegriffes *Adonai* ergänzt. Die Christen, die das nicht wußten, gingen davon aus, daß die Vokale dem Tetragramm zugeordnet seien, und versuchten, die Wortschöpfung auszusprechen. Das Ergebnis klingt so ähnlich wie *Jehova*, daher der Name »Jehova« – ein merkwürdiger Mischmasch und als Terminus aber auch restlos unzulässig.

In neueren Übersetzungen bemühte man sich dann wahrhaftig, das unaussprechliche Tetragramm aussprechbar zu machen; daraus entstand »Jahweh«. Abgesehen davon, daß das für traditionalistische jüdische Ohren eine Beleidigung darstellt, hat diese Bezeichnung auch noch den Nachteil, daß sie eine Art »Eigennamen« aus dem Gottesnamen macht – wie Milkom oder Baal oder Dagan, andere zeitgenössische Gottheiten im Umfeld Israels. Dabei scheint das Wesen dieses Namens doch gerade darin zu bestehen, daß es eben nicht der erklärte Name eines Gottes wie jeder andere ist. Er ist weniger ein Eigenname als ein Hinweis auf ein bestimmtes Wesen oder ein bestimmtes Set von Eigenschaften.

Wie soll man nun aber den Gottesnamen wiedergeben? Eine allgemein anerkannte Tradition geht von der Beziehung zu dem Wort *Adonai* aus und übersetzt ihn mit »Herr«, auch wenn es sich dabei letztlich um die Übersetzung eines Ersatzwortes handelt. Ein anderer Ansatz findet sich in der deutschen Bibelübersetzung des jüdischen Philosophen Moses Mendelssohn (1729-86), der das Verb »sein« im Sinne von »Zeitlosigkeit« oder »Ewigkeit« deutete und den Gottesnamen deshalb mit »der Ewige« wiedergab.

Martin Buber und Franz Rosenzweig hatten bei ihrer Bibelübersetzung ins Deutsche mit demselben Problem zu kämpfen und lösten es auf vollkommen andere Weise. Sie sahen in der Wurzel »sein« nicht etwa Gottes Ewigkeit, sondern sein kontinuierliches »Sein«, »Sein mit« und damit seine Gegenwart. So schrieben sie statt »Gott« »Er der ist« und verwendeten in ihrer Übersetzung keine

Übertragung des Tetragramms, sondern die Pronomen »ER«, »DU« oder »ICH« in Großbuchstaben, je nachdem, wie es der Kontext erforderte.

Meine Bibellehrerin am Leo Baeck College, Dr. Ellen Littmann, machte uns darauf aufmerksam, daß beide Deutungen Eingang in die Schriften von Rabbiner Dr. Leo Baeck fanden, und zwar in äußerst aufschlußreicher Weise. Baeck, der geistige Führer des deutschen Judentums in der Zeit vor und während der nationalsozialistischen Herrschaft, verfaßte Anfang dieses Jahrhunderts ein Buch mit dem Titel »Das Wesen des Judentums«. Es handelt sich dabei um eine bedeutende und umfassende Untersuchung über die Grundlagen des Judentums, die noch heute nichts von ihrer Geltung verloren hat. Er gebraucht darin das Wort »Ewiger« für den Namen Gottes. 1939 begleitete Baeck eine Gruppe von Kindern jüdischer Flüchtlinge ins Ausland, lehnte jedoch die ihm in England angebotene sichere Existenz ab und kehrte stattdessen nach Deutschland zurück, um bei seiner Gemeinde zu sein. Während des Krieges lebte er in Berlin, wo er weiterhin den Midrasch und jüdische Philosophie an der dortigen »Hochschule für die Wissenschaft des Judentums«, dem großen liberalen Rabbinerseminar, lehrte, bis die Nationalsozialisten die Einrichtung 1942 schlossen. (Bis dahin hatten sie die Hochschule aus Propagandazwecken weiterbestehen lassen.) Baeck wurde in das »Vorzeigelager« Theresienstadt deportiert. Auch dort hielt er noch kulturgeschichtliche Vorlesungen, als wolle er der Menschenverachtung des nationalsozialistischen Terrors zum Trotz die Bewahrung humanistischer Werte bekräftigen. Er stand auf einer der Todeslisten, kam jedoch davon, weil ein anderer Rabbi mit ähnlichem Namen irrtümlich an seiner Stelle umgebracht wurde. Baeck überlebte den Krieg, und bei der Befreiung hinderte er seine Mitgefangenen daran, sich an ihren Peinigern zu rächen. Den Rest seines Lebens verbrachte er abwechselnd in England und Amerika, wo er am Hebrew Union College in Cincinnati lehrte. In Theresienstadt hatte er sein zweites großes Werk, »Dieses Volk«, geschrieben. Dr. Littmann wies darauf hin, daß Baeck in diesem Buch, vielleicht gerade, weil inmitten von so viel Leiden das Bedürfnis, sich der Gegenwart Gottes zu versichern, besonders groß war, die intimere Formel »Er der ist« gewählt hat. Von dem »Ewigen«, dem »Gott der Philosophen«, hatte er sich dem Einen zugewandt, der gegenwärtig ist und in der persönlichen Begegnung erfahren wird.

Bubers und Rosenzweigs Kunstgriff ist allerdings nicht besonders glücklich, zumal ihr Gebrauch des Pronomens »ER« heute auf gewisse Schwierigkeiten stößt – wie übrigens auch der Terminus »Herr«: Nähren solche Begriffe doch bewußt oder unbewußt die Auffassung, daß Gott männlichen Geschlechtes sei. Wenn wir auch noch so sehr betonen, daß dieser Gedanke theologisch inakzeptabel ist und daß wir uns Gott nicht als einem bestimmten Geschlecht zugehörig vorzustellen haben, können wir uns doch dem prägenden Einfluß des Sprachgebrauchs auf Gesellschaft und Religion nicht entziehen. Im Grunde tragen wir mit der stillschweigenden Akzeptierung des männlichen Pronomens zur Verewigung hierarchischer Systeme bei, in denen die Macht und Autorität bei den Männern liegt. Aus all diesen Gründen habe ich mich entschlossen, die Begriffe »Gott« oder »der Ewige« zu verwenden, je nachdem, wie es die Übersetzung oder der Kontext erfordert, wenngleich ich mir durchaus darüber im klaren bin, wie unzureichend der letzere Begriff ist.

Wenn ich genauer beschreiben soll, was ich mit diesem Buch eigentlich bewirken möchte, dann ersteht vor meinem geistigen Auge ein Bild, das ich von einem anderen Bibelenthusiasten übernommen habe, der mich zu Beginn meiner rabbinischen Laufbahn stark beeindruckt hat. Ich lernte Pfarrer Rudolf Stamm in Düsseldorf kennen. Er besuchte einen Freund, der ebenfalls Pfarrer war und den ich wiederum über einen Kreis linksgerichteter Pfarrer in Deutschland kennengelernt hatte. Rudolf stand damals noch mitten in seinem Abschlußexamen. Es war eine jener seltenen, außergewöhnlichen Begegnungen, die uns manchmal ganz unvorbereitet treffen. Wir verstanden uns auf Anhieb und feierten unsere neue Freundschaft bei einem Glas Wein, während wir einander Gedichte rezitierten, er in seinem etwas unorthodoxen Englisch und ich in meinem unbeholfenen Deutsch. Rudolf war im nationalsozialistischen Deutschland aufgewachsen, und erst die Begegnung mit einem englischen Pendant zur nationalsozialistischen Mentalität hatte ihm die Augen geöffnet für das, was mit ihm geschehen war. Als ich seine Geschichte hörte, verstand ich zum erstenmal, wie leicht man in den nationalsozialistischen Wahnsinn hineingezogen werden konnte, und ich fragte mich, ob ich selbst das Ganze durchschaut hätte, wenn mich mein Judentum nicht von vornherein zum Opfer gestempelt hätte.

Rudolf erzählte mir von seiner besonderen Vision, die auch mich faszinierte. Er wünschte sich ein Gebäude mit einem großen Schaufenster zur Straße hin. Die Vorübergehenden sollten sehen, daß drinnen viele Leute saßen, die offensichtlich großen Spaß an dem hatten, was sie taten. Neugierig würden sie hereinkommen und fragen, was hier los sei, und zur Antwort erhalten, daß all diese Leute gemeinsam die Bibel studierten. Um dieser Vision und um vieler anderer Dinge willen war Rudolf ein weiterer Anstoß für mich, mich mit der Bibel zu befassen. Seinen ganz konkreten Niederschlag fand dieser Impuls in der Initiierung der Bendorfer Bibelwoche. Diese Einrichtung kommt meines Erachtens dem »Schaufenster«, das er sich vorstellte, bisher von allem am nächsten.

Doch genug der Erklärungen. Lassen Sie uns die Welt der Bibel auf dem Weg betreten, der uns allen offensteht, ganz gleich, welche Sprache wir sprechen: durch das »Lesen« – und lassen Sie uns dabei zugleich etwas darüber lernen, welch schwere Kunst das Lesen ist.

2

Lesen lernen

Auf einem sowjetischen Parteikongreß, so das Gerücht, hielt Stalin ein Telegramm hoch, das er seiner eigenen Aussage nach soeben von dem in Ungnade gefallenen Trotzki erhalten hatte. »Endlich gibt er es zu«, rief der Diktator triumphierend und las vor:

ICH HATTE UNRECHT – STOP – SIE HATTEN RECHT – STOP – SIE SOLLTEN DER FÜHRER SEIN – STOP.

Es folgte dreiminütiger donnernder Beifall. Doch als Stalin sich gerade hinsetzen wollte, ging eine Hand im Saal hoch, und ein kleiner alter Mann stand auf. »Entschuldigen Sie, Genosse Stalin«, sagte er zögernd, »aber ich glaube, Sie haben das Telegramm nicht richtig gelesen.« Totenstille. Stalin sagte nichts und wartete. »Was Genosse Trotzki in Wirklichkeit sagen wollte, war (und hier ist es an Ihnen, lieber Leser, den Text mit der entsprechenden Betonung zu lesen):

ICH HATTE *UNRECHT*?! – STOP – SIE HATTEN RECHT?! – STOP – *SIE* SOLLTEN DER FÜHRER SEIN?!?

Diese Anekdote ist deshalb so aufschlußreich, weil in ihr eines der grundlegenden Probleme beim Lesen der hebräischen Bibel anschaulich wird: Der biblische Text enthält keinerlei Akzentuierungshinweise, wie wir sie durch unsere Zeichensetzung kennen. Zwar gibt es eine lange Tradition für die Lesart bestimmter Wörter und Sätze und für die Aufteilung der Sätze in kleinere Untereinheiten – sie hat sich im »massoretischen Text« niedergeschlagen. Doch diese punktierten Texte, die als einzige eine Information über die Vokalisierung der Wörter enthalten, kennen wir erst aus einer relativ späten Epoche – etwa seit dem siebten Jahrhundert der gegenwärtigen Zeitrechnung. Im übrigen hat die Punktation des massoretischen Textes nichts mit den Fragezeichen, Ausrufezeichen, Anführungsstrichen und ähnlichen Symbolen der Zeichensetzung unserer westlichen Sprachen zu tun, an denen wir uns bei der Satzführung orientieren. Sie zeigt lediglich an, wie wir den Satz in kleinere Bedeutungseinheiten zu zerlegen haben; das ist aber auch schon alles. An manchen Stellen sind die Symbole, die den Satz in Sinneinheiten zerlegen, nichts anderes als Notenzeichen für das Singen der betreffenden Passage in der Synagoge.

Vielleicht erinnern Sie sich noch an die alten Grammatikübungen aus Ihrer Schulzeit: Welche Satzzeichen müssen im folgenden Satz eingesetzt werden, um ihn verständlich zu machen? »Wo Paul hatte gehabt gehabt hatte hatte Peter gehabt hatte gehabt gehabt hatte hatte einen besseren Eindruck auf den Lehrer gemacht.« Für all diejenigen, die sich gern selbst an dieser kleinen Denksportaufgabe versuchen möchten, hebe ich die Lösung bis zum Ende des Kapitels auf.

Während die massoretische Punktation also durchaus hilfreich bei der Bestimmung einzelner Satzabschnitte ist und im allgemeinen der Deutung entspricht, die der gesunde Menschenverstand nahelegt, läßt sich doch andererseits nicht bestreiten, daß in zahlreichen Fällen Uneinigkeit in der Tradition herrscht. Die Rabbinen gingen gewöhnlich recht zwanglos mit der Textauslegung um und griffen häufig ganz nach Belieben Textstücke heraus, die gerade gut zu ihrer Auffassung paßten. Daß sie sich diese Freiheit nehmen durften, hatte einen ganz bestimmten Grund. Für die Rabbinen war die hebräische Bibel in ihrer Gesamtheit das Wort Gottes, daher war jeder Satz, jedes Wort, ja jeder Buchstabe Bedeutungsträger und durfte somit unbedenklich extrahiert und ausgelegt werden, vorausgesetzt, es geschah im rechten Geist.

Es ist also durchaus legitim, die Tradition des massoretischen Textes einfach zu ignorieren und hinter sie zurückzugehen zu den unpunktierten Texten, wie sie noch heute in den Schriftrollen der Tora, die in der Synagoge vorgelesen werden, vorliegen. Diese Rollen enthalten einen Text, dessen Wörter nur aus Konsonanten bestehen und keinerlei Hinweis darauf geben, wie sie auszusprechen sind – man ist also ganz auf die eigenen Sprachkenntnisse und -erfahrungen angewiesen. *S wrd nm schnll klr, w schwrg s st, nn stz z lsn, dssn wrtr kn vkl nthltn.* Je nachdem, wie Sie den vorigen Satz verstehen oder verstehen wollen, werden Sie das erste Wort als »es«, »sie«, »so« oder noch ganz anders lesen. Glücklicherweise ist das Lesen des unpunktierten hebräischen Textes nicht ganz so kompliziert, wie es jetzt den Anschein hat, aber es gilt zu bedenken, daß wir es hier immer mit einem Text zu tun haben, der keineswegs als »gesichert« gelten kann. In den meisten Fällen verweist das Wort selbst oder der Kontext, in dem es steht, recht eindeutig auf den allgemeinen Sinn, doch es gibt viele Stellen, die uns Rätsel aufgeben, was hier wirklich gemeint sein könnte. Wer nur mit einer Übersetzung arbeitet, ist sich dessen meist gar nicht bewußt, weil der Übersetzer bereits für uns die Entscheidung getroffen hat, wie der Satz zu lauten hat. Beim Vergleich mehrerer Übersetzungen merkt man allerdings schnell, wie stark sie in bestimmten Passagen voneinander abweichen.

Wenn ich mich an ein Publikum wende, das keinen Zugang zum Hebräischen hat, neige ich gewöhnlich dazu, die Schwierigkeiten der Übersetzung zu übertreiben. Der Plot einer alttestamentlichen Geschichte läßt sich noch ganz gut wiedergeben, und auch den poetischen Ton kann man oft erhalten, und sei es in Form einer Nachdichtung, in der das Original noch nachklingt. Nun ist aber das Bibelhebräisch eine Sprache mit einem relativ begrenzten Wortschatz, und aus diesem Grund bestehen zwischen den einzelnen Vokabeln eine Unzahl verborgener Beziehungen, die ihnen jeweils eine ganz unterschiedliche Bedeutung verleihen. Diese Bedeutungsverschiebungen gehen bei der Übersetzung häufig verloren, und mit ihnen eine ganze Bedeutungsschicht. Außerdem wirkt sich natürlich auch die syntaktische Struktur des Bibelhebräischen auf die Vermittlung bestimmter Gedanken, das heißt, auf den Sinn des Textes, aus – und wenn man sich nicht gerade eines hebraisierten Deutsches bedient (wie es bis zu einem gewissen Grad die Elberfelder Übersetzung tut), geht diese Dimension ebenfalls verloren. Aber auch der Klang, der Rhythmus, die Melodie des Textes werden geopfert, was einen gewaltigen Unterschied für seine »sinnliche Qualität«, für seine innere Kohärenz und Intaktheit ausmacht. Der Psalmist sagt in der Elberfelder Übersetzung:

»Erbittet Heil für Jerusalem!
Ruhe sollen die haben, die dich lieben!
Heil sei in deinen Festungswerken,
sichere Ruhe in deinen Palästen.« (Ps 122,6-7)

Die Ansätze zu einer gewissen Symmetrie (Heil, Ruhe, Heil, Ruhe) sind ein wackerer Versuch, etwas von der Intention des Originals in die Übersetzung hinüberzuretten. Doch hören wir für einen Augenblick auf den hebräischen Wortlaut, auf das beständige Spiel mit dem Namen »Jerusalem« (*Jeruschalajim*), dem Wort »Frieden« (*Schalom*), den Verben für »bitten, beten um« (*scha'alu*) und »still sein, zufrieden sein« (*jischlaju* und *schalvah*):

scha'alu sch'lom jeruschalajim
jischlaju ohawajich
jehi schalom b'hejlach
schalwah b'arm'notajich

Der wiederholte Gebrauch des Buchstabens *Schin* und des weichen Konsonanten *Lamed*, aber auch der ganze ruhige Rhythmus der Passage vermitteln genau jenes Gefühl des Friedens und der Geborgenheit, nach dem der Psalmist sich sehnt. Der Name Jerusalems, der Zustand des Friedens, den Jerusalem erreichen soll, ja sogar die Laute, die diesen Wunsch zum Ausdruck bringen, verschmelzen zu einer harmonischen Einheit. Dieser Eindruck kann allenfalls übertragen, nicht aber übersetzt werden.

Doch um wieder auf unsere Episode mit Trotzki zurückzukommen: Sie liefert uns ein Beispiel dafür, wie die Rabbinen einen Text lasen bzw. falsch lasen. Damit begeben wir uns auf das schwierige Terrain der Entscheidung, wann eine Interpretation korrekt zum Ausdruck bringt, was der Text intendiert (*exegesis*, »Herauslesen«), und wann wir es mit einem »Hineinlesen« unserer eigenen Wertvorstellungen in den Text zu tun haben (*eisegesis*). Man könnte allerdings auch die These aufstellen, daß alle Interpretation, ganz gleich, wie objektiv wir uns dabei vorkommen, im Grunde immer ein »Hineinlesen« ist (vgl. dazu die Ausführungen am Schluß des nächsten Kapitels).

Als Jakob, angestachelt von seiner Mutter, vorgab, er sei sein Bruder Esau, um diesem sein Erstgeburtsrecht abzuluchsen, mußte er sich seinem Vater gegenüber irgendwie zu erkennen geben.

Man kann diese Geschichte auf verschiedene Weise betrachten. All denjenigen, die sich ihr gleichsam als Uneingeweihte nähern, sei verziehen, wenn sie Jakob für einen Dieb halten und für einen ganz schön niederträchtigen Charakter, wie er hier Profit aus der Blindheit seines Vaters schlägt. Diejenigen dagegen, die stärker vom traditionellen Bild des Erzvaters Jakob als Gründer des jüdischen Volkes herkommen, versuchen, sein Verhalten zu rechtfertigen oder doch zumindest zu erklären. Immerhin handelte Jakob auf Anweisung seiner Mutter, die ihrerseits unter dem Einfluß einer prophetischen Vision stand, die sie bereits während ihrer Schwangerschaft gehabt hatte (Gen 25,22-24).

Ein Mittelweg zwischen diesen beiden Extremen wäre, sich, obwohl wir meist dazu neigen, uns mit dem Helden oder der Heldin einer Geschichte zu identifizieren und die Legitimität seines oder ihres Handelns als selbstverständlich vorauszusetzen, mit der Position des anonymen Verfassers zu identifizieren und nach Belegen dafür Ausschau zu halten, wie *er* das Geschehen beurteilt. Hier fällt uns zunächst die Selbstrechtfertigung des Schwiegervaters von Jakob, Laban, auf, der in der Hochzeitsnacht einen Brauttausch vornimmt, so daß der Bräutigam irrtümlich die ältere Schwester Lea statt seiner geliebten Rahel, der jüngeren, heiratet. Laban begründet seine Handlungsweise folgendermaßen: »Es ist hierzulande nicht üblich, die Jüngere vor der Älteren zur Ehe zu geben« (Gen 29,26). Jakob wurde in diesem Fall also mit seinen eigenen Waffen geschlagen, ja, die Worte Labans erscheinen fast wie eine späte Rache oder verdiente Strafe für sein Verhalten. Doch auch an anderen Stellen klingt dieses Thema immer wieder an. Man gewinnt den Eindruck, daß Jakob dem, was er Esau angetan hat, sein Leben lang nicht entrinnen kann (so verfolgen ihn Lug und Trug bis hinein in das Schicksal seiner Kinder). In gewisser Weise können wir Jakob also als einen schuldig Gewordenen betrachten, der jedoch im Laufe seines Lebens eine Läuterung durchmacht.

Doch wie ist nun der eigentliche Vorgang zu beurteilen? Tat Jakob das, was er tat, freiwillig oder unfreiwillig, war er getrieben von Ehrgeiz, oder handelte er nur im Gehorsam gegen seine Mutter? Die Frage bleibt offen. Ein jüdischer Exeget des Mittelalters, der sich offenbar in besonderem Maße gedrängt fühlte, Jakobs Tun zu rechtfertigen, fand jedoch im Text einen Haken, mit dem er Jakob von der Angel bekam – wenn es gestattet ist, hier zwei Metaphern zu vermischen.

Als Isaak nach der Identität des Sohnes fragt, der mit seiner Lieblingsspeise zu ihm kommt, muß Jakob ihm antworten (Gen 27,18-19):

»Er kam zu seinem Vater und sagte: Mein Vater! Er sagte: Hier bin ich. Wer bist du, mein Sohn? Jakob sagte zu seinem Vater: Esau, dein Erstgeborener; ich tat, was du mich geheißen hast. Bitte, steh auf, setz dich, und iß mein Wildbret, damit deine Seele mich segnen kann!«

Aus dem Gespräch, das sich daraufhin entspinnt, geht keineswegs deutlich hervor, ob sich Isaak tatsächlich von Jakob täuschen läßt – was die Deutung der Geschichte weiter kompliziert. Doch genau an der Stelle im Text, an der Jakob behauptet, er sei Esau, führt Raschi, der bewußte große mittelalterliche jüdische Exeget, den wir später noch genauer kennenlernen werden, sein überraschendes Schmankerl in der Zeichensetzung ein. Die drei hebräischen Wörter, die hier stehen, lauten *anochi esaw bechorecha*, wörtlich »Ich – Esau – dein Erstgeborener«. Das Wort für »ich«, das hier gebraucht ist, ist eines der beiden für dieses Pronomen möglichen Wörter; das andere lautet *ani*. Das hier gebrauchte *anochi* verwendet Gott ganz am Anfang der Zehn Gebote, weil es eine stärkere Akzentuierung enthält: »Ich (*anochi*) bin der Ewige, dein Gott, der dich aus dem Land Ägypten geführt hat.« Im Hinblick auf unsere Jakobsgeschichte ist hier interessant, daß Jakob einige Verse weiter, als er seine falsche Identität nochmals bekräftigen muß (V. 24), das andere, schwächere Wort für »ich« gebraucht:

»Er sagte: Bist du wirklich mein Sohn Esau? Er sagte: *Ani*, Ich (bin es).«

Wahrscheinlich hat die Verwendung der beiden unterschiedlichen Begriffe für »ich« im selben Textzusammenhang Raschi veranlaßt, über diesen Unterschied nachzugrübeln, und ihm die Rechtfertigung dafür an die Hand gegeben, den Satz völlig neu zu schreiben – bzw. sich das Fehlen der Zeichensetzung zunutze zu machen, den Satz aufzubrechen und ganz neu zu lesen, und zwar im expliziten Widerspruch zur traditionellen Lesart des massoretischen Textes. Er läßt Jakob sagen:

»*Anochi*, ich bin der, der dir (Speise) bringt. *Esaw bechorecha*, und Esau ist dein Erstgeborener!«

Vermutlich hätte Raschi argumentiert, daß Jakob, der unter großem Druck stand, seinem blinden Vater mit dem emphatischen Begriff *anochi* einen Hinweis auf seine wahre Identität zu geben versuchte, um diesen mit in die Verantwortung für das Folgende zu ziehen. Als

Hypothese ist Raschis Deutung durchaus zulässig. Vom Textzusammenhang her, ganz zu schweigen von der traditionellen Satzeinteilung, ist sie jedoch ziemlich unhaltbar. Darüber hinaus handelt es sich hier um einen höchst zweifelhaften Versuch, Jakobs nicht zu rechtfertigendes Verhalten zu rechtfertigen. So sind wir genötigt, uns auf eine zweite Interpretationsebene zu begeben und uns Gedanken darüber zu machen, was Raschi, der sich der Problematik dessen, was er tat, mit Sicherheit voll bewußt war, dazu gebracht haben könnte, eine solche »Lesart gegen den Text« vorzulegen. Ich habe keine direkte Antwort auf diese Frage; sein Vorgehen wird mir allenfalls verständlich vor dem Hintergrund der Lage, in der sich Raschi im Umfeld der christlichen Welt seiner Zeit und angesichts des permanenten religiösen Druckes, der auf der jüdischen Gemeinschaft lastete, befand. Jakob war ein Symbol für Israel, deshalb konnte jede noch so winzige Kleinigkeit seines Verhaltens zum Ansatzpunkt für Angriffe auf die jüdische Gemeinde werden. Vielleicht *mußte* Raschi in dieser Situation einen Weg finden, Jakob zu rechtfertigen; es war ganz einfach ein Gebot der Selbstverteidigung und der Apologie.

Mir geht es hier jedoch nicht um Raschis Auslegung. Ich möchte an diesem Beispiel lediglich deutlich machen, daß der biblische Text aufgrund seiner Beschaffenheit, nicht zuletzt wegen der fehlenden Punktierung, für solche ganz unterschiedlichen Deutungen oder Neu-Deutungen offen ist. Während die angeführte Passage im Zusammenhang einer ganz bestimmten Geschichte steht, die der Phantasie des Auslegers immer noch gewisse Grenzen steckt, gibt es zahlreiche andere Stellen, bei denen es weit schwieriger ist festzulegen, wie sie aufzufassen sind. Da ist zum Beispiel jener berühmte Vers, der, wie das Telegramm von Trotzki, auf völlig unterschiedliche Art und Weise gelesen werden kann.

Jesaja 1 ist eine großartige Polemik gegen die Heuchelei in der religiösen Praxis, insbesondere da, wo diese Heuchelei obendrein mit explizitem Unrecht gepaart ist. An einem entscheidenden Punkt des Textes ruft der Prophet seine Hörer auf, mit Gott in die Schranken zu treten und selbst zu darüber zu urteilen, was sich ihren Augen darbietet (Jes 1,18):

»Kommt, laßt uns miteinander rechten, spricht der Ewige.
Wenn eure Sünden sind wie Karmesin,

sollen sie weiß wie Schnee werden.
Wenn sie rot sind wie Purpur,
sollen sie werden wie Wolle.«

Gott scheint den Menschen hier ewige Vergebung zuzusagen, eine
Vorstellung, die in der Theologie eine lange Geschichte haben
sollte. Doch ohne den massoretischen Text nur im allergeringsten
zu verändern und ohne dem Text in irgendeiner Form Gewalt anzu-
tun, läßt sich die gesamte Passage auch als sarkastische, verächtlich-
spöttische Frage lesen, also genau entgegengesetzt zur obigen
Lesart, dafür aber ganz im Einklang mit der scharfen Polemik des
Vorangehenden:

»Kommt und laßt uns miteinander rechten, spricht der Ewige.
Wenn eure Sünden sind wie Karmesin,
sollen sie etwa so weiß werden wie Schnee?!
Wenn sie rot sind wie Purpur,
sollen sie werden wie Wolle?!«

Die Reihe der Beispiele läßt sich endlos fortführen. Damit sind wir
zum innersten Kern des Problems vorgestoßen, das sich stellt, wenn
wir einen Text lesen und dabei bestimmte Erwartungen an ihn her-
antragen. Gibt es nur die eine Lesart, nur einen einzigen möglichen
Sinn, oder ist es gerade das besondere Kennzeichen eines Textes,
der so vielschichtig und komplex ist wie die Bibel, daß er immer wieder neu gelesen und gedeutet werden kann? Sollen wir uns
beschränken auf das, was eine bestimmte Tradition oder Autorität
als die »authentische« Bedeutung definiert, oder haben wir die Freiheit, eine Vielzahl von möglichen Deutungen zuzulassen? Doch
wo ist dann die Grenze dieser Freiheit zu ziehen? Die Traditionali-
sten haben immer versucht, die Bedeutung so festzuschreiben, daß
sie damit den *Status quo* rechtfertigen konnten; die Reformer wiederum berufen sich stets auf die Bibel, wenn sie eine Alternative
zum Bestehenden aufzeigen wollen.
  Es wäre schlechthin absurd und intellektuell unredlich zu leugnen, daß es verschiedene Lesarten gibt. Dessenungeachtet erschaffen wir alle uns unsere persönlichen oder kollektiven Regeln, legen
wir eigenmächtig Grenzen fest, anhand derer wir dann entscheiden,
was für uns selbst oder unsere Gemeinschaft »wahr« oder zumindest

akzeptabel ist. Im nächsten Kapitel wollen wir deshalb ganz bewußt eine Vielzahl verschiedener Einzelansätze betrachten, einmal, weil sie interessant sind, zum anderen aber auch, weil sie uns vor Augen führen, daß niemand das Exklusivrecht auf die Bibel und ihre Auslegung hat.

Die obigen Anmerkungen weisen mich als zutiefst beeinflußt von der jüdischen Tradition aus. Mit dem Monotheismus kam ein Gott in die Welt, der zugleich gegenwärtig und der »ganz andere« ist, unsichtbar und doch aktiv in die Geschichte eingreifend, unerforschlich und doch unserer Erfahrung zugänglich. Die Reihe der Paradoxa ließe sich beliebig fortsetzen. Am Ende steht die Glaubensgemeinschaft immer wieder vor dem Problem eines unsichtbaren, immateriellen Gottes, der von sichtbaren, aus Materie bestehenden menschlichen Wesen erkannt werden muß. Für uns heißt das, daß wir, um uns – individuell wie als Kollektiv – in irgendeiner Weise zu einem solchen Gott verhalten zu können, irgendeinen Berührungspunkt finden und eine Beziehung zu ihm herstellen müssen.

Der biblische Gedanke des Bundes gab dem jüdischen Volk einen konkreten Bezugsrahmen, der vor allem anderen sein Verhalten – im Sinne der zwischenmenschlichen Beziehungen der Juden untereinander und zu den Außenstehenden, die unter ihnen lebten –, seine Verantwortung gegenüber dem Land und seine Pflichten gegenüber Gott regelte. Diese »Vertragsbedingungen« wurden – verengt wahrgenommen als »Gesetz« – zu einem der großen Pole jüdischer Bibelauslegung. Oder, wie Raw Sperber es einmal so richtig formuliert hat: Was für ein Gott wäre er, wenn er uns die Verantwortung für die Welt übertragen hätte, ohne uns zugleich auch eine Vorstellung davon zu geben, wie wir mit ihr umgehen sollen?

Die Arbeit mit der Bibel und allen folgenden klassischen jüdischen Texten war also unter anderem darauf ausgerichtet, den Verhaltenskodex für eine ganze Kultur zu definieren, weiterzuentwikkeln und immer wieder auf den neuesten Stand zu bringen. Das beinhaltete allgemeingültige Entscheidungen für die Lebenspraxis – und zwar für alle Bereiche, vom Gerichtssaal bis zum Schlafzimmer, von baulichen und städtebaulichen Vorschriften bis hin zur Nahrungszubereitung. So gelang es dem jüdischen Volk, auf seine ganz eigene Weise den Willen und die Absicht Gottes, wie sie in den Überlieferungen der Offenbarung und in den anerkannten Interpretationen zum Ausdruck kam, zu verankern und zu bewahren.

Aber – und dieses »Aber« muß ganz großgeschrieben werden – wenn auch das praktische Leben vom Gesetz festgeschrieben war, so blieben doch das Denken, der gesamte Bereich der Phantasie und Kreativität unbeschnitten. Die Sicherheit der gesetzlich geregelten Praxis schenkte dem Geist die Freiheit, sich ungehindert zu entfalten. Das rabbinische Sprichwort »Die Tora hat siebzig Gesichter« versinnbildlicht diese geistige Weite. Sie zeigt sich nicht zuletzt in der ungeheuren Bandbreite der theologischen Diskussion und in der Vielfalt unterschiedlicher Auslegungsansätze in der rabbinischen Literatur. Dazu gehört auch, daß selbst die Positionen kleinerer Gruppierungen bei Gesetzesentscheidungen sorgfältig dokumentiert wurden, so daß die Diskussion jederzeit neu aufgerollt werden konnte.

Ich möchte das an einem bekannten Text von Abraham Joshua Heschel zeigen, in dessen Person die reiche chassidische Kultur Osteuropas mit der akademischen Strenge westeuropäischer Gelehrsamkeit der Vorkriegszeit verschmolz. Heschel setzt sich darin mit zwei Begriffen, zwei Polen jüdischen religiösen Lebens auseinander: mit der *Halacha*, dem jüdischen »Gesetz« – obwohl der Begriff wörtlich eigentlich »Wandel« im Sinne von »Lebensführung« bedeutet –, und der *Aggada*, wörtlich »das Erzählen«, in die der ganze Reichtum jüdischer Weltoffenheit einging. Heschel schreibt:

»Die Halacha verkörpert die Fähigkeit, das Leben nach einem festen Vorbild aufzubauen: Sie hat formende Kraft. Die Agada ist der Ausdruck einer nie endenden Sehnsucht des Menschen, die oft aller Grenzen spottet. Die Halacha formt das Leben nach rationalen Gesichtspunkten, preßt es in ein Schema; sie definiert und spezifiziert; sie setzt Maß und Grenze, sie fügt das Leben in ein exaktes System. Die Agada handelt von den unsagbaren Beziehungen des Menschen zu Gott, zum Mitmenschen und zur Welt. Die Halacha befaßt sich mit Einzelheiten; sie nimmt jedes Gebot gesondert vor; die Agada hat es mit dem ganzen Leben, dem religiösen Leben in seiner ganzen Fülle zu tun. Die Halacha handelt vom Gesetz, die Agada vom Sinn des Gesetzes. Die Halacha hat es mit Dingen zu tun, die in Worte gefaßt werden können; die Agada führt in einen Bereich, der jenseits dessen liegt, was durch die Worte ausgedrückt werden kann. Die Halacha lehrt, wie man alltägliche Dinge tut; die Agada sagt, wie man am Drama der Ewigkeit teilhat. Die Halacha schenkt Wissen; die Agada weckt Sehnsucht. Die Halacha setzt Normen für das Handeln; die Agada gibt eine Ahnung vom

Sinn des Lebens. Die Halacha befiehlt; die Agada redet zu uns. Die Halacha dekretiert; die Agada inspiriert; die Halacha ist eindeutig; die Agada deutet an. (…) Die Behauptung, das Wesen des Judentums bestehe ausschließlich in der Halacha, ist ebenso falsch wie die Behauptung, das Wesen des Judentums bestehe hauptsächlich in der Agada. Der Kern des Judentums ist das Aufeinanderbezogensein von Halacha und Agada. Halacha ohne Agada ist tot; Agada ohne Halacha wird Wildwuchs.«[1]

Dieselben Parameter bringt auch Dr. E. Wiesenberg auf den Punkt, ein anderer traditionalistischer Rabbiner, mit dem zusammenzuarbeiten ich schon mehrmals das Vergnügen hatte:

»Ein *baal halacha* (ein Meister der *halacha*, aber nur der *halacha*) ist ein nackter Gigant; ein *baal aggada* (ein Meister nur der aggadischen Tradition) ist ein Zwerg in voller Rüstung!«

Ich habe den Verdacht, daß das Christentum die Umkehrung dieses Ansatzes, in dem die Praxis festgelegt, der Geist aber frei ist, gewählt hat – zumindest hat es von außen den Anschein. Im Christentum definiert und bestimmt sich die Gemeinschaft durch das Dogma, den rechten Glauben, und bezieht daraus ihre Sicherheit. »Rechter Glaube« impliziert aber immer auch die Möglichkeit von Unglauben und Häresie und damit letztlich die Notwendigkeit erheblicher Restriktionen für die Gedankenfreiheit und die geistige Kreativität. Ich gebe zu, daß diese Darstellung etwas Karikierendes hat und daß es in Wirklichkeit viele »Christenheiten« gibt (möglicherweise ein Resultat eben dieses Ansatzes). Dennoch bleibt die Tatsache bestehen, daß alle monotheistischen Religionen sich mit der Tendenz auseinandersetzen müssen, daß aus Monotheismus Monolatrie wird, daß dem einen Gott eine bestimmte Sorte von Gläubigen zugeordnet ist. Vor einem solchen Hintergrund werden die vielfältigen Dimensionen der hebräischen Bibel nicht nur zum interessanten und manchmal auch verwirrenden Untersuchungsgegenstand, sondern darüber hinaus zum Schlüssel für nie erlahmende Selbstkritik und Erneuerung. Sie bilden nicht etwa unbequeme

1. *Abraham Joshua Heschel*: Gott sucht den Menschen; Neukirchen-Vluyn 1980, S. 258-259.

Hindernisse auf den Weg zur »Wahrheit«, sondern verkörpern vielmehr in sich selbst das Wesen dieser Wahrheit – und unsere Aufgabe ist es, Strategien zu finden, wie wir mit diesem Pluralismus leben können. Oder, wie Raw Sperber es einmal gesagt hat:

»Die Religion bietet Antworten, ohne die Fragen aufzuheben. Sie werden zwar gemildert und fallen uns nicht mehr mit derselben Heftigkeit an, aber sie bleiben stehen, denn ohne sie würde die Antwort vertrocknen und verwehen. Die Frage ist der große religiöse Akt; sie hilft uns, die große religiöse Wahrheit zu leben.«

Ich möchte dieses Kapitel mit einer Begebenheit ausklingen lassen, die entscheidend für meine Auffassung darüber war, wie man die Bibel lesen sollte. Doch davor gilt es noch zwei Kleinigkeiten zu klären.

Ich habe bereits gesagt, daß die massoretische Überlieferung kein Äquivalent zu den Fragezeichen und anderen Satzzeichen, wie wir sie kennen, aufzuweisen hat. Eine erfreuliche Ausnahme gibt es allerdings: ein Zeichen, das zugleich eine Musiknote ist, das sogenannte *Schalschelet*. Das Wort bedeutet »Kette«; es sieht aus wie eine Sprungfeder und ist als lang ausgehaltene, tremulierende Note zu singen. Das *Schalschelet* findet sich nur an drei Stellen im Buch Genesis und deutet jedesmal ein gewisses Maß an Unsicherheit bei der Hauptperson der Geschichte an. Das erste Mal steht es, als Lot von seinen himmlischen Besuchern angewiesen wird, Sodom zu verlassen, bevor die Stadt zerstört wird. Trotz der grausamen Behandlung, die er soeben noch von seiten der Bewohner Sodoms erfahren hat, möchte Lot nicht gehen, vielleicht, weil sein ganzer Besitz in Sodom festliegt. Im Augenblick der Entscheidung zögert er (Gen 19,16), und über dem Wort für »zögern« steht das *Schalschelet*, das sein Zaudern unterstreicht.

Das zweite Mal findet sich das Zeichen, als Abraham seinen Knecht an seinen Geburtsort schickt, um eine Frau für Isaak zu wählen. Der Knecht steht am Brunnen und schließt eine Art Handel mit Gott ab, der ihm helfen soll, seine Aufgabe zu erfüllen. Die Rabbinen sahen in diesem »Auf-die-Probe-Stellen« Gottes offensichtlich ein Moment, das den Knecht in eine gewisse Nervosität versetzte, und so steht über dem Wort »er sagte«, das seine Bitte einleitet (Gen 24,12), wiederum das *Schalschelet*.

Am dramatischsten ist der dritte Fall. Die Frau des Potifar will Josef verführen. Wir erleben mit, wie Josef sich entschieden dagegen verwahrt, und je überzeugender er argumentiert, desto stärker muß er gegen die Versuchung ankämpfen. »Methinks, the lady (or gentleman) doth protest too much!«

»Er aber weigerte sich und sagte zur Frau seines Herrn: Siehe, sogar mein Herr weiß nicht soviel darüber, was im Haus vorgeht, wie ich, und er hat alles, was er besitzt, meiner Fürsorge anvertraut. Niemand ist in diesem Haus größer als ich, und er hat mir nichts vorenthalten als nur dich, weil du seine Frau bist. Wie könnte ich also dieses große Unrecht begehen und außerdem gegen Gott sündigen?« (Gen 39,8-9)

Josef behält zwar einen klaren Kopf, aber es fehlte nicht viel, und er hätte nachgegeben. Die Rabbinen sahen wohl, wie nahe er daran war, und setzten deshalb über das scheinbar so forsche »er aber weigerte sich« das dritte *Schalschelet*.

Das andere Detail, das noch zu klären ist, ist die Auflösung unserer Grammatikübung. In der mir bekannten Version lautet der Satz:

»Wo Paul »hatte gehabt« gehabt hatte, hatte Peter »gehabt hatte« gehabt; »gehabt hatte« hatte einen besseren Eindruck auf den Lehrer gemacht.«

1968 nahm eine Gruppe junger tschechischer Juden an einer Konferenz bei Edinburgh teil, die unsere jüdische Jugendbewegung veranstaltete. Die Tschechen verlängerten ihren Aufenthalt um eine Woche. Da marschierten die Russen in Prag ein, und auf einmal waren unsere Gäste von ihrer Heimat und ihren Familien abgeschnitten. Viele von ihnen wurden über Nacht zu politischen Flüchtlingen. Das allein wäre Grund genug, hier an sie zu erinnern, zumal angesichts der radikalen Umwälzungen in Osteuropa in jüngster Zeit, die noch lange nicht abgeschlossen sind. Für mich war diese Begegnung jedoch nicht zuletzt deshalb so eindrücklich, weil ich von diesen Leuten etwas über die Bibel gelernt habe. Als wir uns mit Bibeltexten beschäftigten, fiel mir auf, welch unglaubliches Einfühlungsvermögen für sämtliche Nuancen und Zwischentöne des Textes sie an den Tag legten – was mich sehr erstaunte, da sie sich nach eigener Aussage zuvor noch nie mit der Bibel auseinandergesetzt hatten.

»Das ist nichts Besonderes«, erklärten sie. »Wenn man in der Tschechoslowakei eine Zeitung liest, liest man zunächst einmal, was dasteht. Dann fragt man sich: »Wenn sie *das* geschrieben haben, was ist dann wirklich passiert? Und wenn *das* wirklich passiert ist, was wollen sie uns dann darüber glauben machen? Und wenn sie uns *das* glauben machen wollen, was haben wir dann wirklich davon zu halten? Auf diese Weise lernt man, zwischen und hinter den Zeilen zu lesen. Man lernt, eine Zeitung zu lesen, als ob das eigene Leben davon abhinge, daß man sie richtig versteht – und das ist ja auch tatsächlich der Fall.«

»Man lernt eine Zeitung zu lesen, als ob das eigene Leben davon abhinge.« – Das gilt manchmal auch für die Bibel; manchmal müssen wir überhaupt erst *lernen*, sie zu lesen.

Aus diesem Grund möchte ich Sie im nächsten Kapitel mit neun Freunden von mir bekanntmachen, alle auf ihre eigene, ganz persönliche Art »Leser« der Bibel.

3

Neun Gesichter der Tora

Die Rabbinen sprachen von den »siebzig Gesichtern der Tora« und meinten damit, daß es eine unendliche Zahl von Auslegungsmöglichkeiten der Tora gibt. Ich hoffe, im Laufe meines Buches ein wenig von diesem Reichtum vermitteln zu können. Im vorliegenden Kapitel möchte ich dies auf etwas ungewöhnliche Weise tun: Ich will einmal nicht verschiedene Auslegungen, sondern statt dessen verschiedene Ausleger zu Wort kommen lassen. Wir werden im folgenden einer Reihe von Leuten begegnen, Freunden und Kollegen von mir, die von ihren ureigenen Erfahrungen mit der Bibel erzählen. Jeder einzelne von ihnen verkörpert auf seine Art ein »Gesicht der Tora«.

Diese besondere Vorgehensweise hat ihren praktischen Grund darin, daß mir das Material zu diesem Kapitel erst zugänglich wurde, als ich bereits an meinem Buch arbeitete, und es mir gut zu seinem Anliegen zu passen schien. Denn während der Arbeit merkte ich immer deutlicher, wie wichtig es mir unter anderem auch ist zu zeigen, welch ungeheure Bandbreite von Ansätzen zur Bibel und Erfahrungen mit ihr es gibt – zu Recht gibt –, und welche Bereicherung es darstellen kann, aus allen zu lernen und sich ganz einfach an ihnen zu freuen. Trägt doch jeder Mensch seine ganz eigene, einzigartige Persönlichkeit, sein Wissen und seine Lebenserfahrung an die Bibel heran, und das kann sich für uns alle nur positiv auswirken. Die Sinaioffenbarung, lehren die Rabbinen, hat jeder im Rahmen seiner persönlichen Fähigkeiten verstanden.

Diese Vielfalt von Auslegungen, Traditionen und Lehrern ist vielleicht eine der kostbarsten Gaben, die wir dem Bemühen um den sogenannten »Dialog« zu verdanken haben, und zwar insbesondere dem Dialog zwischen den Religionen. Was etwa im vorliegenden Kapitel an verschiedenen Auffassungen zusammengetragen ist, konnte in dieser Form nur aufgrund der früheren jahrelangen Arbeit in Projekten wie der Jüdisch-Christlichen Bibelwoche in Bendorf entstehen.

Bevor wir die Teilnehmer der hier aufgezeichneten Diskussion kennenlernen, noch ein Wort zum Dialog aus biblischer Sicht. Wenn man sich mit der hebräischen Bibel befaßt, drängt sich der Gedanke an das Gespräch nicht gerade auf; die Beziehungen zwischen dem biblischen Israel und den anwohnenden Völkern vermitteln vielmehr zuallererst einen Eindruck von Feindseligkeit, Krieg, religiöser Intoleranz, ja sogar Verfolgung. Das alles stimmt. Dennoch ist es sicherlich kein Zufall, daß die Tora zumindest von zwei großen »interreligiösen« Dialogen berichtet und die Protagonisten in beiden Fällen auffallend respektvoll darstellt, nicht zuletzt, weil diese einander und das jeweilige Wissen des anderen von Gott achten.

Bei der Begegnung zwischen Abraham und Melchisedek, dem König von Salem (Gen 14,18-23), herrscht eine ähnliche Atmosphäre wie bei einer Tee-Einladung des obersten Rabbiners an den Erzbischof von Canterbury – falls dieser Vergleich hier gestattet ist. Beide Parteien agieren mit großer Feierlichkeit und Würde, es kommt zu einem Austausch von Segnungen, und hinter dem Ganzen ist allenfalls eine *Andeutung* von theologischer Spannung und Zurückhaltung zu spüren. Man fragt sich unwillkürlich, worüber die beiden wohl gesprochen haben, nachdem die Kameras aus dem Saal verbannt waren.

Abraham war in eine größere internationale militärische Krise verwickelt gewesen, und es war ihm gelungen, seinen Neffen Lot in einem Überraschungsangriff zu retten. Jetzt, nach seiner Rückkehr, suchten ihn zwei hochgestellte Persönlichkeiten auf, offenbar, um ihm eine materielle Entschädigung dafür anzubieten, daß er mitgeholfen hatte, die im Krieg verlorengegangene Beute sicherzustellen. Es handelte sich dabei um den ungenannt bleibenden König der berüchtigten Stadt Sodom und um Melchisedek, den Priester-König von Salem, dem zweiten Jerusalem.

»Und Melchisedek, König von Salem, brachte Brot und Wein heraus; er war der Priester El Eljons (des höchsten Gottes). Er segnete ihn und sprach: Gesegnet sei Abram von El Eljon, dem Himmel und Erde gehören, und gesegnet sei El Eljon, der deine Bedränger in deine Hand ausgeliefert hat! Dann gab er ihm den Zehnten von allem.

Dann sagte der König von Sodom zu Abram: Gib mir das Volk und behalte du die Beute. Abram aber entgegnete dem König von Sodom: Ich habe meine Hand aufgehoben (in einem Schwur) zu dem Ewigen, El Eljon, dem Himmel und Erde gehören, und gesagt, daß ich weder einen Faden noch einen Schuhriemen noch irgend etwas anderes, das dein ist, nehmen werde, so daß du sagen könntest: Ich war es, der Abram reich gemacht hat!«

Hier wird unter der Oberfläche eine Menge über die gegenwärtigen und zukünftigen Beziehungen zwischen Abraham und seinen beiden Gesprächspartnern ausgesagt; so kommt ganz deutlich Abrahams Verachtung für den König von Sodom zum Ausdruck, auch wenn sie an keiner Stelle explizit ausgesprochen wird. Nicht umsonst haben sich die Gelehrten immer besonders für die komplexe Vorgeschichte dieses Kapitels interessiert. Mir kommt es hier vor allem darauf an zu zeigen, auf welch subtile Weise Abraham das Wissen, das Melchisedek von Gott hat, gelten läßt und ehrt, dabei jedoch gleichzeitig dem Titel »El Eljon« den Namen des Ewigen hinzufügt, wenn er seinerseits den Gottesnamen gebraucht. Darin schlägt sich möglicherweise eine bemerkenswerte Assimilation verschiedener Gottesnamen innerhalb der biblischen »Familie« wie auch eine jahrhundertelange Auseinandersetzung mit anderen religiösen Traditionen nieder. Die Wahrheit muß anerkannt werden, wo immer man ihr begegnet. Zugleich schwingt hier aber auch eine gewisse behutsame Diplomatie mit, ein Ausloten der *bona fides* – in diesem Fall vermutlich ganz wörtlich zu nehmen –, ein Abklären der Übereinstimmungen und Unterschiede, wie fein sie auch sein mögen. Kurz, wir begegnen genau der Art von Höflichkeiten, die ausgetauscht werden, wenn hochgestellte Kleriker unterschiedlicher Religionen oder Konfessionen zusammenkommen. (Nicht, daß ich die Bedeutung dieser Begegnung durch unangebrachte Frivolität herabmindern möchte, aber ich habe eine jahrelange Erfahrung mit dem »institutionalisierten Dialog« und weiß, daß er auf den verschiedensten Ebenen abläuft.)

Die andere »interreligiöse Begegnung«, an die ich denke, ist die zwische Mose und seinem Schwiegervater Jitro, die in vielen biblischen Überlieferungen eine Rolle spielt. Vom »interreligiösen« Standpunkt her wird das Ganze etwas kompliziert durch Moses Heirat mit Jitros Tochter (eine Situation, die heutzutage auf beiden Seiten für ein leichtes Unbehagen sorgt). Die Antwort auf die Frage, ob es sich hier überhaupt um einen interreligiösen »Dialog« im konventionellen Sinn handelte, wurde noch erschwert durch die lange Zeit herrschende wissenschaftliche Ansicht – die sogenannte Keniterhypothese –, daß Mose den Gedanken des Monotheismus im Prinzip erst von Jitro übernahm. In diesem Fall hätten wir es hier nicht mit einem »Dialog«, sondern mit einer »Bekehrung« zu tun. Diese Hypothese wurde allerdings inzwischen fallengelassen, und im Gespräch zwischen Jitro und Mose deutet tatsächlich nichts darauf hin. Vielmehr wird hier erneut deutlich, daß die Bibel auch anderen Völkern zugesteht, eine direkte Beziehung zu Gott zu haben (selbst da, wo es sich um Feinde Israels handelt, wie bei Bileam; Num 22-24). In einem Kapitel, das der Bundesstiftung am Sinai unmittelbar vorausgeht, wird zudem ausdrücklich eingeräumt, daß Israel sein Rechtssystem dem Eingreifen Jitros verdankt (Ex 18), so daß die beiden Ereignisse untrennbar miteinander verbunden sind.

All diejenigen, die sich im religiösen Dialog engagieren, können sich daher gleichsam auf Präzedenzfälle aus der Bibel berufen, ja, es hat den Anschein, als sei schon vorzeiten bekannt gewesen, welchen Gewinn alle Seiten aus einem solchen Dialog ziehen. (Andere Episoden in der Bibel, insbesondere die Geschichte von Elia und von Salomo [zu letzterer vgl. auch Kap. 7], vermitteln freilich wieder eine etwas andere Sicht, indem hier die *Gefahren* der Begegnung mit anderen Religionen aufgezeigt werden.)

Damit wären wir bei unseren Diskussionsbeiträgen, die bei einem für die Zeitschrift *Europäisches Judentum* organisierten »Kolloquium« anläßlich der 22. Jüdisch-Christlichen Bibelwoche in Bendorf aufgezeichnet wurden. Ich habe bereits von dieser Institution berichtet und begnüge mich hier mit dem Hinweis, daß in jenem Jahr eine ungewöhnlich große Anzahl von »Ideenlieferanten« für die kreative Auseinandersetzung mit der Bibel bei uns waren (ein Titel, der weniger einschüchternd klingt als »Experte«, und der die Leute davon abhält, bei der Arbeit in der Gruppe allzusehr ins Monologisieren zu verfallen). Anderthalb Stunden lang diskutierten wir zu zehnt darüber, warum wir so fasziniert von der Bibel sind. Dabei beeindruckte mich vor allem die Begeisterung der Teilnehmer, von denen ich geglaubt hatte, daß sie ihre Beschäftigung mit der Bibel aus einer gewissen akademischen Distanz heraus betrieben. Alle erzählten von persönlichen Erlebnissen und entscheidenden Eindrücken, die bei den anderen wiederum ähnliche oder auch ganz gegenteilige Erinnerungen weckten. Auf meinen eigenen Beitrag möchte ich später in ausführlicherer Form eingehen und hier zunächst die Berichte der übrigen neun Teilnehmer vorstellen.

Ich eröffnete die Diskussion mit einem kurzen Abriß über meine eigene Beschäftigung mit der Bibel und gab das Wort dann an den nächsten Sprecher weiter. Die einzelnen Teilnehmer führen sich im folgenden mit ihren eigenen Worten ein.

Eveline Goodman-Thau: »Ich lebe in Jerusalem, und das, was Sie eben gesagt haben, klang mir so vertraut, daß ich daran anschließen und meine eigene Geschichte erzählen möchte. Ich bin in Wien geboren, meine Eltern stammten aus Galizien, mein Vater aus derselben Stadt wie Manès Sperber [der Psychoanalytiker und Schriftsteller, nicht zu verwechseln mit »meinem« Raw Sperber! J. M.]. Interessanterweise lernte ich diesen kleinen Ort Sablotov gerade durch die Bücher von Manès Sperber kennen. Es war ein recht kosmopolitisches Städtchen. Man hielt sich für den Nabel der Welt und diskutierte die Probleme des täglichen Lebens ebenso leidenschaftlich wie Fragen von weltgeschichtlicher Bedeutung, kurz, man erhitzte sich über alles und jedes. Von meinem Vater wiederum, der stark vom Chassidismus geprägt war, bekam ich mit auf den Weg, daß man sich getrost darauf verlassen kann, daß man die Antwort auf die Frage der Woche immer im Wochenabschnitt (der in der Synagoge gelesen wird) finden kann, ganz gleich, worum es geht. Hier liegen denn auch die Wurzeln meiner Verbundenheit mit der *Tenach*.

Es war ein langer Weg, bis mir das alles wirklich bewußt wurde. Den Krieg überstand ich in den Niederlanden, ich studierte englische Literatur und kam schließlich nach Jerusalem an die Hebräische Universität, um jüdische Philosophie zu studieren. Der dort favorisierte Ansatz war stark historisch-kritisch geprägt, so daß mir die Arbeit nicht viel Spaß machte, doch ich bewahrte mir meine Liebe zum Text und beschloß nach einigen Studienjahren … einfach eine Passage herauszugreifen und genauso an sie heranzugehen, wie mein Vater an den Wochenabschnitt heranging: Ich wollte konkrete Antworten auf konkrete Fragen finden. So nahm ich … den *Siddur* [das Gebetbuch] zur Hand …, der zu achtzig Prozent aus *Tenach* besteht.

Ich würde meine Beziehung zur *Tenach* heute auf drei Ebenen festmachen: Erstens ist es ein sehr grundlegender Text, eine Art spiritueller Kanon; zum einen auf einer sehr persönlichen und zum andern auf der traditionellen Ebene. Es kommt darin etwas zum Ausdruck, das ... eine Bedeutung für mich hat ... in seiner Ganzheit; zugleich verbindet es mich aber auch mit der Art und Weise, wie dieser Text durch die Zeiten hindurch von den Menschen benutzt wurde – von den Rabbinen, von Menschen, die mir nahestehen usw. Ich stehe also in einer bestimmten Tradition.

Ein weiterer Grund, warum dieser Text für mich wichtig ist, liegt darin, daß ich eine Frau bin. Ich komme aus einem recht orthodoxen Umfeld – ich sage immer, ich bin eine sehr unorthodoxe orthodoxe Frau –, was bedeutet, daß mir als Frau grundsätzlich gar kein wirkliches Interesse an diesem Text erlaubt ist. Der Text wird für mich erklärt, und alles ist gleichsam fertig ausgearbeitet. Für mich ist die Rückkehr zum Text selbst deshalb gleichbedeutend damit, meine Identität als Frau in der Tradition zu finden ...

Das geschieht nicht, wenn ich einen Midrasch lese; es geschieht nicht, wenn ich einen kabbalistischen Text lese; es geschieht nicht im Talmud – es geschieht *hier*, in diesem Text. Jedesmal, wenn ich ihn lese, ist er anders. Das ist die zweite Ebene ... meine Beziehung als *Jüdin*, als Frau zu diesem Text.

Und im jüdisch-christlichen Dialog schließlich, an dem ich die letzten Jahre teilgenommen habe ..., stellte ich fest, daß auch das gemeinsame Lesen mit Christen völlig neue Dimensionen eröffnet ...«

Philip Davies: »Ich möchte etwas über die Bibel als ein Stück religiöser Literatur sagen. Ich glaube, meine eigene Laufbahn kann man in zwei Abschnitte unterteilen. Ich befaßte mich mit der Bibel zunächst nur als Historiker, wahrscheinlich, weil ich glaubte, daß ihre Bedeutung im wesentlichen außerhalb ihrer selbst läge und sich auf Dinge bezöge, über die man unabhängig von der Bibel reden könne. Dazu gehört natürlich Gott, genauso aber die Geschichte, der exilische Hintergrund bestimmter Lieder usw.

Ich arbeite an der Sheffield University im Fachbereich Bibelstudien, der nicht der theologischen Fakultät zugeordnet ist, sondern für sich steht. In letzter Zeit habe ich angefangen, darüber nachzudenken, was das eigentlich für eine Disziplin ist; wie sollte man eigentlich akademisch »studieren«, und was »studiere« ich da genaugenommen? Erst allmählich habe ich erkannt und akzeptiert, daß ich die Bibel selbst studiere und daß ihre Bedeutung innerhalb und nicht außerhalb ihrer selbst liegt. Die Bibel existiert nicht nur auf dem Hintergrund von etwas anderem, das ihre Gültigkeit bestätigen müßte, sondern sie ist bis zu einem gewissen Grad ein in sich abgeschlossener Kosmos – allerdings ein ziemlich großer. Jetzt, da ich nicht mehr glaube, daß die Bibel lediglich auf objektive Gegebenheiten außerhalb ihrer selbst verweist, ist mir außerdem auch klargeworden, daß ihr Wahrheitswert nicht in dogmatischen Aussagen liegt. Mit anderen Worten: Meiner Meinung nach spricht nichts in der Bibel aus sich selbst heraus dafür, daß ein richtiger oder ein falscher Sinn aus ihr herausgelesen werden kann. Die religiöse Definition von »Wahrheit« lautet natürlich: Wenn ich recht habe, müssen alle anderen unrecht haben – eine Überzeugung, die gegenwärtig von nahezu allen Religionen vertreten wird; man hört praktisch von keiner, die anders funktioniert. Mir dagegen geht es immer stärker darum, die Bibel aus religiösen Systemen überhaupt herauszulösen. Die Bibel wird aufgrund ihrer Verwendung, nicht aufgrund ihres Wesens, zum religiösen Dokument.

Vieles, worüber die Bibel spricht, sind Dinge, die in unserer heutigen Zeit dem Bereich der »Naturwissenschaften« zugeordnet werden. Zum Beispiel sagt sie, daß Gott die Welt erschuf. Ist das nun eine wissenschaftliche oder eine religiöse Aussage? In der Antike glaubte man, daß die Welt von göttlichen Wesen geschaffen sei, weil man sich einfach nichts anderes vorstellen konnte und unsere modernen wissenschaftlichen Erklärungen den Menschen fremd waren. Sie glaubten, daß Krankheiten von Göttern gebracht würden und auch von ihnen geheilt werden könnten. Heute glauben wir das nicht mehr. Wenn die Aussage, daß das Universum nur mit einer deistischen Theorie erklärbar ist, Ausdruck einer religiösen Überzeugung ist – in Ordnung! So gesehen ist die Bibel natürlich ein religiöses Buch, aber das trifft dann auf fast alle antike Literatur zu. Ich für mich selbst kann die Bibel nicht als »religiöses Dokument« im modernen Sinn lesen, weil ich nicht glaube, daß der Inhalt der Bibel auf diese Weise »religiös« ist. Meiner Ansicht nach ist sie ein bemerkenswertes, sich selbst immer wieder in Frage stellendes, befreiendes und erhellendes Buch, das uns insofern herausfordert, als wir uns ständig bemühen, ihren Sinn zu erkennen, nur um kurz darauf feststellen zu müssen, daß sie sich an einer anderen Stelle selbst widerspricht und uns schon wieder vor ganz andere Fragen stellt. Mit anderen

Worten, man kommt zur Bibel mit fertigen Antworten, und sie gibt einem eine Frage zurück. Genau das finde ich so faszinierend an der Bibel. Und ganz gleich, ob meine Entscheidung, mich mit ihr zu befassen, richtig war – ich bin nun einmal Bibelforscher. Die Bibel hat mich zu dem gemacht, was ich bin. Irgendwie sind wir miteinander verheiratet oder aneinander gekettet; ich finde in ihr alles, was ich jemals finden wollte, und die Beschäftigung mit ihr beschert mir ständig neue, spannende Erfahrungen. Ich bedaure nur, daß ich nicht lange genug leben werde, um sie jemals wirklich zu verstehen.«

Gordian Marshall: »Ich bin in einer streng katholischen Familie an der Ostküste Schottlands aufgewachsen, bin groß geworden mit der Vorstellung, daß die Bibel etwas sehr Wichtiges in meinem Leben und in der Religion ist. Gleichzeitig blieb sie selbst mir aber immer irgendwie unzugänglich, denn wir hatten zwar eine Bibel im Haus, doch was wir in der Schule und im Religionsunterricht hörten, waren nur die biblischen Geschichten, nicht der biblische Text selbst. Wir kannten die Geschichten von Abraham und Mose usw., aber nicht die Texte, aus denen diese Geschichten stammen.

Was das Ganze noch zusätzlich erschwerte, war, daß die Übersetzung, die uns zur Verfügung stand, die Douay Version war, die dermaßen entstellt ist, daß man fast keinen Sinn mehr herauslesen kann. Als ich dann nach dem Schulabschluß zu den Dominikanern ging, hatten wir das Glück, einen sehr jungen Lehrer zu bekommen, der uns erzählte, daß er beinahe aus dem Priesterseminar geflogen wäre, weil er seine ganze Zeit damit zugebracht hatte, die Bibel zu lesen statt Theologie zu treiben – eine höchst interessante Auffassung! Dieser Lehrer hegte eine tiefe Liebe zur Bibel; er hatte ziemlich lange an der Ecole Biblique in Jerusalem studiert, und wir erlebten ihn nun in der ersten großen Begeisterung nach seiner Rückkehr. Ich erinnere mich noch, wie ich im Unterricht aufmerksam zuhörte, dann so schnell ich konnte auf mein Zimmer lief, meine Bibel schnappte und versuchte, dasselbe zu tun wie im Unterricht, und wie es mir nicht gelang. Es dauerte lange, bis ich wußte, wie ich es anstellen mußte, in ein Gespräch mit dem Text zu kommen, so daß er mir etwas Interessantes oder Herausforderndes sagte. Das war eine öde Zeit, und es verlangte mir einige Beharrlichkeit ab, bis ich endlich einigermaßen zurechtkam.

In den späten Sechzigern war ich dann an einem Tagungszentrum. Wir arbeiteten viel mit Jugendgruppen, in der Hauptsache mit Schulabgängern, die sich auf die Prüfung vorbereiteten. Diese jungen Menschen warfen uns vor: ›Wir treiben hier angeblich »fortgeschrittene« Bibelstudien, und jetzt stellt sich heraus, daß es auch wieder nur öde akademische Themen sind, und dabei sollte es doch ganz anders sein, könnt ihr denn da gar nichts tun?‹ Und so beschlossen wir, Kurse einzurichten, und das, glaube ich, hat mich dann endgültig zur Bibel gebracht ...

Aus diesen Kursen entstand die gemeinsame Beschäftigung mit der Bibel zusammen mit anderen Menschen, und sie entpuppte sich als sehr wertvoll, denn wenn man aus der Tradition kommt, aus der ich komme, wird man leicht blind für die Vorannahmen, die man unbesehen hinnimmt ... Interessant für mich war vor allem ein Seminar, das Howard [Cooper] und ich in Spode über den Anfang der Genesis hielten. Ich kündigte das Thema unter dem Titel »Der Sündenfall« an, und Howard sagte freundlich zu mir: ›Das ist aber kein Gedanke aus dem Judentum.‹ Diese Bemerkung öffnete mir die Augen für einen ganz neuen Zugang zu Texten überhaupt, einen Zugang ohne all die Vorannahmen, die ich sonst immer mitgebracht hatte – und auch das war wieder äußerst hilfreich ...

Ich glaube, am stärksten berührt hat mich das, was Jonathan über das Gespräch sagte. Zweierlei macht gerade das Gespräch so interessant im Hinblick auf die Beschäftigung mit der Bibel. Wenn ich mich in ein Problem verbissen habe und grüble und grüble, dann wende ich mich an die Bibel – ich komme und suche, wie Sie gesagt haben, nach Antworten – und finde da noch sehr viel mehr und andere Fragen, die mich veranlassen, das Ganze nochmals genauer oder vielleicht auch ganz anders zu betrachten. Und zweitens habe ich festgestellt, daß ich, wenn ich mich wirklich ernsthaft um die Bibel bemühe und mich ihren Fragen stelle, nicht mehr den Eindruck habe, ich müsse mir jetzt endlich einmal Zeit zum Beten nehmen; ich spüre vielmehr, daß ich bereits beim Beten bin. Ich hatte zwar in der christlichen Tradition schon vom ›betenden Lesen der Bibel‹, der *lectio divina*, gehört, aber sie wurde erst Realität für mich, als ich die Bibel wirklich ›studierte‹.«

Athalaya Brenner: »1967 kam ich auf die Universität (in Israel). Es war die Zeit des Sechs-Tage-Krieges. Ich wollte als Hauptfach Englische Sprachwissenschaft und Literatur belegen. Leider konnte man damals nicht nur ein Hauptfach wählen, es mußten zwei sein. Das Naheliegendste für mich wäre gewesen, Orientalistik dazuzunehmen, doch das hatte ich schon in der Schule gehabt, und ich dachte: ›Was soll's! Ich weiß absolut nichts über die Bibel, ich nehme einfach das.‹ Es war mein erstes Jahr, und dann kam der Krieg, und wir bekamen alle unsere heiligen Orte zurück, und da war die Hysterie des Krieges, und ich hatte keine Ahnung, wovon die Leute überhaupt sprachen. Sie sagten: ›Das sind *unsere* Orte, du weißt doch, es steht in der Bibel.‹ Und ich sagte mir: ›Schön, ich werde mir dieses Buch vornehmen, ich werde die entsprechenden Passagen lesen und sehen, was diese Orte zu unseren macht‹ – Sie wissen schon, zu fast exklusiv unseren. ›Ich will doch sehen, warum ich so aufgeregt bin.‹

Und ich las die betreffenden Passagen, aber sie gaben mir nicht viel, jedenfalls nicht in nationaler Hinsicht. Genauso wenig allerdings in religiöser, denn ich stamme aus einer Familie, die sich zwar so einigermaßen an die Vorschriften hält, aber nicht im geringsten religiös ist. Ich bin nicht religiös erzogen. Wir hatten zu Hause nur eine abstrakte Vorstellung vom Glauben an Gott.

Für mich war es immer sehr schwer, meine Identität zu rechtfertigen – was bin ich eigentlich? Jüdin? Israeli? Was ist eine Israeli überhaupt? Bezieht sich der Name auf das Land? Bezieht er sich darauf, daß wir Heeresdienst leisten? Bezieht er sich auf bestimmte Pflichten, auf bestimmte Rechte? Was bedeutet er? Mir war das alles immer völlig fremd. Manche meiner Freunde hatten eine Antwort. Manche von ihnen wußten, daß sie Israelis, aber keine Juden waren. Meine Generation, die Generation, die in Israel geboren wurde, ging zur Armee, war Mitglied der Jugendbewegung, arbeitete im Kibbuz – sie wußten, daß sie Israelis waren, sie waren keine Juden. Ich wußte es nicht. Ich kannte den Unterschied nicht. Ich wußte nicht, womit ich es verbinden sollte. Und während ich Englisch und die Bibel studierte und diese schreckliche Zeit irgendwie durchstand – die Zeit nach dem Sechs-Tage-Krieg, als manche von uns, besonders die mit sehr radikalen Ansichten, bereits die ganzen Schwierigkeiten voraussahen –, und während meine Identitätsprobleme immer größer wurden, weil mir klar war, worauf das Ganze hinauslief, beschäftigte ich mich mit der Bibel, und mein Zorn wuchs, weil ich mir sagte: ›Es ist ein schrecklich nationalistisches Dokument. Die Bibel ist einfach nationalistisch!‹ Es ging nicht um Spiritualität, Religion oder Religiosität; für mich war die Hauptsache, was sie daraus machten.

Und so erinnere ich mich, daß ich mir, als ich mich entscheiden mußte, ob ich meinen Abschluß in Englisch oder in der Bibel machen wollte, ganz bewußt sagte: ›Ich werde diesen Text nicht einfach wieder sein lassen. Ich werde diesen Text studieren. Ich werde selbst etwas daraus machen. Was werde ich daraus machen? Ich werde ihn benutzen, und zwar vor allem, um mich der Frage, meiner persönlichen Frage, nicht stellen zu müssen.‹ Es war mir unmöglich, jetzt, in dieser Zeit des Übergangs, zu entscheiden, wer ich bin, was meine Identität ausmacht. ›Statt also zu einer Entscheidung über meine Identität zu gelangen, werde ich mich auf den Text konzentrieren. Mit anderen Worten, ich werde eine Art Verschiebung oder Verlagerung vornehmen. Und ich werde ihn, zumindest für mich, retten.‹ . . . Damals war ein gut Teil Wut an meiner Entscheidung beteiligt, und diese Wut spüre ich noch heute. Später, als ich mich dem Feminismus zuwandte, erlebte ich noch einmal eine solche Zeit intensivsten Zornes, und ich bin gern wütend – es tut mir gut, es gibt mir etwas, ich erreiche etwas, wenn ich meinen Zorn einsetze. Jetzt ist es wieder anders, weil ich inzwischen weniger zornig bin, aber ich bin daran hängengeblieben, weil es mich davon abhält, eine Art vorläufige Identität zu verlieren, einen Vorläufer für etwas, das ich noch nicht gefunden habe. Ich glaube auch nicht, daß ich es je finden werde. Ich benutze es als Vorwand, und es ist bequem und sehr interessant.«

Francis Landy: »Ich glaube nicht, daß die Geschichte, wie ich zur Bibel fand, wichtig ist. Es war ein Zufall, ein äußerst glücklicher Zufall, der mich meinen Weg zu ihr und damit zu einem Medium finden ließ, in dem ich mich ausdrücken, in dem ich schreiben kann. Ich glaube, daß das, was während des Schreibens geschieht, die Faszination für mich ausmacht: das Gefühl, im Text einem Etwas zu begegnen, das identisch ist mit mir, das mich zum Ausdruck bringt, das mich anspricht, das zu dem gehört, was jenseits des Textes ist. Es ist eine Art Ort. Und genau das, diese Begegnung, kann jenes Gefühl der Leere durchdringen, zumindest für mich.

Der Grund, warum ich jetzt spreche, deckt sich mit dem, was Athalaya sagte, was Philip sagte – das Gefühl vor allem, daß sich da etwas immer wieder entzieht, das zugleich so ungeheuer klar, so ungeheuer aufrichtig ist, immer auch fähig, sich selbst zu hinterfragen, die andere Seite zu sehen, so daß es über alle religiösen Konstrukte hinausgeht.

Und noch etwas zu dem, was Athalaya gesagt hat. Eines meiner prägenden Erlebnisse mit der Bibel war meine erste Bendorfer Bibelwoche; wir behandelten 1. Samuel. Bisher hatte ich meine Zeit damit zugebracht, das Hohelied verstehen zu wollen; hier nun war ich auf einmal gezwungen, mich diesem Gott zu stellen, der einfach nur ein Ungeheuer war und jeden in dieser Geschichte vernichtete und darüber hinaus nationalistische Feindbilder wie die Amalekiter schuf, auf die gleiche Weise wie die Juden dann hier [in Deutschland] zum Feindbild, zu Amalekitern, gemacht wurden. Ein ungeheurer Zorn darüber stieg in mir auf und bewog mich, jede Form der Religiosität im Sinne Evelines abzulegen, ja, ich empfand ganz ähnlich wie Athalaya – ein Zorn, der sich zum Teil auch wieder legte, weil es ziemlich langweilig ist, die ganze Zeit wütend zu sein, aber mehr noch ... weil die Bibel ganz einfach etwas hat, das mich anspricht, mich in seinen Bann zieht, und das ist fraglos wesentlich jüdisch: das Spielerische! Es mag ja ganz unterschiedliche Auffassungen darüber geben, was »religiös« bedeutet, auf jeden Fall hat die Bibel etwas an sich, eine Art religiösen Tanzes – Verteidigung, Verweigerung, Abstraktion, Sich-Wichtig-Machen – sie nimmt das alles und spielt damit, macht es aktuell, macht es zu einem Teil menschlichen Leidens, der menschlichen Freude an dieser Welt. Und genau das liebe ich ...«

Gabriel Josipovici: »Ich möchte an etwas anknüpfen, was einer von euch hier gerade gesagt hat, nämlich daß er die Bibel wegen ihrer Nähe zu anderen Texten so besonders schätzt. Im Gegensatz zu den meisten anderen hier Anwesenden bin ich erst sehr spät zur Bibel gekommen, eigentlich durch viele andere literarische Texte, und für mich bedeutet sie deshalb letztlich nicht mehr als andere Literatur. Vielleicht sollte ich das ein bißchen erklären.

Ich glaube, jeder hat, wenn er jung ist, eine unklare, gefühlsmäßige Vorstellung davon, was er im Leben tun möchte, und dann kommt ein Augenblick, in dem sich dieses Gefühl auf einmal ganz deutlich herauskristallisiert und kein diffuses Gefühl mehr ist, nicht mehr das, was man den Freunden seiner Eltern oder auch Fremden antwortet, wenn man gefragt wird, was man später mal werden will, sondern eine sich ganz klar abzeichnende Idee. Ich wollte schon immer schreiben, Romane schreiben, doch der Augenblick, in dem dieser Wunsch für mich zur realen Möglichkeit wurde, kam, als ich mit siebzehn Proust gelesen hatte – das war so eine Art Wasserscheide in meinem Leben. Ich denke oft an diesen Augenblick zurück; er spielt in meinem Leben vielleicht die Rolle, die die Bibel in Gordians Leben spielte. Proust sagt in einem Essay – in einem Dialog mit Ruskin; er verwahrt sich darin gegen die Art, wie Ruskin einen Fetisch aus der Literatur macht, wie er den religiösen Impuls aus der Religion auf die Kunst überträgt –, Proust lehnt diese Auffassung völlig ab, und er sagt, er hielte es für falsch, in Kunstwerken Monumente zu sehen, sie seien vielmehr *Schwellen*. Die Kunstwerke, die am wichtigsten für uns sind, sagt er, sind jene, die uns auf einen bestimmten Weg bringen und dann, nachdem sie uns den Weg gezeigt haben, wieder uns selbst überlassen. Und plötzlich wurde mir klar, daß es genau dies war, was mir die Begegnung mit Proust so wertvoll gemacht hatte. Proust ermöglichte mir irgendwie, das zu verwirklichen, was ich bis dahin nur verschwommen gewollt hatte: schreiben. Ich würde nicht schreiben wie er, aber er half mir, wie ein guter Lehrer, herauszufinden, wie ich selbst schreiben konnte.

Mir ist heute klar, daß meine Beziehung zu anderen Werken, denen ich begegnete, zu Kunstwerken der verschiedensten Art, immer irgendwie selbstsüchtig gewesen ist, insofern als ich immer nur auf diejenigen ansprach, die ich *gebrauchen* konnte, die mich führten, mir einen Weg eröffneten und mir zeigten, daß es der richtige Weg für mich war. Ich traf in den nächsten zehn oder fünfzehn Jahren noch auf viele solcher Bücher, lange bevor sich ihnen auch die Bibel hinzugesellte.

Wie es dazu kam, ist nicht besonders interessant. Ich hatte als Kind die biblischen Geschichten gehört, aber ich hatte nie die Bibel gelesen, ich kam aus keiner religiösen Familie. Ich war nie in einer Synagoge oder einer Kirche gewesen, hatte nie meine Bar Mizwa empfangen oder etwas Vergleichbares erlebt. Als ich mein Studium in Oxford aufnahm und anfing, Literatur zu lesen, war die englische Literatur, mit der ich mich beschäftigte, natürlich weitgehend christlich geprägt, und die religiöse Krise, die man als Jugendlicher durchmacht, lief für mich deshalb immer wieder einzig auf die Frage hinaus: Sollte man zum Christentum übertreten? Das Judentum hatte gar nichts damit zu tun, es schien überhaupt keine Bedeutung zu haben. Dann, mit der Zeit, legt sich der ganze innere Aufruhr, man vergißt diese Dinge und wendet sich dem zu, was einen wirklich betrifft. Doch aus irgendeinem Grund fing ich damals an, für mich selbst die Bibel zu lesen, und ich fand Gefallen daran.

Und dann, wie einige Leute hier bereits erwähnt haben, hielt ich in Sussex (an der Universität) ein Seminar ... zum Thema »Die Bibel und die englische Literatur«, weil es während meiner Studienzeit in Oxford dauernd geheißen hatte: ›Man kann Literatur, zumindest die Literatur vor 1800, gar nicht verstehen, wenn man die Bibel nicht kennt.‹ Doch niemand unternahm etwas, diese Lücke zu füllen! ... Sehr schnell wurde mir klar, daß ich dieses Thema nicht unterrichten konnte, ohne zumindest ein bißchen Hebräisch zu können ... Die Schönheit des Hebräischen, im Gegensatz zum Lateinischen, liegt ja darin, daß man relativ rasch anfangen kann, auch die bedeutendste Literatur, die diese Sprache hervorgebracht hat, zu lesen ...

So ging das also weiter, und während ich las und dabei mein Interesse an allem Jüdischen unmerklich wuchs, hatte ich immer stärker das Gefühl, daß die Bibel dasselbe bei mir bewirkte wie Proust und Wallace Stevens und Dante, die Schriftsteller, die mir so viel bedeuteten, weil sie mir einen Weg eröffnet hatten. Es geschah vielleicht auf andere Weise, und es geschah möglicherweise häufiger als bei anderer Literatur. Bisher jedoch unterscheidet sich meine Erfahrung mit ihr, meine Liebe zu ihr und mein Wunsch, weiter in sie einzudringen, nicht wesentlich von meinem Interesse an jenen anderen Werken ...«

Arthur Lelyveld. »Um diesem Gespräch eine andere Wendung zu geben: Der Bibel galt und gilt nicht etwa mein vordringliches akademisches Interesse. Diesen Platz nahm stets die Vorbereitung auf das Rabbinat ein, und meine Studien in diesem Rahmen führten mich vor allem zur Beschäftigung mit dem rabbinischen Gedankengut ...

Tatsache ist jedoch, daß ich, nun schon seit fünfzig Jahren Wanderprediger, mich schon immer bis zu einem gewissen Grad vom biblischen Text angesprochen fühlte, und da ich mich natürlich mit der *Parascha ha-Schawua*, dem Wochenabschnitt, und der *Haftara* (dem Begleittext aus den prophetischen Schriften) beschäftigte, wurde ich – gezwungenermaßen – mit allen Aspekten der *Tenach* vertraut. Mein Hauptinteresse gilt allerdings nicht der *Tenach* als ganzer, sondern den Propheten. Das liegt an der großen Zahl hervorragender Bibelgelehrter, die das Hebrew Union College in Cincinnati während meiner Studienzeit aufzuweisen hatte ... Das Interessante an diesen Männern, die mich stark beeinflußt haben, ist, daß sie alle sich in erster Linie mit dem prophetischen Aspekt der biblischen Überlieferung befaßten. Sie waren gründliche Bibelkenner, doch ihre eigentliche Liebe galt den Propheten. Als ich vor etwa zwanzig Jahren aufgefordert wurde, die Goldenson-Vorlesung zu halten, eine alljährliche Vorlesungsreihe am Jewish Institute of Religion des Hebrew Union College über die Propheten Israels, wählte ich das Thema »Die gesellschaftliche Relevanz der Propheten des achten Jahrhunderts«. Hier lag mein eigentliches Interesse. Es war eine Kombination allgemeiner gesellschaftspolitischer Anliegen, und in meiner Laufbahn im Rabbinat habe ich mich denn auch vorrangig mit sozialen Problemen und den Propheten als Grundlage und Inspiration jüdischer Sozialethik befaßt.«

Judith Elkan: »Wenn ich mit dem Hinweis beginne, daß wir alle hier sind, um Jesaja zu studieren, [denke ich dabei an] die Worte *Nahamu nahamu ammi*, »tröstet, tröstet mein Volk«; Jes 40,1) ... Meine Liebe zu Worten bezog sich auf alle drei Sprachen, mit denen ich aufgewachsen bin. Meine erste Sprache, meine Muttersprache, ist Arabisch, meine zweite Sprache war Hebräisch, und die dritte Englisch. Ich bin immer sehr aufgewühlt und bewegt, wenn ich den Klang sephardischer Melodien höre ... das muß an dem Gesang liegen, der mein Elternhaus erfüllte, an den ich mich zwar nicht erinnere, der aber, wie ich glaube, auch ohne bewußte Erinnerung da ist. Es war ein sehr orthodoxes Heim – meine Eltern stammten aus Syrien – ... und das Hohelied wurde jeden Freitagabend angestimmt. Dieses Ergriffenwerden von Worten und vom Nachklingen und Widerhall des biblischen Textes hat, so glaube ich, schon immer zu mir gehört.

Meine Ausbildung führte mich von Israel, wo ich geboren wurde, nach England, auf eine englische Schule, wo das Hebräische unwichtig wurde ... 1948 ging ich zurück nach Israel und trat in eine Art Dialog mit der Sprache und der Religion ein, weil ich von meiner Familie,

meinem Clan, der sehr religiös war, förmlich eingesogen wurde ...
Doch in mir drin ... meldete sich unentwegt mein logischer Verstand, und der bewegte sich fort von der Religion und einer Erklärung
des Lebens und der Welt und von dem Gefühl, daß ich hierher
gehörte ... Ich landete bei der Psychologie und hatte die Vorstellung,
etwas mit Psychotherapie und mit Kindern zu machen, und ich
stellte fest, daß ich zuerst einmal mich selbst und die Zusammenhänge meines eigenen Lebens verstehen mußte, daß ich eine Analyse
brauchte. Der langen Rede kurzer Sinn: Alle diese Zufälle in meinem
Leben führten mich nach England ... und ich landete in der Tavi-
stock Klinik, wo ich eine Ausbildung in psychoanalytischer Arbeit
mit Kindern und Jugendlichen machte ...

Eine Reihe glücklicher Zufälle führte dann zu meiner Begegnung
mit Jonathan ... an einem Dienstagabend, im Hause eines Mannes
mit Namen Rabbiner Sperber. Rabbiner Sperber pflegte sich einen
Text vorzunehmen und ihn einen ganzen Abend lang mit einer
Gruppe zu diskutieren ... eine äußerst anregende, inspirierende Persönlichkeit. Ich glaube, für mich war er die Verkörperung eines
wahrhaft humanen Menschen; ihn umgab so etwas wie das eigentliche Wesen der Menschlichkeit. Er hatte eine wunderbare Art, an
einen Text heranzugehen, einen Einstieg zu finden, und eine vorbe-
haltlose Offenheit und Empfänglichkeit für alles, was die anderen
Teilnehmer einbrachten. Er hat mich tief beeindruckt und beeinflußt, und als er nach Jerusalem zog, ging ich immer noch zu den
Dienstagabenden, die er auch in Jerusalem weiter hielt ...

Dann bat mich Jonathan ... vor Studenten des Leo Baeck Colleges einen Vortrag über die *Parascha* (den Wochenabschnitt) zu halten, und zwar über das Thema: Josef und die Frau des Potifar ... Am
Ende überwand ich meine Schüchternheit und sagte zu.

Erschrocken über meinen eigenen Mut beschloß ich, daß ich den
Text auf jeden Fall erst einmal selbst lesen und mir überlegen müßte,
was ich damit anfangen konnte; ich hatte wirklich große Angst. Ich
las den Text wieder und wieder und wieder. Dann, glaube ich, pas-
sierte dieses aufregende Etwas, von dem auch Philip sprach: Auf
einmal redete der Text selbst, und ohne jede Vorstellung, was ich aus
psychoanalytischer Sicht über den Text sagen sollte, merkte ich plötzlich, daß ich völlig in ihn eingetaucht war, daß er mich interessierte,
daß ich ganz absorbiert las und las. An dieser Situation war insofern
etwas Psychoanalytisches, als da der Text und der Kontext waren. Psy-

choanalytisch ist daran – nach meinem Verständnis von Psychoanalyse im Blick auf die Verbindung zwischen dem biblischen Text und einem Traum–Text oder einer psychoanalytischen Sitzung – die Verknüpfung zwischen der Versenkung in den Text und der Stimmung, der Bedeutung, die zutage tritt, wenn man am Text oder an der Situation bleibt, während man vorgefaßte Haltungen dem Text gegenüber aufgibt und ihn die Oberhand gewinnen läßt ...

Ich glaube, daß einer der wichtigsten Eindrücke, die ich von diesem Ansatz gewonnen habe, ist, daß er nicht reduktionistisch ist. Ich gehe nicht mit einer psychoanalytischen Vorannahme über seine Auslegung an den Text heran ... Doch irgendwo muß es da eine Entsprechung geben, die dann vielleicht fruchtbar werden kann ... der Text selbst kann, gekoppelt mit einem psychoanalytischen Gedanken, etwas völlig Neues ergeben ... Deshalb, so glaube ich, sehe ich den Text als etwas, das erforscht, und zwar auf kreative Weise erforscht werden muß.

Das zweite, das für mich sehr wichtig ist, ist die Schönheit dieses Textes ... ich habe ein Bild in meinem Kopf – es ist schon immer dagewesen – ein Bild von den hebräischen Wörtern ... Für mich ist jedes Wort ein Stein, wie die Steine von Jerusalem, und in jedem dieser Steine sind unendlich viele Bedeutungs- und Sinnebenen eingeschlossen ... Deshalb finde ich, daß der Text irgendwie inspirierend ist, wegen der besonderen Eigenart der hebräischen Sprache.

[Der Psychoanalytiker Wilfrid] Bion sprach über das völlige Aufgeben, den Verzicht auf Erinnerung und Wunsch; pointiert ausgedrückt, sagte er, sollte man in eine Sitzung gehen, ohne an die Geschichte des Patienten zu denken, ja nicht einmal daran, wie alt er ist, man sollte sogar vergessen, ob der Patient ein Mann oder eine Frau ist ... Was er damit meinte, war, daß man in eine Sitzung geht im Bewußtsein, daß der Patient dreiunddreißig Jahre alt und ein Mann ist, ein Buchhalter oder so etwas Ähnliches, doch im Augenblick der Sitzung begegnet man möglicherweise keinem dreiunddreißigjährigen Patienten, ja nicht einmal einem Mann, sondern der Stimme eines drei Monate oder drei Jahre alten kleinen Mädchens oder ... damit ist man dann konfrontiert. Es geht ganz einfach darum, daß man sich dem emotionalen Phänomen zuwendet, das sich vollzieht, und ihm erlaubt, sich überhaupt erst auszubilden, aus der Sprachlosigkeit ...

Von diesem Standpunkt aus könnte man sich einem Text nähern, wie man in eine psychoanalytische Sitzung geht. Man könnte sich darauf gefaßt machen, daß einem mit diesem Text das gleiche passiert, was in einer psychoanalytischen Sitzung geschehen kann, etwas nie Dagewesenes, das einzig und allein geschehen kann, weil sich hier zwei Persönlichkeiten zu einem ganz bestimmten Zeitpunkt begegnen. Das nie geschehen wäre, wären sich nicht diese beiden Persönlichkeiten begegnet, und zwar hier, in diesem abgeschotteten Umfeld. In diesem Sinn ist die Begegnung mit einem Text etwas Ähnliches, denn wenn wir mit einem Text ringen, dann sind wir dabei meist ziemlich einsam, allein, wir schlagen uns mit ihm herum, wir bringen uns selbst, unsere Persönlichkeit, ein.«

Howard Cooper: »Die Therapeuten haben immer das letzte Wort! Da sind so viele Dinge angesprochen worden, die ich aufgreifen könnte; vielleicht sollte ich einen Schritt weiter zurückgehen. Ich glaube, ich bin durch Jonathan zur Bibel gekommen. Das ist eine recht kühne Behauptung. Durch das Studium am Leo Baeck College, wo ich den Unterschied zwischen Exegese und Eisegese lernte, den mir meiner Ansicht nach Jonathan beigebracht hat. Inzwischen ist mir natürlich klar, daß man immer nur Eisegese treibt. Mir ist klargeworden, daß der Glaube, daß ein Text einen ganz bestimmten Sinn enthielte, Einbildung ist. Der Sinn, die Bedeutung, liegt immer jenseits des Textes. Und genau darin besteht für mich denn auch die Gemeinsamkeit zwischen der Arbeit mit einem Patienten und der Arbeit mit einem Text – in beiden Fällen muß ich herausfinden, was ich an der Geschichte, die da erzählt wird, wirklich verstehen kann. Ich selbst bin dabei immer nur der Außenstehende, ich versuche, etwas zu erhaschen, das jenseits von mir ist. Genau das liebe ich an der Arbeit mit Patienten, und ich liebe es auch an der Arbeit mit dem Text; es scheint mir jene Möglichkeit zu sein, Einblicke in eine Art Wahrhaftigkeit des Gefühls oder Wahrhaftigkeit der Wahrnehmung zu gewinnen, Einblicke, die nur in diesen intimen Begegnungen mit einem Text möglich sind, mit den Texten der *Tenach* ebenso wie mit den Texten von Menschen. Beide sind schwer faßbar und irgendwie jenseits unserer selbst.

Jonathan und auch Francis haben mir ein Gespür für Sprache vermittelt, das ich jetzt auch bei meiner Arbeit mit Menschen einsetze. Ich höre auf das, was tatsächlich gesagt wird, nicht mehr auf das, was meiner Ansicht nach gesagt wird oder von dem ich gern hätte, daß es gesagt wird, sondern auf das, was wirklich gesagt wird, und ich versuche, mich konsequent auf das zu konzentrieren, was im Text steht. Und dann bringe ich alle meine eigenen Vorstellungen und Phantasien und Gedanken und was auch immer ein. Die Begegnung, die sich so entwickelt, ist ungeheuer spannend. Das ist das eine, was über meine Beschäftigung mit Texten zu sagen ist.

Das andere ist, daß meiner Ansicht nach der Text der Bibel ... insbesondere die narrativen Passagen, die die Inkarnation des jüdischen Mythos sind ... hier kann ich zurückverfolgen, wo ich herkomme, in kollektivem Sinn. Sie enthalten Geschichten, die so fremd, so fern, so weit weg sind, daß sie jenseits allen Glaubens liegen, und zugleich sprechen sie von sehr persönlichen Situationen, die mich ganz direkt angehen. Ich mag diese Ambiguität, ich mag es, daß sie so völlig jenseits aller meiner Erfahrungen liegen und mir gleichzeitig doch so nah sind.

Ich glaube, meine Aufgabe besteht darin, diese Texte von dem zu befreien, was ihnen angetan wurde, und sie Juden und auch Christen neu zugänglich zu machen – daran arbeite ich sehr viel, zum Teil mit Gordian, zum Teil mit anderen –, sie zu erlösen aus einer Art verengter Wahrnehmung, die ihnen über all die Jahre hinweg aufgepfropft wurde und die irgendwie die Religiosität in ihnen erstickt, aus ihnen herausgequetscht hat. Ich glaube, daß es zu meiner Aufgabe gehört, die Texte den Menschen zurückzugeben, die sie brauchen und haben wollen, weil ich glaube, daß dieser Kontakt zum Mythos sehr wichtig ist. Ich spreche hier von Mythos im Sinne einer symbolischen Wahrnehmung der Realität, die wir alle brauchen, denn ohne sie werden wir zu Neurotikern. Natürlich können wir auch mit ihr neurotisch werden, aber für mich besitzen die biblischen Geschichten irgendwie eine Art Wahrhaftigkeit der Wahrnehmung.

Ich frage mich manchmal, ob es mir mit Shakespeare ebenso ergangen wäre, wenn ich zuerst ihm begegnet wäre. Ich weiß es nicht. Oder mit Proust. Vielleicht. Ob wohl allen großen literarischen Kunstwerken dieses Wesen der Wahrhaftigkeit eigen ist? Vielleicht aller großen Kunst überhaupt. Für mich ist die Bibel große Kunst ... und die Textanalyse, die mehr ist als nur eine Sprachanalyse, ist für mich das Entscheidende.

Ich erinnere mich an ein Seminar, das Francis am Leo Baeck College über die Zehn Gebote hielt. Sie sprachen über Gott und daß er

ein eifersüchtiger Gott sei, und Sie sagten in diesem Zusammenhang irgend etwas darüber, daß das der Anfang der langen und ewig
gleichen Geschichte von der »besitzergreifenden« Haltung Gottes
ist. Ich erinnere mich nicht mehr genau an Ihre Worte, aber da war
urplötzlich ein Augenblick der Erleuchtung. Ja, natürlich, Gott ist
ein Gegenüber. Aber ... ich glaube, es sollte ein »aber« auf diesen
Satz folgen, aber irgendwie half mir das, mich von der Vorstellung
von Gott als »religiöser« Gestalt freizumachen und zu erkennen,
daß die Religiosität irgendwie in der Beziehung zwischen den Personen und der Spannung zwischen ihnen liegt. Diese Spannung ist
für mich irgendwie mit der Spannung zwischen Gegenpolen verknüpft, eine sehr an Jung erinnernde Vorstellung. Jedenfalls kam es
mir so vor, als ob der Text auf diese Weise dem Reduktionismus
ständig die Stirn böte. Ich weiß allerdings nicht, ob das »ständig« so
ganz stimmt – ich lese sehr selektiv.«

Gordian Marshall: »Mir gehen ein oder zwei Dinge im Kopf herum,
während ich zuhöre. Das eine ist, daß ich glaube, daß der Begriff
»Religion« oder »Religiosität« von den verschiedenen Teilnehmern
der Gruppe ganz unterschiedlich gebraucht wird. Manche, glaube
ich, verstehen darunter die Struktur von Religion überhaupt, die ich
allerdings nicht zu eng mit der Bibel verknüpfen würde. Oft müssen
wir uns doch, um überhaupt mit der Bibel zurande kommen zu
können, bis zu einem gewissen Grad von dem Gedankengerüst, das
Religionen uns überstülpen, freimachen. Trotzdem habe ich, was
die Bibel betrifft, ein stärkeres religiöses Gefühl als bei den anderen
religiösen Strukturen, die ich kenne; es liegt in der Berührung mit
etwas, das jenseits unserer selbst ist, und doch viel realer. Das paßt
zur Frage nach dem fundamentalistischen Textverständnis, das in
unseren Traditionen vielfach problematisch ist. Ich für mein Teil
glaube, der Fundamentalismus muß ein selektives Wörtlich-Nehmen sein, nicht nur ein Wörtlich-Nehmen, sondern ein selektives
Wörtlich-Nehmen. Denn, wie Howard sagte, sobald man eine Passage einer anderen gegenüberstellt, kann man nicht mehr sagen:
Genau das ist ausgesagt; und für mich besteht der Reichtum der
Bibel denn auch unter anderem gerade darin, daß sie so Gegensätz-
liches aussagt. Sobald man denkt: Ja, das ist gemeint, trifft man auf
etwas anderes, und man sagt sich: Nein, fang nochmal neu an zu
denken.

Doch was ich mich während des Gespräches fragte, war: Warum messe ich ausgerechnet diesem Text so große Bedeutung bei und nicht, wie Howard sagte, Shakespeare oder irgend jemand anderem. Die Bibel ist zwar wirklich gute Literatur, aber es gibt Teile in ihr, die das überhaupt nicht sind. Im Gegenteil, sie sind plump und unbeholfen. Von ihnen kann ich beim besten Willen nicht sagen, sie seien bedeutsam, weil sie gute Literatur sind, denn das sind sie einfach nicht. Sie halten dem Vergleich mit anderem nicht stand, und dennoch messe ich ihnen Bedeutung bei. Ich bin bereit, mit ihnen zu streiten. Ich bin bereit, mich von ihnen ansprechen, herausfordern zu lassen, wo ich bei einem anderen Schriftsteller vielleicht sagen würde: Gut, das ist seine Meinung, nicht meine. Mit der Bibel kann ich nicht so verfahren. Das liegt zum Teil, so nehme ich an, an dem Gefühl einer Offenbarung, das sie mir vermittelt, dem Eindruck, daß durch diesen Text irgendwie Gott selbst spricht. Nicht, daß Gott ihn diktiert hätte, aber die Stimme Gottes ist in ihm vernehmbar. Aber wenn ich dann an Freunde denke, die andere Heilige Schriften haben, den Koran z. B. oder die Schriften der Sikhs und Hindus, scheint für sie oft dasselbe zu gelten wie für mich und die Bibel. Es gibt also eine Ebene, auf der die Gegenwart Gottes im Text die Gegenwart Gottes ist, die ich in den Text hineintrage und die dann zu mir zurückspricht …«

Gabriel Josipovici: »Ich möchte noch ein Wort über Autorität und Literatur sagen. Mir scheint, daß es bei einem Schriftsteller, zu dem man sich hingezogen fühlt, sagen wir mal Kafka, nicht eine Frage der Entscheidung ist, ob dies eine schöne Passage und jenes eine weniger schöne ist. Alles, was sie gesagt haben, jeder Brief, gewinnt Bedeutung und Bedeutsamkeit. Ich sehe hier keinen wesensmäßigen Unterschied zu dem, wie man der Bibel gegenüber empfindet.«

Gordian Marshall: »Alles, was ich sagen wollte, war, daß ich die Bibel nicht so behandle, wie ich andere Autoren behandle.«

Philip Davies: »Wer ist überhaupt der Verfasser der Bibel? Das macht doch einen Teil ihres Charmes aus. Man weiß nicht, wen man liest.«

Jonathan Magonet: »Das ist vielleicht ein guter Abschluß für dieses Gespräch!«

4

»Offener Tadel und verborgene Liebe«

Ich möchte an den Anfang dieses Kapitels einen Textauszug stellen, den ich sehr bewegend und auch ein wenig einschüchternd finde. Er stammt aus der Feder eines der bedeutendsten jüdisch-orthodoxen Denker dieses Jahrhunderts, Joshua Dow Soloveitchik. In seinem Buch »Halakhic Man« schildert er, was es heute, in unserer komplexen, säkularisierten Welt, bedeutet, ein Mensch zu sein, der sich den traditionellen religiösen Werten verpflichtet fühlt, genauer gesagt, der *Halacha*, dem jüdischen Gesetz. Das Buch enthält auch einige autobiographische Randbemerkungen des Verfassers. Soloveitchik erzählt, daß er in einem sehr religiösen Haus aufwuchs, in dem die großen jüdischen Lehrer der Vergangenheit nicht bloße Namen waren, sondern sozusagen zur Familie gehörten. So leitete sein Vater einen regelmäßig tagenden Zirkel, in dem die Werke von Rambam (das Akronym von Rabbi Mose ben Maimon, Maimonides, 1135-1204) diskutiert wurden. Soloveitchiks Vater fiel dabei die Aufgabe zu, die häufig überraschenden und kontroversen Lehrentscheidungen des großen Maimonides gegen die Angriffe seiner klassischen Kritiker zu verteidigen, deren Argumente von den anderen Teilnehmern vertreten wurden. Soloveitchik schreibt:

»Ich verstand damals kein einziges Wort, doch zwei Eindrücke prägten sich meinem noch unbeschriebenen jugendlichen Verstand unauslöschlich ein: 1. Der Rambam war von Gegnern und »Feinden« umgeben, die ihm übelwollten. 2. Vater war sein einziger Verteidiger. Nicht auszudenken, was ihm passieren würde, wenn er Vater nicht hätte!

(Manchmal) kam ich ganz verzweifelt zu meiner Mutter: ›Mutter, Papa kann den Rambam nicht erklären! Was sollen wir bloß machen?‹ ›Mach dir keine Sorgen‹, pflegte meine Mutter zu sagen, ›Vater wird schon eine Antwort für den Rambam einfallen. Und wenn nicht, findest du vielleicht eine Antwort für den Rambam, wenn du groß bist. Das Wichtigste ist, daß du fleißig die Tora lernst, Freude daran hast und dir deine Neugierde bewahrst.‹«

Soloveitchik erklärt auch, was dieses Kindheitserlebnis für ihn so entscheidend machte:

»Das war kein Kindheitstraum. Es war eine psychologische und historische Realität, die noch heute in meinem Bewußtsein fortlebt. Wenn ich dasitze und arbeite, spüre ich ganz deutlich die Gegenwart der weisen Männer der Tradition. Wir haben eine sehr persönliche Beziehung zueinander. Der Rambam sitzt zu meiner Rechten, Rabbenu Tam zur Linken, Raschi sitzt mir gegenüber und doziert, Rabbenu Tam bombardiert ihn mit Fragen, Rambam trifft Entscheidungen, Raavad kritisiert. Sie alle sind bei mir in meinem kleinen Studierzimmer … Sie betrachten mich mit Zuneigung, mischen sich in die Diskussion und *Gemara*, spornen mich an und ermutigen mich wie ein Vater.

Das Studium der Tora ist nicht bloß eine didaktische Übung … sondern der machtvolle Ausdruck einer Liebe, die die Generationen umspannt, einer geistigen Verbindung, einer Einheit der Seelen. All diejenigen, die die Tora weitergeben, versammeln sich mit denen, die sie empfangen, in einem ›Gasthaus der Geschichte‹.«[1]

Soloveitchiks Schilderung hat mich so beeindruckt, weil ich selbst beim Studium der Tora ganz ähnliche Empfindungen habe. Wahrscheinlich bin ich aber auch bis zu einem gewissen Grad neidisch, weil meine eigenen kindlichen Erfahrungen mit dem Judentum, ganz zu schweigen vom jüdischen Denken, so ganz anders verliefen.

Dieser Punkt in meiner persönlichen Geschichte verdient durchaus der Erwähnung, und sei es nur, um den Eindruck zu korrigieren, daß alle jüdischen Kinder eine so intensive religiöse Erziehung erfahren wie Joshua Dow Soloveitchik.

Meine eigenen frühesten Erinnerungen an die Begegnung mit meiner Religion sind nicht besonders erfreulich. Ich denke da an die Sonntagsschule in der orthodoxen Synagoge im Süden Londons, die ich besuchte. Schon allein die Tatsache, daß sie im Süden Londons lag, spricht für sich. Im Gegensatz zur jüdischen Gemeinde von Nord-London, die sehr groß ist und einen starken Zusammenhalt pflegt, der zum Teil schon fast klaustrophobische Züge aufweist, lebten die Leute südlich des Flusses während des Krieges und

1. Aus: »Ish Hahalakha«, Jerusalem 1979, S. 230 f.; ins Engl. übersetzt von Norman Solomon, vgl. »Spirituality and Prayer«, Paulist Press 1983.

kurz danach sehr viel stärker für sich, sicherlich auch, weil sie es so wollten. Sie gehörten jener zweiten Generation von Juden an, deren Eltern um die Jahrhundertwende aus Polen oder Rußland gekommen waren und selbst immer der alten Kultur verhaftet blieben, zugleich aber nichts sehnlicher wünschten, als daß ihre Kinder sich in dieser neuen Welt behaupten möchten. Der Preis der Assimilation war meist eine allenfalls marginale Bindung an das Judentum, gekoppelt mit einer strammen Erfolgsethik, die sich häufig auch in der Berufswahl niederschlug: Nicht zufällig gingen zahlreiche Mediziner und Juristen aus dieser Generation hervor. Ihr Verhältnis zur Synagoge war, gelinde gesagt, ambivalent. Etwas überspitzt könnte man sagen, sie kamen bei Begräbnissen zusammen, besuchten einmal im Jahr, während der höchsten jüdischen Festtage, den Gottesdienst und hielten im Grunde überhaupt nur aus Respekt (oder schlechtem Gewissen) gegenüber ihren Eltern Kontakt zu ihren Glaubensgenossen. Das ging zwar nur sie etwas an, doch die eigentlich Leidtragenden dabei waren ihre Kinder (jedenfalls haben wir das damals so empfunden), vor allem die Jungen. Zu Hause kamen sie kaum mit dem in Berührung, was Judentum bedeutete, mußten aber nichtsdestoweniger an den Sonntagen und manchmal sogar (besonders gräßlich!) an den Dienstag- und Donnerstagabenden zum Unterricht in der Synagoge erscheinen, um auf ihre Bar Mizwa mit dreizehn Jahren vorbereitet zu werden. Da man dieses Ritual nur durchlaufen konnte, wenn man eine Prüfung ablegte, in der man nachwies, daß man zumindest theoretisch mit dem Glauben bekanntgemacht worden war, war der Druck zur Teilnahme am Unterricht relativ stark – und das Gefühl der Erleichterung, wenn die Sache glücklich überstanden war, um so größer. Nur die wenigsten von uns blieben der Synagoge danach treu, und man muß wohl traurigerweise sagen, daß so eine ganze Generation junger Juden heranwuchs, deren Religiosität verkümmerte. Sie behielten ihr Leben lang die Gottesvorstellung von Dreizehnjährigen, trugen ein allenfalls bruchstückhaftes und weitgehend brachliegendes Sammelsurium jüdischen Denkens und jüdischer Praxis mit sich herum und kamen nie über ihre religiösen Vorbehalte hinaus.

Wir sollten im Unterricht unsere *Parascha* lernen, jenen Abschnitt aus der Tora, den Fünf Büchern Mose, den wir bei der Bar Mizwa-Zeremonie in der Synagoge vortragen würden, und die *Haftara*, die entsprechende Lesung aus den Propheten. Dazu gesellte sich eine ganze Reihe von Segensformeln, die vor und nach diesen Lesungen intoniert wurden, was bedeutete, daß wir nicht nur den hebräischen Text beherrschen mußten (zumindest soweit, daß wir imstande waren, ihn laut zu lesen, auch wenn wir nicht alles verstanden), sondern auch die verschiedenen Gesänge. Viel hing dabei von den Lehrern ab, aber auch davon, ob man während dieser ganzen Zeit zu Hause Unterstützung erfuhr oder ob die Familie wegen der bevorstehenden Zeremonie lediglich in Hysterie verfiel, und nicht zuletzt vom mangelnden bzw. vorhandenen Selbstbewußtsein des Betroffenen. Ich selbst war ausgesprochen schüchtern und hatte jedesmal schreckliche Angst, wenn ich irgend etwas vorlesen mußte. Das konnte so weit gehen, daß ich bei derartigen Anlässen einfach in Tränen ausbrach. Meine Lage wurde noch dadurch verschlimmert, daß mein Vater, der ja aus Kanada kam, die Gesänge in einer anderen, der »russischen« Tonführung intonierte, die ihn sein Vater gelehrt hatte und die er jetzt (durchaus zu Recht, wie ich heute erkenne) an mich weitergeben wollte. Das Problem war, daß diese Tonfolge von der »deutschen« Melodie, die wir in der Synagoge anstimmten, abwich, so daß ich zwei verschiedene Stimmen lernen mußte, was an sich schon schlimm genug war. Das Allerschlimmste war jedoch, daß ich dadurch *anders* war als die anderen – eine schwere Last für jemanden wie mich, der sich so verzweifelt wünschte, in der Menge unterzutauchen.

Als dann das große Ereignis da war, mußte ich nur die *Haftara* vortragen, durch die ich mich einigermaßen hindurchstotterte, ohne loszuheulen. (Im Gegensatz zu meiner Mutter, die vor Rührung in Tränen schwamm. Und auch mein Vater war den Tränen nahe, allerdings vor Erleichterung, weniger aus sentimentalen Gründen.)

Mein Vater hatte mir erklärt, es sei wichtiger, die *Haftara* zu kennen als die Tora-Lesung, da es mir in späteren Jahren jederzeit passieren könnte, daß ich aufgefordert würde, sie noch einmal vorzutragen – eine Vorstellung, die mich damals mit panischem Entsetzen erfüllte. Er selbst wurde in seiner Synagoge immer wieder darum gebeten, gerade weil er eine besondere Tonfolge beherrschte und zudem wunderschön singen konnte. Ich mußte den bewußten Gesang später in der Tat einmal in einer Synagoge in Ostberlin vortragen – eine echte »Invasion« in das

Hoheitsgebiet der »deutschen« Melodie. Meine Darbietung wurde sehr höflich aufgenommen.

Von meinen Lehrern an der Sonntagsschule erinnere ich mich vor allem noch an einen jungen Mann, den die Kinder gnadenlos hänselten; dann war da der Direktor, dem wir Spitznamen gaben und vor dem wir nicht wenig Angst hatten, den ich heute aber gerne näher kennen würde; zwei winzige ältliche Jungfern, die Misses Cohen, die sehr lieb waren und bei denen ich meine ersten Lektionen erhielt; und ein älterer Mann mit dem Spitznamen »Klump-Cohen«, weil er einen künstlichen Arm hatte, den er, so ging das Gerücht, Kindern, die sich schlecht benahmen, um die Ohren schlug. Inhaltlich kann ich mich nur an die endlose Wiederholung stets derselben Bibelgeschichten erinnern (in der Regel aus der Genesis, allerdings in einer entsprechend zurechtgestutzten Fassung), die wir jahrein, jahraus wiederkäuten, weil wir jedes neue Schuljahr wieder ganz von vorn anzufangen schienen; an das nicht endenwollende Auswendiglernen immer derselben Brocken aus der hebräischen Bibel; und vielleicht noch an ein wenig Grammatik – ich besaß da diese schmale grüne hebräische Fibel, in die ich meinen Namen und meine Adresse – wohnhaft in Europa, der Welt, dem Universum – hineingeschrieben hatte. Es ist durchaus möglich, daß dem Sonntagsschulunterricht ein wohldurchdachter Lehrplan zugrundelag, der uns von fähigen Pädagogen vermittelt wurde – doch es blieb nur wenig davon hängen, abgesehen vom lauten Hebräisch-Lesen, das mir bis in meine Jahre am Rabbinerseminar nachging, und bis auf ein Gefühl tiefster Verwirrung darüber, wie denn nun die merkwürdigen, bruchstückhaften Informationen über das Judentum, die wir im Unterricht auflasen, mit irgendwelchen realen Werten, die in der Welt da draußen anwendbar waren, zusammenhingen. Ich fürchte, daß eine Comic-Bibel, die mein Vater aus den Vereinigten Staaten bezog und die ich heimlich während des Gottesdienstes in der Synagoge las, mir die biblischen Geschichten näher brachte als der Unterricht.

Doch hinter diesen verschwommenen Erinnerungen und den etwas deutlicher sich abzeichnenden Bedrängnissen dieser Zeit standen tiefergehende Probleme, die die ganze jüdische Welt betrafen. In der Welt meiner Kindheit manifestierte sich diese Problematik, in der es darum ging, die Kontinuität jüdischen Lebens und jüdischer Tradition zu erkunden und auszuloten, auf besonders schwierige Weise.

So wurden wir auf jede nur erdenkliche Weise, durch gutes Zureden, Einschüchterungen oder Bestechung (etwa Belohnungen bei Anwesenheit in der Synagoge, Süßigkeiten bei den verschiedensten Gelegenheiten, Preise für gutes Verhalten!) dazu angehalten, das rituelle Gesetz zu befolgen. Eine besondere Rolle spielten dabei die *Kaschrut*, die Speisevorschriften. Die Schwierigkeit lag darin, daß meine Familie, bereits in betrüblichem Maße assimiliert und in einem Teil Londons lebend, in dem es nur wenige jüdische Geschäfte gab, dabei leicht abzuschrecken durch die hohen Kosten von koscherem Fleisch, ziemlich nachlässig geworden war und allzu wenig Sorgfalt auf die Führung eines wirklich koscheren Haushaltes verwandte. (Als meine *Buba*, meine Großmutter, anläßlich meiner Bar Mizwa aus Kanada kam, gab es zu Hause einen Riesenaufstand. Das gesamte Geschirr und Besteck sowie sämtliche Kochutensilien wurden gegen neue ausgetauscht, damit sie die *Kaschrut* nach ihren eigenen, äußerst strengen Maßstäben befolgen konnte.) Auf die Frage in der Sonntagsschule, ob es bei uns koscher zugehe, mußte ich ehrlich sein und zugeben, daß das nicht der Fall war, was mich damals in einen peinvollen Konflikt stürzte. Nicht viel anders war es mit der Benutzung von Verkehrsmitteln am Sabbat. Das traditionelle jüdische Gesetz verbietet das Autofahren am Sabbat. Das ist einer der Gründe dafür, daß orthodoxe Juden stets versuchen, möglichst nah bei der Synagoge zu wohnen. Auch in diesem Punkt verhielt sich meine Familie äußerst lasch, wie ich vor den anderen eingestehen mußte. (Auch hier brachte uns wieder *Bubas* Ankunft in Bedrängnis, da sie darauf bestand, trotz ihrer »schlimmen Füße« zu Fuß zur Synagoge zu gehen, die etliche Kilometer entfernt war. So mußte ich sie die Acre Lane entlang begleiten – ein Weg, der mir Stunden zu dauern schien –, um dann weitere Stunden in der Synagoge zu sitzen und die ganze Prozedur auf dem Heimweg zu wiederholen. Eine solche heroische Sturheit ist schon beeindruckend. Mein Vater, der diese Welt weit hinter sich gelassen hatte, war allerdings außer sich darüber, und auch mir machte es die ganze Sache nur noch fremder.)

Einige Jahre später amüsierte ich mich köstlich über eine Geschichte, die sicherlich nicht wirklich passiert ist, aber ein bezeichnendes Licht auf die Zustände wirft. Am Tag des Versöhnungsfestes, dem heiligsten und festlichsten Tag des jüdischen Kalenders, an dem die gesamte Gemeinde in der Synagoge erscheint, das Autofahren aber natürlich streng untersagt ist, erhielt der Rabbiner meiner alten Synagoge eine Mitteilung von der Polizei. Man stehe da vor einem Problem. Offenbar war die gesamte Brixton High Road mit dicht an dicht parkenden Autos verstopft, während auf dem Synagogenparkplatz, wo sie eigentlich hingehörten, kein einziges stand. Könnte der Rabbiner diesen Vorgang bitte aufklären und vielleicht irgend etwas unternehmen? Natürlich konnte der Ärmste nicht sagen, daß es sich hier um den klassischen Heuchlertrick handelte, das Auto einfach um die Ecke abzustellen und so zu tun, als sei man zu Fuß gekommen. Doch der Vorfall erhellt die Paradoxa einer Tradition, die mit sich selbst und ihrem Umfeld in Widerstreit steht.

Man möge mir an dieser Stelle noch eine weitere kurze Abschweifung verzeihen. Ich würde gerne noch die Geschichte von den zwei Au-Pair-Mädchen erzählen, die sich über ihre jeweiligen Gastfamilien unterhalten. Die eine, die in einem jüdischen Haushalt lebt, berichtet, daß sie dort all diese merkwürdigen religiösen Feste haben. Bei einem davon essen sie im Eßzimmer und rauchen im Badezimmer. Beim anderen rauchen sie im Eßzimmer und essen im Badezimmer. Und bei noch einem anderen Anlaß schließlich essen *und* rauchen sie im Badezimmer. (Auch wenn die Geschichte durch die Erklärung verliert: Am Sabbat ißt man, darf aber nicht rauchen, da das Anzünden von Feuer zur Kategorie der verbotenen Arbeiten gehört; am Tischa B'Aw, dem neunten Tag des Monats Aw, an dem wir die Zerstörung der beiden Tempel beklagen, arbeitet man wie gewohnt, fastet jedoch; und Jom Kippur schließlich, der Versöhnungstag, ist sowohl ein Fasten- als auch ein Ruhetag.) Ein Buch über die jüdischen Sitten aus der Sicht eines Au-Pair-Mädchens würde wahrscheinlich sehr viel ehrlicher ausfallen als die ganze Literatur über das jüdische Familienleben.

Wenn ich in meiner Kindheit ein Gefühl für die Bedeutung all dieser Rituale hätte entwickeln können (ein Gefühl, das über den Eindruck hinausging, daß sie offenbar nur dazu da waren, einem lästige Beschränkungen aufzuerlegen), wäre ich vielleicht auch besser mit den Widersprüchen zwischen Theorie und Praxis zurechtgekommen. Doch schon immer war das Ritual der neuralgische Punkt. Hier ging es ganz konkret um die Frage nach der Bewahrung einer eigenständigen jüdischen Identität in einer heidnischen Umgebung – und das ist bis zu einem gewissen Grad bis heute so geblieben. Keiner von uns konnte sich den Gegensätzen, die zwangsläufig bei der Berührung zweier Kulturen aufbrechen, entziehen. Unsere Loyalität gegenüber der Vergangenheit wurde auf eine harte Probe gestellt, weil sie auf Verhaltensmustern beruhte, die weitgehend überholt waren, und wir nichts lernten, was diesen Mustern dennoch Wert und Bedeutung verliehen hätte. Wir erlebten sie einzig und allein als lästige Hindernisse für unsere Integration in die Welt, die uns umgab.

Deshalb beneide ich Soloveitchik so um seine Kindheitserfahrungen.

Trotzdem haftet seiner Schilderung auch etwas Entmutigendes an. Wer von außen in die besondere Welt eindringen möchte, von der er erzählt, hat eine riesige Distanz zu überbrücken, um sich auch nur das grundlegendste Wissen anzueignen und in so hochkarätige Gesellschaft zu kommen. Das Forschungsinteresse der großen Lehrer, die Soloveitchik erwähnt, gilt mit Ausnahme von Raschi keineswegs in erster Linie der Bibel, sondern dem Talmud und der *Halacha*, also der »Gesetzestradition« in ihren verschiedenen Formen. Die Bibel wird deshalb bei ihnen längst nicht so hitzig und leidenschaftlich studiert und debattiert. Trotzdem findet durchaus auch die Auseinandersetzung mit der Bibel statt, und ihre Ergebnisse schlagen sich in den großen rabbinischen Bibelausgaben, in den *Miqraot Gedolot* (wörtlich den »großen Schriften«), nieder.

So eine Doppelseite aus einer Rabbinerbibel kann den Leser auf den ersten Blick schon abschrecken. Sie erinnert eher an die Blaupausen eines Architekten, nur daß die großen, umrandeten Räume, die in seinen Plänen Zimmer darstellen, hier engbedruckte Kolumnen sind. In der rechten oberen Ecke einer solchen aufgeschlagenen Doppelseite steht – im größten Druckformat der ganzen Seite – in einem vertikalen Rechteck der Text, um den es geht, meist nicht mehr als ein Dutzend Verse. (Allein der Kommentar zum Pentateuch umfaßt auf diese Weise zwei Bände, jeder etwa von der Stärke eines Telefonbuches.) Links von diesem Rechteck befindet sich ein schmaleres, in kleinerem Druck, in dem der »Targum Onkelos« steht, die »offizielle« aramäische Übersetzung der betreffenden Passage. In der schmalen Spalte zwischen diesen beiden fallen verschiedene hebräische Lettern auf, die Detailinformationen zum massoretischen Text enthalten, unter anderem zu Wörtern, die auf eine bestimmte Art ausgesprochen werden, oder auch zu ungebräuchlichen oder ungewöhnlichen Vokabeln, die der Kopist möglicherweise falsch geschrieben hat. Zur Ergänzung des Targum sind in manchen Ausgaben oben auf der linken Seite noch Bruchstücke aus anderen Targumim abgedruckt, von denen es eine ganze Reihe gibt.

So weit, so gut – sind diese Dinge doch immerhin alle in normalgroßen hebräischen Lettern, mit voller Punktation und, im Falle des Textes selbst, mit den musikalischen Akzenten abgedruckt, die die Sätze in kleinere Sinneinheiten unterteilen. Der Rest der Seiten ist jedoch in einem anderen Schriftbild, der sogenannten »Raschi-Schrift«, gehalten, nicht weil der große Bibelkommentator diese Schrift benutzt hätte, sondern weil sie für die ersten gedruckten Ausgaben der hebräischen Bibel gebraucht wurde, die auch den Kommentar Raschis enthielt. In der Folgezeit wurde dieser Schrifttyp dann auch für alle anderen Kommentare üblich. Diese Entwicklung ging mit einer starken Verkleinerung des Druckbildes einher, so daß man sich bei manchen Taschenausgaben der Rabbinerbibel schon in jungen Jahren Sehstörungen einhandeln kann.

Daß der Targum aufgenommen wurde, hat seinen Grund in der letztlich auf die Bibel selbst zurückgehenden Tradition, daß der Text in der Synagoge vorgelesen und, wo nötig, mit Erläuterungen versehen wurde. Der Targum in Aramäisch, der Sprache der frühen rabbinischen Periode, wurde in der Synagoge neben den Passagen aus der Bibel vorgelesen, um sicherzustellen, daß die Menschen die Lesung auch wirklich verstanden. In die Rabbinerbibel wurde er gleichsam zur Erinnerung an die früheste offizielle Übersetzung und Auslegung aufgenommen, und Raschi zitiert ihn denn auch häufig, weil er seiner Ansicht nach die korrekte Bedeutung einer speziellen Textstelle wiedergibt. Die »textkritischen« Informationen auf dieser Seite werden durch weitere massoretische Anmerkungen, die sich meist genau unter dem Hauptblock des biblischen Textes befinden, ergänzt, sowie durch eine Auswahl aus einem umfangreichen Verweisstellensystem, den *Toledot Aharon*, das angibt, wo die fraglichen Verse im Talmud, in den Hauptsammlungen des Midrasch (der rabbinischen Exegese der Bibel) und in der mystischen Literatur, im Sohar, besprochen werden. (Ein Student der Theologie aus Cambridge bemerkte anläßlich eines Aufenthaltes am Leo Baeck College, daß ihm nun erst der Unterschied zwischen den beiden Institutionen aufgegangen sei: ›Wir in Cambridge sind am neuesten Kommentar interessiert, ihr am Leo Baeck College an den ältesten!‹)

Die bisher genannten Angaben stellen das wichtigste Werkzeug für den tradtionellen Gelehrten dar; der Rest der Doppelseite enthält die Kommentare der großen mittelalterlichen Exegeten. Raschis (das Akronym setzt sich zusammen aus den Anfangsbuchstaben seines Namens, Rabbi Salomo ben Jsaak, 1040-1105, Frankreich, Studium in Worms) Ausführungen haben dabei oft den Ehrenplatz in der Mitte der Doppelseite inne; manchmal sind seine Erläuterungen auch in der Form eines umgekehrten »L« oben auf der Seite abgedruckt. In anderen Ausgaben bilden sie einen kompakten Textblock über die ganze Seite hinweg, unmittelbar unter dem Bibeltext.

An der entsprechenden Stelle auf der linken Seite (wobei man sich vor Augen halten muß, daß hebräische Bücher von rechts nach links gelesen werden) findet sich der Kommentar von Abraham ibn Esra (1089-1164; in Spanien geboren, doch weitgereist durch Nordafrika und ganz Europa), dessen Anmerkungen häufig so dunkel sind, daß es schon zu seinen Lebzeiten um die zweihundert »Ergänzungs«-Kommentare zu seinem Werk gab. Einer dieser Ergänzungskommentare wird gewöhnlich in kleinerem Druck unterhalb des Textes von Abraham ibn Esra zitiert.

Oberhalb von Ibn Esra findet man Baal ha-Turim (Jakob ben Ascher, 1270–1340). Der Name ist diesmal kein Akronym, sondern ein Beispiel für die rabbinische Gepflogenheit, einen Gelehrten nach seinem Hauptwerk zu benennen, in diesem Fall nach den *Arba Turim*, den »Vier Reihen« oder »Teilen«, in die Baal Haturim das erste große mittelalterliche Kompendium des jüdischen Gesetzes gliederte. Sein Bibelkommentar ist stark mystisch geprägt und basiert zum Teil auf *Gematria*, der Verwendung der numerischen Werte der hebräischen Buchstaben. Auf diese Weise ließen sich Wörter, die die gleiche Summe haben, zueinander in Beziehung setzen. Es ist sicherlich nicht ohne eine gewisse Ironie, daß der Mystiker Baal ha-Turim ausgerechnet über dem durch und durch rationalistischen Ibn Esra sitzt, der von solchen Methoden alles andere als angetan war.

Unterhalb von Raschi, auf der rechten Seite, oft noch auf die linke Seite übergreifend und dort dann unter Ibn Esra ist Ramban vertreten (Rabbi Mose ben Nachman oder Nachmanides, 1194– 1270, Spanien und Palästina), nicht zu verwechseln mit Mose ben Maimon, Maimonides, Soloveitchiks Ramba*m*. Ramban eröffnet seine Ausführungen häufig mit einem Zitat von Raschi oder Ibn Esra, gegen deren Position er dann seine eigene Auffassung geltend macht. (Professor Jakob Licht hat einmal die 632 Einzelkommentare Rambans zum Pentateuch überprüft und stellte dabei fest, daß er Raschi in 37,7 und Ibn Esra in 12,8 Prozent der Fälle zitiert.) Ramban war es auch, der seinem Kommentar zur Genesis jenes kleine Poem voranstellte, dem der Titel dieses Kapitels entnommen ist. Er hält darin fest, daß er bei der Abfassung seines Kommentars die mit großem Respekt geführte Auseinandersetzung mit dem Meister Raschi im Auge habe und daß er Ibn Esra »offenen Tadel und verborgene Liebe« entgegenbringe. In dieser bemerkenswerten Formulierung vereint sich die Achtung vor den großen Lehrern mit der Verpflichtung, auszusprechen, was man selbst für die Wahrheit hält – auch wenn man sich dabei gegen die Lösungen der Großen entscheiden muß. Diese Balance aus respektvoller Reverenz vor dem bereits Geleisteten und bedingungsloser Wahrheitssuche macht das Herzstück allen rabbinischen Debattierens aus.

Der Vollständigkeit halber sollte auch Obadja Sforno (ca. 1470 – ca. 1550) nicht unerwähnt bleiben, der meist unter Ibn Esra auftaucht. Sforno war ein italienischer Arzt und Philosoph jüdischer Abstammung, der Lehrer von Johannes Reuchlin, und ein christlicher Verteidiger der Juden und der jüdischen Literatur.

Zum Schluß und, damit alles in der Familie bleibt, direkt unterhalb von ihm, ebenfalls auf der linken Seite, hat der Raschbam (Rabbi Samuel ben Meir, ca. 1080 – ca. 1174, Frankreich) seinen Platz, ein Enkel Raschis, der häufig, wenn auch mit allem Respekt, anderer Ansicht ist als sein Großvater!

In manchen Ausgaben sind noch weitere Kommentatoren vertreten. Für uns, die wir zunächst einmal überhaupt einen Zugang zur Welt der Kommentatoren gewinnen wollen, ist jedoch in erster Linie interessant, was diejenigen, die wir bisher kennengelernt haben, zu sagen hatten.

Raschi, der jüdische Bibelausleger par excellence, enttäuscht uns oft auf den ersten Blick. Tritt man mit seinen eigenen Fragen zu einer bestimmten Passage oder einem bestimmten Satz an ihn heran, so macht man häufig die Feststellung, daß er keine Antwort für unsere Probleme hat. Stattdessen sieht man sich unversehens in eine bis ins Detail gehende grammatikalische Aufschlüsselung irgendeines speziellen Wortes verwickelt oder bekommt lediglich die Auskunft, daß Raschi hier mit dem Targum einig gehe, oder aber man wird mit einem dunklen Kommentar, der keinerlei Sinn zu ergeben scheint, oder auch einem kurzen Exkurs in den Midrasch abgespeist. Es gibt einen Trick, Raschi zu verstehen – den Hinweis darauf verdanke ich, wie unzählige andere, einer bemerkenswerten Bibelforscherin in Jerusalem, Nechama Leibowitz. Und zwar muß man sich stets die Frage stellen: Welches Textproblem hat *Raschi* an dieser Stelle gesehen? Dieses »Problem« mag in der ungewöhnlichen Verknüpfung von zwei Wörtern oder Sätzen, in einer ungebräuchlichen grammatischen Form, im Widerspruch zu einer anderen Textstelle oder in irgendeiner anderen textinhärenten »Klippe« bestehen. Raschi erarbeitete seine Lösung dazu, sei es im Sinne von *Peschat*, also im Blick auf den schlichten, jedem zugänglichen, offen zutageliegenden Wortsinn des Textes, oder sei es in Anlehnung an den Reichtum des rabbinischen Midrasch, wobei er grundsätzlich davon auszugehen scheint, daß der Leser vor demselben Problem steht, er dieses also nicht mehr eigens zu erläutern braucht. Das hat zur Folge, daß Raschi uns eine ganz neue Art des Lesens lehrt, die große Ähnlichkeit mit dem »close reading« hat, einer Methode, die sich in der neueren Textanalyse eingebürgert hat. Raschi macht uns sensibel für die Nuancen des Hebräischen, für die Lücken im Text, für die scheinbaren Redundanzen und Wiederholungen, für die verschiedenen Bedeutungsvarianten einer Geschichte, für all die Dinge, über die wir andernfalls hinweglesen würden. Demjenigen, der das Judentum entdecken möchte, eröffnet Raschi zugleich aber auch das Tor zur Welt des Midrasch, dem Herzstück jüdischer Ethik und jüdischen Denkens.

Raschis besondere Fähigkeit, einen Text zu lesen, sei hier am Beispiel seiner Auslegung der Worte Gottes an Abraham in der bekannten Geschichte von der »Bindung Isaaks« (Gen 22,2) gezeigt:

»Nimm, bitte, deinen Sohn, deinen einzigen, den du liebhast, den Isaak.«

Raschi folgt an dieser Stelle dem Midrasch (Genesis Rabba 55.7), dem frühen rabbinischen Kommentar, indem er hinter der einfachen Aussage des Textes etwas sehr viel Komplexeres sieht. Seiner Ansicht nach handelt es sich hier um die eine Hälfte eines Zwiegespräches, dessen anderer Part nicht aufgezeichnet wurde. Er führt diesen fehlenden Part folgendermaßen aus:

Gott: »Nimm, bitte, deinen Sohn.«
Abraham: »Ich habe zwei Söhne.«
Gott: »Deinen einzigen.«
Abraham: »Dieser ist der einzige Sohn seiner Mutter, und der andere (Ismael) ist der einzige Sohn seiner Mutter.«
Gott: »Den du liebhast.«
Abraham: »Ich habe sie beide lieb.«
Gott: »Isaak!«

Warum nun, fährt Raschi fort, sagte Gott nicht gleich, was er meinte? – Um Abraham nicht zu sehr zu erschrecken und schon gleich zu Anfang völlig aus dem Gleichgewicht zu bringen.

Raschi gibt hier zwar einen Dialog wieder, der nicht explizit im Text enthalten ist, doch er dramatisiert den Satz lediglich um der größeren Klarheit des Textes willen, um einen Gehalt herauszuarbeiten, der ganz eindeutig in der Konstruktion des Satzes enthalten ist. Die allmähliche Steigerung der Umschreibungen, die Gott für den betroffenen Sohn gebraucht, während Abraham doch von Anfang an genau gewußt haben muß, wer gemeint war, spiegelt Abrahams inneren Kampf. (So wie sich auch Josefs inneres Ringen in seinem übertriebenen Protest gegen die Verführungsversuche der Frau des Potifar äußert.) Raschi lenkt unsere Aufmerksamkeit auf diesen Aspekt des Textes, und er tut das durch die Einführung eines Midrasch mit sehr viel Stilgefühl, Subtilität und Einfühlung in die dem Geschehen implizite Dramatik.

Raschi weist sich in seinem Kommentar als äußerst bescheiden und zurückhaltend aus – ein Eindruck, der noch dadurch verstärkt wird, daß er mehrfach einräumt, eine bestimmte Textpassage nicht zu verstehen. Sein Enkel Raschbam berichtet denn auch, sein Großvater habe seinen Bibelkommentar bis zu seinem Tod ständig im Lichte neuer Erkenntnisse revidiert. Dabei sollte man den riesigen Umfang von Raschis Werk nicht unterschätzen, zu dem unter anderem auch ein Kommentar zu den meisten Traktaten des babylonischen Talmud gehört, der bis heute seine Gültigkeit nicht verloren hat. In seinen Bibelkommentar ließ er zudem vieles von seinen landwirtschaftlichen Kenntnissen einfließen – immerhin war er selbst Winzer –, und ab und zu wird in der einen oder anderen seiner Aussagen auch etwas von der tragischen Situation jüdischen Lebens im mittelalterlichen Frankreich zur Zeit der Kreuzzüge spürbar.

Wenn Raschi so etwas wie ein Heiliger ist, so steht Abraham Ibn Esra vom Temperament her auf der entgegengesetzten Seite des intellektuellen Spektrums. Als Arzt, Philosoph, Astronom, Sprachwissenschaftler und Dichter verkörperte er den »Renaissance«-Geist des »Goldenen Zeitalters« im vom Islam geprägten Spanien. Seine Kommentare reichen von völlig dunklen, kaum entschlüsselbaren Anmerkungen zu einer bestimmten Vokabel bis zum zehnseitigen Diskurs über die Unterschiede zwischen den beiden Fassungen der Zehn Gebote (im Exodus und im Deuteronomium), in dem die Problematik dieser Abweichungen mit unbestechlicher Logik untersucht und sämtliche simplizistischen Versuche aus der Tradition, sie einfach zu übergehen, zurückgewiesen werden. Manchmal gibt Ibn Esra seinen Lesern dabei recht harte Nüsse zu knacken und merkt als Erklärung allenfalls einmal an: »Wer das Bisherige versteht, weiß, was ich meine«, ohne die gesamten Implikationen präzise auszuführen. So stellt er z. B. fest, daß der Bruch am Anfang von Kapitel 40 im Buch Jesaja auf einen Verfasserwechsel schließen läßt, und trennt damit bereits die vier Passagen des »Deuterojesaja«, heute in der Bibelwissenschaft als »Gottesknechtlieder« bekannt, vom übrigen Buch ab. Ibn Esra zu lesen ist in der Tat häufig eine intellektuell recht anspruchsvolle Angelegenheit, weil er vom Wesen her durch und durch Wissenschaftler war und die vergleichende Sprachwissenschaft (aus dem Arabischen), eine umfassende Kenntnis der ·Lehrmeinungen anderer Gelehrter jüdischer und karäischer Provenienz sowie ein ungeheures Wissen in vielen anderen Disziplinen in seine Suche nach der Wahrheit des Textes einbrachte. Es ist nicht ungewöhnlich, daß Ibn Esra eine Auffassung als unwahrscheinlich verwirft, die in einem Kommentar des 20. Jahrhunderts noch einmal wiedergekäut wird –, und es gehört zu den befremdlichen Lücken in der zeitgenössischen Wissenschaft, daß seinem Werk ebenso wie dem der anderen jüdischen Kommentatoren des Mittelalters bis vor kurzem kaum Beachtung geschenkt wurde (weder von jüdischer noch von christlicher oder auch von »säkularer« Seite). Nicht zuletzt aber bewies Ibn Esra in den Abfuhren, die er anderen Lehrmeinungen erteilte, häufig einen beißenden Humor, an dem ich, wie ich mich nicht schäme einzugestehen, immer wieder großen Spaß habe. Wenn es z. B. in Exodus 21 um einen Ochsen geht, der den Ochsen eines anderen auf die Hörner nimmt (V. 35), berichtet er uns von einem zeitgenössischen Gelehrten, der den Vers dahingehend verstand, daß es hier nicht um das Rind des Nachbarn des Besitzers von Ochse Nr. 1 gehe, sondern um den »Nachbar-Ochsen«, also den Ochsen, der neben dem ersten Rind steht. Ibn Esra verwirft diese Auffassung und fügt trocken hinzu, daß seines Wissens die einzige Person, die von sich behaupten kann, der Nachbar eines Ochsen zu sein, jener Gelehrte sei, der diese These aufstellte.

Was Ibn Esra von Raschi unterscheidet, ja, was überhaupt die französisch-deutsche von der spanischen Kommentatorenschule trennt, ist derselbe Streitpunkt, der auch frühere rabbinische Schulen voneinander schied: die Frage nach den Grenzen und Möglichkeiten der Kommentierung einer Schrift, die göttlichen Ursprungs ist. Sollte eine solche Schrift behandelt werden, als ob jeder einzelne Buchstabe bedeutungsvoll ist, weil er aus dem Munde Gottes stammt – so daß es also legitim ist, jedes Detail der Schrift für die Auslegung auszuwerten, oder ist die Bibel jedem anderen literarischen Dokument gleichzusetzen und insofern den Methoden der Textanalyse zu unterwerfen? Während Raschi weitgehend, wenn auch nicht durchgängig, der ersteren Auffassung zuneigt, fühlt sich Ibn Esra streng der zweiten verpflichtet. Damit räumt er eine »dichterische Freiheit« in den Schriften der Propheten ein und nimmt ihre übertriebene Sprache und ihre Bilder keineswegs wörtlich. Zum Beispiel merkt er ironisch an, vor welche Schwierigkeiten man sich gestellt sähe, wollte man die Wendung »die Vorhaut eurer Herzen zu beschneiden« wörtlich verstehen.

Was den »biblischen Parallelismus« betrifft, jenen poetischen Kunstgriff, bei dem auf einen Halbvers ein zweiter Halbvers folgt, der dasselbe mit anderen Worten sagt (eine Methode, die der genauesten Analyse bedarf), so sah sich Raschi unter Umständen genötigt, die zweite Hälfte gesondert zu behandeln (denn für ihn war keine Wiederholung redundant). Ibn Esra dagegen pflegte lediglich feststellen, daß der Dichter um des Effektes willen dasselbe noch einmal sagt, und fuhr im Text fort.

Die Unterschiede zwischen den beiden Versionen des Dekalogs – z. B. die Tatsache, daß es im Exodus heißt: »Denke an den Sabbattag« (Ex 20,8), im Deuteronomium dagegen: »Beachte den Sabbattag« (Dtn 5,12) – deutet die jüdische Tradition dahingehend, daß Gott auf wunderbare Weise beide Äußerungen simultan getan habe. Ibn Esra dagegen führt aus, daß diese durchaus schätzenswerte Tradition der Rabbinen nicht zu einer Art Dogma hochstilisiert und wörtlich genommen werden dürfe. Gott sei vielleicht durchaus imstande, zwei Wörter simultan auszusprechen – die Menschen aber keinesfalls fähig, sie auch simultan zu hören! Zum Beweis beruft sich Ibn Esra auf die naturwissenschaftliche Beobachtung, daß unsere Sinne visuelle Stimuli rascher registrieren als auditorische – wir sehen den Blitz, bevor wir den Donner vernehmen. Töne dringen in der Abfolge, in der sie erzeugt werden, an unser Ohr, wobei ein Buchstabe eines Wortes auf den anderen folgt. Wenn zwei Wörter gleichzeitig auf uns eindrängen, wären wir völlig verwirrt von den verschiedenen Buchstaben, die alle auf einmal ankommen. Ibn Esra betrachtet deshalb die Version im Deuteronomium als Moses Wiedergabe der ursprünglichen Exodus-Version mit anderen Worten und mit zusätzlichen Erläuterungen zur Erhellung der einzelnen Anweisungen. In diesem Sinne sind »denke an« und »beachte« gleichsam Synonyme (wie Ibn Esra nachweist, indem er sich wiederum auf zeitgenössische psychologische Erkenntnisse über den Ort des Gedächtnisses im menschlichen Geist bezieht). Er faßt seine Ansicht in einem Satz zusammen, der seine Methode glänzend auf den Punkt bringt: »Wie die Seele sich zum Körper verhält, so verhält sich die Bedeutung zum Wort.« Wörter sind austauschbar, vorausgesetzt, ihre Bedeutung wird korrekt wiedergegeben – eine echte Attacke auf die allzu wörtliche Auslegung der Bibel.

Wie Sie vielleicht merken, kann ich mich nur schwer von Ibn Esra trennen, der zwar sicherlich ein vernichtender Gegner war, dessen treffsicherer Witz aber trotz allem auch ein Hochgenuß für seine Diskussionspartner gewesen sein muß. Dennoch möchte ich nun als Dritten im Bunde den Ramban gegen seine beiden großen Meister antreten lassen, denn in ihm begegnen wir noch einmal einer völlig neuen Welt. Ibn Esra verbrachte den größten Teil seines Lebens in der unsteten Existenz eines reisenden Gelehrten, Nachmanides dagegen hatte seinen festen Platz im Establishment. Er war ein ausgezeichneter Kenner des jüdischen Gesetzes und zugleich ein Mystiker, der der Dimension der Mystik auch in seinem Bibelkommentar Raum gab. Am bekanntesten wurde er vielleicht durch seine Verteidigung des Judentums gegen die Angriffe Pablo Christianis, eines konvertierten Juden, im Rahmen einer berühmten Disputation, die 1263 in Anwesenheit des Königs von Aragon in Barcelona abgehalten wurde. Die Aufzeichnung dieser Disputation ist vollständig erhalten und gewährt einen faszinierenden Einblick in die Gedankenwelt und die Problematik der damaligen Zeit. In den Augen der Juden gewann Nachmanides den intellektuellen Wettstreit, das praktische Ergebnis war jedoch, daß er aus Spanien verbannt wurde und mit 72 Jahren noch nach Palästina auswandern mußte, wo er bei der kleinen, verarmten jüdischen Gemeinde Zuflucht fand. Die letzten Jahre seines Lebens verbrachte er also im Exil. Seine Erfahrungen sind in Briefen an seine Familie auf uns überkommen. In einem dieser Briefe, einer Art ethischem Testament für seinen ältesten Sohn, schreibt er:

»Lies regelmäßig in der Tora, damit du imstande bist, sie zu erfüllen. Wenn du dich vom Lesen erhebst, denke sorgsam darüber nach, was du gelernt hast, um zu prüfen, ob du etwas davon in dein praktisches Tun einfließen lassen kannst.«

Nach Solomon Schechter repräsentierte Nachmanides »die emotionale Seite des Judentums, so wie Maimonides die rationale, logische Seite verkörperte«.

Ich möchte im folgenden eine Passage von Ramban zitieren, an der sehr schön deutlich wird, wie die Meinungen der drei großen Meister aufeinanderprallen – so wie Soloveitchik es geschildert hat. Vorher muß ich allerdings davor warnen, sich etwas allzu Spektakuläres vom Zusammentreffen dieser drei großen Geister zu versprechen. Alle drei ringen darum, die Bedeutung des für ihre Tradition zentralen Textes zu erhellen. Alle drei bringen eine besondere geistige Befähigung, hohe Gelehrsamkeit in verschiedenen Disziplinen und eine gehörige Portion Esprit in die Auseinandersetzung ein, in der es letztlich um den gesamten Pentateuch geht. Unser kleines Beispiel aus diesem im Grunde nie endenden Disput läßt uns denn auch nicht mehr als einen flüchtigen Blick auf das Ganze, um das so hart gerungen wurde, erhaschen. Es ist keine besonders »aufregende« Stelle, die wir uns ansehen wollen, aber eine recht rätselhafte; sie stammt aus den Anfangskapiteln der Genesis, wo die Entstehung der verschiedenen Völker der Welt seit der Schöpfung erklärt wird.

»Kusch zeugte Nimrod, der anfing, ein Gewaltiger auf der Erde zu sein. Er war ein gewaltiger Jäger vor dem Ewigen, darum sagte man: Wie Nimrod, ein gewaltiger Jäger vor dem Ewigen. Der Anfang seines Königreiches war Babel und Erech und Akkad und Kalne im Land Schinar.« (Gen 10,8-10)

Keine besonders vielversprechende Stelle und dazu in der Tat recht dunkel. Was bedeutet »gewaltig« (hebräisch *gibbor*, wörtlich »einer der mächtig ist«) in diesem Kontext? Deutlicher wird es durch das im zweiten Satz ergänzte Wort *zaid*, »Jagd«. Wie anderen Gestalten in diesen urzeitlichen Geschichten angedichtet wird, daß sie irgendwelche Dinge in die Welt brachten, so soll Nimrod die Jagd erfunden haben. Was aber heißt, daß er dies »vor dem Ewigen« tat?
Raschi führt zu der Wendung *gibbor zaid* aus:

»Er verführte die Gemüter der Menschen und stachelte sie zum Aufruhr gegen Gott an.«

Wie um alles auf der Welt kommt er zu dieser Aussage? Zunächst – und darin folgt er lediglich der rabbinischen Tradition – leitet er den Namen »Nimrod« von seiner Wurzel *marad* ab, wörtlich »sich auflehnen«. Da Namen in der hebräischen Bibel mehr sind als bloße Zufallsetikettierungen, die wir mit uns herumzuschleppen haben, und häufig etwas über den Charakter oder das Schicksal der betreffenden Personen aussagen, ist es durchaus begründet, in Nimrods Namen eine Beurteilung seines Verhaltens zu sehen.
Doch möglicherweise geht es hier noch um etwas anderes, das mit dem Gebrauch des im Targum Onkelos überhaupt nicht übersetzten Wortes *zaid*, »Jagd«, zusammenhängt. In Genesis 25,28 wird berichtet, wie unterschiedlich Isaak und Rebekka den Zwillingen

Esau und Jakob gegenüber empfanden: »Isaak liebte Esau wegen des Wildbrets (unser Wort *zaid*) in seinem Munde.« Das heißt vermutlich, daß Esau auf die Jagd ging und seinen Vater auf diese Weise mit seiner Lieblingsspeise versorgte. Die Rabbinen wandten sich jedoch gegen die scheinbar offensichtliche Bedeutung dieses Verses und lasen ihn zum Nachteil von Esau – nämlich, daß er sich durch Betrug in das Herz seines Vaters eingeschlichen habe. Das »Wildbret«, d. h., die »täuschende Rede«, die »Jagd« nach den Herzen der Menschen, wird also Esau und nicht Isaak in den Mund gelegt. Raschi zitiert beide Auffassungen nacheinander, ohne sie weiter zu kommentieren.

Auch hier müssen wir wieder ein ganzes Stück hinter die rabbinische Auslegung zurückgehen, um sie verstehen zu können – es greift immer ein Rad ins andere. Für die Rabbinen verkörpert Jakob das Volk Israel, und Esau steht – aufgrund einer Vielzahl von Übertragungen – für Rom, die verhaßte Herrschermacht. Damit sind die Animositäten der Rabbinen gegenüber Esau keine willkürliche Wertung, sondern stellen gewissermaßen einen kodifizierten Kommentar zu ihrer eigenen Zeit und ihren eigenen Problemen dar. Man darf nicht vergessen, daß ein Großteil ihres »Midrasch«, soweit er nicht Gesetzesfragen betraf, ganz einfach Homiletik war, Predigten für ihre Zeitgenossen. Wie Eveline Goodman-Thau im vorigen Kapitel gesagt hat: Wenn man die Antwort finden wollte, mußte man sich den Wochenabschnitt aus dem Pentateuch ansehen, denn dort stand sie. Die Rabbinen konnten also in den Text ihre eigene Interpretation zeitgenössischer Ereignisse hineinlesen und diese mit den Geschichten der biblischen Charaktere umkleiden, oder, besser gesagt, verkleiden. Auf diese Möglichkeit wird sogar ein- oder zweimal von den Rabbinen selbst explizit hingewiesen (z. B. in Tanchuma, 3 *lech lecha* 12). Nachmanides sollte sie dann in seinem Wort *ma'aseh awot siman l'banim* – »Die Taten der Väter sind Zeichen für ihre Kinder« – zum exegetischen Prinzip erheben (vgl. seinen Kommentar zu Gen 12,6). Die Einzelheiten aus dem Leben und der Wanderschaft der Patriarchen stecken diesem Prinzip zufolge für den aufmerksamem Leser voller Anspielungen auf die Gegenwart.

Doch um wieder auf Raschi zurückzukommen: Das Wort »Jagd« ist für ihn offenbar stark mit Bedeutung befrachtet, so daß die Verknüpfung von Nimrods Namen mit dem Wort »Jagd« diesen zum Rebellen gegen Gott, der auch andere in die Irre führt, stempelt.

Hinzu kommt, daß Raschi das Wort »vor« – aus der Wendung »vor dem Ewigen« – in seine zwei Bestandteile aufgliedert, so daß es nun wörtlich heißt »ins Gesicht«. Raschis zweite Anmerkung zu dem betreffenden Vers besagt damit, daß Nimrod den Ewigen »ins Gesicht hinein« provozierte.

Was meint nun Ibn Esra dazu? Er beginnt:

»Sucht nicht nach einer Bedeutung für all diese Namen, wenn sie nicht ausdrücklich angegeben ist.«

Das könnte man als Abfuhr für die Deutung des Namens Nimrods im Sinne von »Rebellion« verstehen. Wie kommt Ibn Esra zu dieser rigorosen Aussage? Überall sonst in der Bibel, wo ein Name aus einem bestimmten Grund verliehen wird, wird dieser Grund ausdrücklich genannt – etwa bei Isaaks Namen, der »Lachen« bedeutet, wie der Text in Genesis immer wieder hervorhebt (Gen 18,12-15; 21,1-7). Da es jedoch an der vorliegenden Stelle im Text selbst keinerlei Hinweis darauf gibt, daß wir den Namen als Ausdruck für eine bestimmte Seite von Nimrods Persönlichkeit verstehen sollen, haben wir auch nicht das Recht, irgend etwas in ihn hineinzulesen! Soviel zu Raschi und den Rabbinen. Ibn Esra fährt fort:

»Er [Nimrod] fing an, die Macht der Menschen über die Tiere unter Beweis zu stellen, denn er war ein »gewaltiger Jäger«. Die Wendung »vor dem Ewigen« bedeutet, daß er Altäre errichtete und Gott von den Tieren opferte, die er getötet hatte. Und das ist denn auch ganz schlicht die Bedeutung dieser Stelle, auch wenn der Midrasch etwas anderes sagt.«

Wir erleben Ibn Esra hier in einer seiner klarsten und deutlichsten Passagen, wie er nach der allgemeinverständlichen Bedeutung des Verses sucht, auch wenn, wie er selbst einräumt, das traditionelle Verständnis davon abweicht.

Weiter im Text mit Ramban, der zunächst einmal Raschi in voller Länge zitiert und lediglich hinzusetzt: »Und das war die Auffassung unserer Weisen.« Man gewinnt den Eindruck, er stimme damit Raschis Ausführungen zu. Doch er fährt fort:

»Rabbi Abraham jedoch erklärte es gerade andersherum, ganz einfach in dem Sinn, daß er anfing, seine Macht über die Tiere zu demonstrieren, indem er sie jagte. Und er erklärte, daß die Wendung »vor dem Ewigen« bedeute, daß er Altäre baute, um die Tiere Gott als Opfergabe darzubringen. Doch seine [Ibn Esras] Worte sind nicht (wörtlich: erscheinen nicht) annehmbar, weil er hier letztlich einen schlechten Menschen rechtfertigt, denn unsere Weisen wußten aus der Tradition von seiner Bosheit. Deshalb ist der Text meiner Auffassung nach korrekt so zu verstehen, daß er durch seine Gewalttätigkeit über die Menschen zu herrschen begann und der erste war, der König wurde, denn bis zu seiner Zeit gab es keine Kriege, und kein König herrschte. Zunächst überwältigte er die Bevölkerung von Babel und beherrschte sie, dann zog er gegen Assyrien und verfuhr mit ihm, wie er wollte, wurde groß und baute dort kraft seiner Macht befestigte Städte, weshalb es denn auch im nächsten Vers heißt: Und der Anfang seines Königreiches war Babel ...«

Was Ramban hier offensichtlich so schockiert, ist die leichtfertige Art, in der Ibn Esra die traditionelle Beurteilung Nimrods abtut. Wir dürfen dabei nicht vergessen, welches enorme Gewicht Ramban der rabbinischen Auslegung beimaß – eine Einstellung, die wir respektieren müssen. Vielleicht sollte man fairerweise aber auch sagen, daß Ibn Esra sicherlich gleichermaßen entsetzt darüber war, daß sich die Rabbinen von einer Tradition abhängig machten, die der Ratio und dem gesunden Menschenverstand ins Gesicht schlug. Ramban allerdings scheint darüber hinaus im Kern der Schilderung Nimrods das Abbild einer realen bösen Macht zu wittern. Einen solchen Mann zu rechtfertigen im vollen Bewußtsein dessen, was die Rabbinen von ihm überliefert hatten, ließ sich nicht mit seinem Gerechtigkeitssinn vereinbaren. Doch trotz seiner Wertschätzung für jene Tradition und obwohl er die rabbinische Auffassung, wie sie Raschi vertrat, vollständig wiedergibt, fühlt er sich zu einer eigenen Interpretation der Textstelle gedrängt. Diese war vielleicht inspiriert von der zweiten Bedeutung des Wortes *gibbor* – »Krieger«, die ihn veranlaßt, in Nimrod einen Eroberer, den Erfinder von Kriegen und Schöpfer des Herrschaftsgedankens zu sehen.

Was Ibn Esra im Gegenzug dazu gesagt oder wie Raschi vielleicht zwischen den beiden Positionen zu vermitteln versucht hätte, bleibt offen. An uns ist es, unseren persönlichen Helden zu erkiesen und eine Lanze für ihn zu brechen.

Wem dieser kurze Ausflug in die rabbinische Kampfarena Spaß gemacht hat, der sollte – wenn er sich das Thema nicht selbständig erarbeiten will – am besten die Kommentare von Professor Nechama Leibowitz lesen. Sie trägt die Aussagen Dutzender verschiedener Kommentatoren zu bestimmten Versen zusammen und läßt sie gegeneinander antreten, wobei sie dem Leser nicht etwa gestattet, neutral zu bleiben, sondern ihn in die Debatte hineinzieht. Lesenswert ist auch Nachmanides' Disputation mit Pablo Christiani.

Wir haben gesehen, wie das Bedürfnis der Rabbinen, aktuelle Aussagen zu ihrer Zeit und für ihre Zeitgenossen zu machen, wie Ibn Esras logischer Verstand und Raschis Verehrung für die Tradition die Interpretationsansätze zu ein und derselben Textpassage prägten. Nun ist es an der Zeit zu untersuchen, wie *uns* unsere Interessen in unserem Leseverhalten beeinflussen.

5

Ein Esel liest die Bibel –
Anmerkungen zur Textauslegung

Manchmal stelle ich den Teilnehmern meines Bibelkurses die Frage: »Wenn Sie ein Esel wären, wonach würden Sie beim Bibellesen dann Ausschau halten?« Die Antwort kommt immer ziemlich schnell: »Nach Geschichten über Esel.« Und solche Geschichten sind ja in der Tat nicht schwer zu finden. Abraham, Mose und Samuel ritten auf Eseln, die einige Berühmtheit erlangt haben. (Aus der Sicht der Esel ist es sicher ein bißchen enttäuschend, immer nur im Verein mit Menschen und nicht mit ihresgleichen genannt zu werden, aber daran läßt sich nun einmal wenig ändern.) Das vielleicht berühmteste Exemplar der Gattung ist Bileams Esel, der einen sehr viel größeren Durchblick hatte als sein Herr und dem seine Hellsichtigkeit eine Menge Ärger einbrachte, wenn er auch am Schluß als Sieger aus der Auseinandersetzung hervorging. Man könnte geradezu Ehrfurcht vor diesem heiligen Tier bekommen, dessen vorbildliche Haltung durchaus zum Gegenstand tiefschürfender Gespräche taugt.

Die Rabbinen, die – ähnlich wie die Verfasser der Bibel selbst – angesichts von Wundern immer ein gewisses Unbehagen befiel, verlegten den Zwischenfall mit Bileams Esel ebenso wie die Sache mit Jonas Fisch und noch einige andere Wunder in die Zeit der Dämmerung zwischen dem Ende des sechsten Schöpfungstages und dem Anbruch des Sabbat, so daß sie also gewissermaßen bereits existent waren, bevor sie geschahen, und zum geeigneten Zeitpunkt nur noch von Gott »eingefügt« werden mußten. Die Rabbinen glaubten auch, daß Bileams Esel nach der berühmten Episode gestorben sei – weil Gott nicht wollte, daß die Menschen bewundernd mit dem Finger auf ihn zeigten und sich erzählten, wie er Bileam die Schau gestohlen hatte. In ihren Augen war die öffentliche Bloßstellung eines Menschen gleichbedeutend damit, ihn zu töten, deshalb starb besser der Esel – ein weiteres Opfer, das dieses kostbare Tier der Menschheit brachte.

Als Esel hätten wir sicherlich eine Menge an der Geschichte von Sauls Eselinnen auszusetzen, deren Abwesenheit ihren Herrn zu jener schicksalhaften Reise bewog, die schließlich mit seiner Salbung zum König endete. Der Text hat doch wahrhaftig die Frechheit zu behaupten, die Eselinnen von Sauls Vater seien »verlorengegangen«! Aus anthropozentrischer Sicht könnte ihre zeitweilige Abwesenheit vielleicht tatsächlich in diesem Sinn gedeutet werden, aus der Sicht der Eselinnen jedoch war das ganz bestimmt nicht der Fall. Sie hätten ja im Urlaub sein können, auf Reisen, zu Besuch bei Freunden, mitten in einem Abenteuer ... die Reihe der Möglichkeiten ließe sich beliebig fortsetzen. Es hängt eben alles vom Blickwinkel ab, und es ist langsam an der Zeit, daß sich einmal die Esel zu der Art und Weise äußern, wie sie dargestellt werden und wie ihr Verhalten bewertet wird – es lebe die Emanzipation der Esel!

Das alles mag vielleicht ein bißchen überspitzt klingen, doch was ich damit aufzeigen will, ist ganz einfach. Wenn wir einen Text lesen, tragen wir grundsätzlich eine Menge Vorannahmen an ihn heran, die mit unseren Erfahrungen, unserem Wissen, unserer persönlichen Situation und Tradition usw. zusammenhängen. Keiner von uns ist ein wirklich objektiver Leser des Textes, wir sind uns lediglich mehr oder auch weniger bewußt, wie stark unser Lesen von unserer speziellen Situation und vom Zeitgeist geprägt ist.

Ich hatte einmal einen Streit mit einer Bibelforscherin in Israel, die mir sagte, sie empfehle ihren Studenten eine bestimmte Bibelkommentarreihe, die sie selbst benutze und sehr hilfreich finde, nicht einzig aus dem Grund, weil die betreffende Reihe von einem streng orthodoxen jüdischen Verlag herausgegeben wird und mit einem ihrer Ansicht nach unannehmbaren Klappentext versehen ist. Er lautet dem Sinn nach: »Wir haben in diese Reihe die Ergebnisse moderner wissenschaftlicher Forschung aufgenommen, soweit sie der Sicht der rabbinischen Tradition nicht widersprechen.« (Wenn man bedenkt, welche entscheidende Rolle die Freiheit des Denkens in der jüdischen Tradition spielt, dann ist die Haltung der heutigen jüdischen Fundamentalisten ganz entschieden unjüdisch. Vielleicht war die Erklärung aber auch nur deshalb auf dem Einband abgedruckt, um den Verfasser vor dem Vorwurf der Häresie zu schützen, und nicht, um die Bedenken traditionell gesinnter Leser zu zerstreuen.)

Natürlich verstand ich die Haltung der Professorin bis zu einem gewissen Grad, zumal sich die säkulare akademische Welt insbesondere in Israel in einen ständigen »Kulturkampf« mit dem orthodoxen Judentum verstrickt sieht, bei dem die Fundamentalisten in den vergangenen Jahren enorm an Boden gewonnen haben. Nun wäre die Vereinnahmung wissenschaftlicher Ergebnisse von seiten des traditionellen Glaubens auf dem Hintergrund einer jeden Demokratie unerträglich; in Israel aber, das ganz besonders stolz auf seine demokratische Tradition der Rede- und Denkfreiheit ist, ist sie geradezu ein Sakrileg. Wie üblich in einer solchen polarisierten Situation tendieren die Menschen dazu, sich auf die eine oder andere Seite zu schlagen und die Gegenseite mit allen Mitteln zu bekämpfen. Das Bestreben der Professorin, die akademische Integrität zu retten – alle Erkenntnis ist als solche anzuerkennen, sie darf nicht nach irgendwelchen äußeren Kriterien ausgewählt bzw. zensiert werden – war also durchaus ehrenwert.

Ich wies sie jedoch darauf hin, daß sie in ihrer Argumentation einen Aspekt übersah. Immerhin hatte der Verfasser des Kommentars seine Karten offen auf den Tisch gelegt und klargemacht, aus welchem Lager er kam und welche Beschränkungen seine Zugehörigkeit zu ebendiesem Lager seiner wissenschaftlichen Arbeit auferlegte. Da den Lesern diese Information nicht vorenthalten wurde, wußten sie von Anfang an, woran sie mit dem Buch waren, und konnten beurteilen, inwieweit es vom Inhalt her für ihre Zwecke verwendbar war. Dagegen ließ es sich nicht leugnen, daß die Professorin sich von Vorurteilen leiten ließ und daß ihre Forderung nach objektiver Wissenschaft – ein schon an sich stark belasteter Terminus – ihre Fähigkeit zur Auseinandersetzung mit einem »heiligen Text« in hohem Maße beeinflußte, ja beeinträchtigte. Ähnlich wie bei vielen sogenannten »weltlichen Menschen« ist zu beobachten, daß es in der Konfrontation mit Religion entweder zu Abwehrreaktionen oder aber zu einem Gefühl starken Unbehagens kommt, das den Blick für ein so »befrachtetes« Buch wie die Bibel unweigerlich trüben muß. Wo also war der Klappentext der Professorin, wo blieb der Hinweis auf *ihr* wissenschaftliches Credo?

Ich möchte nicht unerwähnt lassen, daß die betreffende Professorin eine großartige Person und wirkliche Menschenfreundin ist und daß das in Frage stehende Buch, wenn man bedenkt, welchen wissenschaftlichen Hintergrund es hat, bemerkenswert freigeistig ist – damit hier nicht der Eindruck entsteht, daß ich selbst ganz nebenbei in dieselben gefährlichen Stereotypisierungen verfalle. Das Werk folgt einem etwas ungewöhnlichen Darstellungsmodus, und zwar sind die konventionelleren Kommentare zu den Bibelpassagen direkt unter dem Bibeltext abgedruckt, in schlichtem, modernem, punktiertem Hebräisch, das heißt mit Vokalisierungszeichen, um das Lesen zu erleichtern. Unterhalb dieses ersten Apparates befindet sich ein weiterer in kleinerem Druck und unpunktiert, in dem der Verfasser eine Menge wissenschaftliches Material zusammengetragen hat. Einleitend bemerkt er dazu gewöhnlich »manche sagen auch«, ohne die Aussagen allerdings näher zu kommentieren oder auch nur ihren Autor zu nennen. Auf diese Weise mag so mancher weltliche Gelehrte durch die Hintertür in den Himmel eingeschmuggelt worden sein.

Um noch beim Thema zu bleiben: Ich erinnere mich gut an einen ganz anderen Konflikt, der die Gemüter erhitzte, als ich an meiner Dissertation arbeitete. Zwei Literaturwissenschaftler der Universität von Tel Aviv, Menachem Perry und Meir Sternberg, veröffentlichten in der Literaturzeitschrift der Universität, *Hasifrut* (Literatur), einen langen, faszinierenden und äußerst provokativen Artikel über die Affäre zwischen König David und Batseba (2 Sam 11). Die beiden wiesen nach, daß wir beim ersten, oberflächlichen Lesen der Geschichte das Gefühl haben, der Verfasser nehme eine neutrale, distanzierte Position im Blick auf die Ereignisse ein; weder entschuldige er Davids Verhalten, noch verdamme er es. Erst am Schluß, in dem abschließenden Satz: »In den Augen des Ewigen aber war die Sache böse, die David getan hatte«, mache sich eine gewisse Verurteilung von Davids Verhalten auf seiten des Verfassers bemerkbar. Andere exegetische Richtungen würden daraus schließen, daß dieses »moralistische« Urteil, das nicht zu dem »neutralen« Ton paßt, in dem das übrige Kapitel abgefaßt ist, erst im Laufe des redaktionellen Prozesses an die Geschichte angehängt wurde. Doch die beiden Literaturwissenschaftler gingen nun daran, die Geschichte Vers für Vers zu analysieren, und fanden, daß sie ganz und gar von einer unüberhörbaren, wenn auch versteckten Ironie durchzogen war.

Vielleicht erinnern Sie sich noch: David ist wieder in seinem Palast, während sein Heer im Kampf steht – schon das eine problematische Sache für einen König, dessen Erfolge auf seinem militärischen Geschick und seiner »Präsenz« in kritischen Augenblicken beruhen. Er beobachtet Batseba beim Bad auf dem Dach, schläft mit ihr, und sie wird schwanger. (Perry und Sternberg stellten zusammen, wie oft anonyme Boten im Palast auftauchen und Informationen über und von Batseba sowie Nachrichten von der Front und für die Front übermitteln – David hockt offensichtlich in der Mitte eines förmlichen Spinnennetzes von Intrigen, aus Camelot ist Versailles geworden.) David schickt nach dem Hetiter Uria, Batsebas Mann, scheinbar, um aus erster Hand Nachricht über die militärische Lage zu erhalten, in Wirklichkeit aber, damit Uria nach Hause kommt, mit seiner Frau schläft und dem bereits gezeugten Kind einen legalen Vater verschafft. Doch Uria weigert sich trotz allen guten Zuredens, im heimischen Ehebett Entspannung zu suchen. In der Verzweiflung schickt David ihn wieder an die Front und gibt ihm sein eigenes Todesurteil in Form einer geheimen Botschaft an seinen Feldherrn Joab mit. Dieser soll Uria in der Schlacht in die vorderste Reihe stellen, ihn dort im Stich lassen und so dafür sorgen, daß er fällt. Joab gehorcht dem Befehl und läßt David eine kaum verschlüsselte Meldung darüber zukommen. Batseba betrauert Uria und heiratet David. Happy End! »In den Augen des Ewigen aber war die Sache böse, die David getan hatte.«

Neben vielen anderen Punkten fiel Perry und Sternberg auf, welche Schwierigkeiten David hatte, Urias Verhalten zu deuten. Weigerte dieser sich, seine Frau zu besuchen, weil er *wußte*, was David getan hatte, und nicht bereit war, ihm zu einem bequemen Ausweg zu verhelfen, oder war er, wie er selbst behauptete, einfach ein schlichter, loyaler Soldat, der sich nicht dem Lotterleben hingeben und den Beischlaf mit seiner Frau genießen wollte, während seine Kameraden auf dem Schlachtfeld starben – das jedenfalls ist die Deutung, die Uria bzw. der biblische Erzähler dem Geschehen gibt, und bei der David sehr schlecht wegkommt. Es ist dem Verfasser gelungen, eine Reihe von »Lücken« in den Text einzubauen, die den Leser jeweils zwingen, sich für eine von zwei möglichen Erklärungen zu entscheiden und darauf eigene Vermutungen aufzubauen, die sich dann im Laufe der Geschichte entweder bestätigen oder in Luft auflösen. In dieser Hinsicht sind wir als Leser in derselben Position wie David, der verzweifelt versucht, die Situation zu durchschauen – solange, bis er keine andere Wahl mehr hat, als die Affäre zuzugeben oder seine Zuflucht zur Gewalt zu nehmen.

Die Gelehrten kamen zu dem Schluß, daß wir es hier keineswegs mit einer »neutralen« Nacherzählung der Geschichte zu tun haben, sondern daß der Autor äußerst kritisch und ironisch auf Kosten Davids berichtet. Damit wäre die »Verurteilung« durch Gott am Schluß keineswegs ein Anhängsel oder eine rhetorische Glosse, sondern der abschließende ironische Kommentar, der dem Ganzen gleichsam das Siegel aufdrückt.

Als der Artikel der beiden Gelehrten erschien, wurde er von zwei Seiten, von Mitgliedern der Departments of Bible Studies der Universität Tel Aviv und der Universität Bar Ilan, angegriffen. Die Theologen bezweifelten die Validität des Ansatzes, vor allem, weil er die entscheidenden Probleme des Textaufbaus ignoriere. In erster Linie kritisierten sie die in ihren Augen willkürliche Entscheidung der beiden Wissenschaftler, ihre Analyse mit dem Ende von Kapitel 11 abzuschließen, obwohl die Geschichte doch in Kapitel 12 weitergeht. Denn dort steht das berühmte Gleichnis von dem reichen Mann, der seinem armen Nachbarn sein geliebtes Lamm stahl. Mit diesem Gleichnis brachte der Prophet Nathan David dazu, selbst das Urteil über sich zu fällen. Weitere Tragödien folgen, als Batsebas Kind stirbt. Perry und Sternberg formulierten eine sechzigseitige Entgegnung (wenn man bedenkt, daß der Artikel in winzigem hebräischem Druck erschien, so kann man ohne Übertreibung davon ausgehen, daß er im Deutschen gut doppelt so lang wäre!), in der sie ihren Kritikern mit gleicher Münze heimzahlen und ihnen vorwerfen, an altmodischen Vorurteilen zu kleben.

Dabei waren die beiden Seiten trotz hitziger Kritik und Gegenkritik in ihrem Verständnis der Geschichte gar nicht so weit voneinander entfernt. Hier handelte es sich nicht nur um eine wissenschaftliche Auseinandersetzung über die Auslegung eines bestimmten Textes, sondern ebensosehr um ein Grenzgefecht, in dem die Bibelwissenschaftler den Literaturwissenschaftlern das Recht absprachen, in ihrem Revier zu wildern. Tatsächlich war dies der Startschuß zu einer Schlacht, die in den letzten zwanzig Jahren vor allem in der angelsächsischen Welt tobte und in deren Verlauf der literaturwissenschaftliche Ansatz große Erfolge für sich verbuchen konnte – immerhin prägte er die zeitgenössische Bibelwissenschaft in ganz entscheidender Weise. Was ich hier klarmachen möchte, ist jedoch lediglich einmal mehr, daß wir uns dem Text stets mit einer Vielzahl von Traditionen im Rücken nähern, Traditionen, die unser Textverständnis auf subtile und manchmal »hochpolitische« Weise beeinflussen.

Wie weitgefächert und bis zu einem gewissen Grad vorhersagbar die verschiedenen Ansätze zum Bibelverständnis sein können, läßt sich an einem interessanten Experiment verdeutlichen, das wir eines Abends während der Jüdisch-Christlichen Bibelwoche in Bendorf durchführten. Gewöhnlich beginnen wir den ersten Abend mit einem kurzen »Spiel«, das die Teilnehmer in die Arbeit einstimmt, bei dem sie einige neue Gesichter kennenlernen und nach dem sie dann am Ende des anstrengenden Anreisetags relativ früh zu Bett gehen können. Einmal verfertigte ich zu dieser Gelegenheit – aus dem Gedächtnis und soweit meine Französischkenntnisse reichten – eine Übersetzung des Gedichts »Au Claire de la Lune«. Ich teilte sie an etwa zehn nach dem Zufallsprinzip zusammengestellte Gruppen aus mit der Erklärung, es handle sich dabei um einen Text, der etwa viertausend Jahre alt sei und bei einer mongolischen Ansiedlung gefunden wurde. Dann wurde jeder Gruppe eine »Identität« zugeteilt, d. h., sie hatte den Text entweder als eine bestimmte Person oder als Repräsentant einer bestimmten Disziplin zu interpretieren. Am Ende sollten alle Auslegungen vorgelesen werden, wobei die jeweilige Identität der Gruppe von den anderen erraten werden mußte. Der Text lautete folgendermaßen:

»Im Licht des Mondes,
mein Freund Piro,
leihe mir deine Feder,
auf ein Wort.
Meine Kerze ist erloschen,
ich habe kein Feuer mehr,
öffne mir deine Tür,
um der Liebe Gottes willen.«

Die erste Gruppe monierte die skandalöse Situation, die einen Menschen dazu zwang, so lange zu arbeiten, daß er erst spät in der Nacht Zeit für sein Privatleben fand, wobei ihm selbst dann noch lebensnotwendige Dinge wie Wärme und Licht fehlten. Unter diesen Umständen war er darauf angewiesen, seine Zuflucht zum Allheilmittel der Liebe Gottes zu nehmen, statt die wahre Quelle seines Elends im System selbst zu erkennen und dagegen zu revoltieren.

Die Gruppe wurde von den anderen korrekt als Vertreterin der marxistischen Position identifiziert.

Die zweite Gruppe entschuldigte sich dafür, daß sie ein solch heikles Thema berühre, konnte aber nicht umhin festzustellen, daß das Bild von der erlöschenden Kerze, die kein Feuer mehr gab, eindeutig sexuell gefärbt sei. Sie lenkte die Aufmerksamkeit auf die archetypische Bedeutung des Mondes und seines Erscheinens in Träumen, das den Wunsch nach Erleuchtung symbolisiere. Daneben gebe es aber auch Hinweise auf eine Blockade, die weitere Einsichten verhindere, versinnbildlicht in der geschlossenen Tür.

Rasch war der »Psychoanalytiker« ausgemacht.

So ging es weiter. Für »Erich von Däniken« stellte die Anspielung auf den Mond und damit auf den Mondkult und die Schilderung der ausgelöschten Kerze eine mythische Erinnerung an den Besuch von Wesen von einem anderen Planeten und den erlöschenden Feuerschweif des Raumschiffs dar. »Werner Keller« dagegen entdeckte in demselben Hinweis auf den Mond in einem mongolischen Dokument aus dem zweiten Jahrtausend v.u.Z. die Bestätigung dafür, daß der Mond in dieser Zeit bereits geschaffen war – genauso, wie es in Genesis 1 geschildert ist.

Am Ende des Abends waren »der protestantische Bibelforscher«, »der Befreiungstheologe«, »die Feministin«, »der chassidische Rebbe« und sogar »der Journalist« allesamt ohne größere Schwierigkeit von den anderen identifiziert worden. Natürlich zeigt sich daran, daß wir alle gewisse Vorurteile gegenüber den Positionen, die bestimmte Leute oder Angehörige bestimmter Richtungen vertreten, haben. Doch mindestens genauso deutlich wird daran, daß solche Positionen tatsächlich unterschiedliche und leicht identifizierbare Anliegen in ihr Textverständnis einbringen. Im vorliegenden Fall war es schließlich eine »neutrale« Person, die uns einen brauchbaren Anstoß für unsere Arbeit mit der Bibel selbst gab, die ja noch weit mehr mit Erwartungen und Vorannahmen befrachtet ist als unser »mongolischer Text«.

Was den »Psychoanalytiker« betrifft, so kann ich mir nicht verkneifen, an dieser Stelle noch ein bemerkenswertes Beispiel psychoanalytischer Exegese zum Buch Jona zu zitieren, auf das ich im Zuge der Arbeit an meiner Dissertation stieß. Ein Psychoanalytiker, der sich mit dem Text auseinandergesetzt hatte, kam zu folgender Deutung:

»Das Buch Jona wurde nach der schweren Krankheit oder auch dem Tod der Frau des Verfassers durch eine Frauenkrankheit oder im Kindbett geschrieben.«

Diese wahrhaft atemberaubende Schlußfolgerung wurde wie folgt erklärt: Das Buch enthält zahlreiche Anspielungen auf den Mutterleib-Symbolismus. Dazu zählt vor allem der »große Fisch«, der Jona verschluckt, aber auch der »Rizinus« im vierten Kapitel, der ihn vor der Sonne schützt. Der Rizinus wird von einem Wurm – eindeutig ein Phallussymbol – zerstört. In diesem Bild gab der Verfasser seiner Schuld an der seiner Frau – die auf einer anderen Ebene gleichzeitig seine »Mutter« war – im Rahmen des Geschlechtsverkehrs zugefügten Verletzung Ausdruck.

Bevor wir diese Auslegung einfach abtun, sollten wir uns klarmachen, was hier abläuft. Der Verfasser hat *eine* Symbolsprache – die der biblischen Erzählung – in eine andere, die Sprache der Psychoanalyse, übersetzt. Diese Methode ist an sich ebenso legitim wie jede andere. Letztlich ist es auch nicht abstruser, als einen Großteil der jüdischen Speisevorschriften von einem Vers abzuleiten, der besagt, daß man »das Lamm nicht in der Milch seiner Mutter kochen soll«, oder die »Jungfrauengeburt« von der sehr fragwürdigen Übersetzung des Wortes für »unverheiratetes Mädchen« in Jesaja 7,14. Wichtiger als die Legitimität einer einzelnen Auslegung ist jedoch die Frage danach, ob man konsequent in dem Wertesystem bleibt, das man zugrundelegt.

Schon die Rabbinen wußten um das Problem der Vorannahmen, die wir in den Text hineintragen, wie vor allem in bestimmten Streitgesprächen zwischen Rabbi Jischmael und Rabbi Akiba deutlich wird. Akiba war berühmt dafür, daß er jeden einzelnen Buchstaben der Tora für bedeutsam und damit für auslegbar hielt. Das paßt gut zu seinem Ruf als Mystiker, als Rabbi, der das Hohelied aus dem Stammtischmilieu »rettete« und in ihm einen heiligen Ausdruck der göttlichen Liebe sah. Seine Liebe zur Tora war so groß, daß er noch nach einem Bannspruch Roms fortfuhr, sie öffentlich zu lehren, und schließlich durch die Hände der römischen Folterknechte den Märtyrertod starb.

Rabbi Akiba ist bekannt für seine ganz eigene Auslegungsmethode, die ihn in Konflikt mit seinem Kollegen Jischmael brachte. In der hebräischen Bibel finden sich eine Reihe von »Partikeln«

wie z. B. das Wörtchen *et*, das keine eigene Bedeutung hat, sondern nur vor einem bestimmten Wort im Satz steht, um anzuzeigen, daß dieses das Objekt des vorhergehenden Verbs ist: »Am Anfang schuf Gott *et* Himmel und *et* Erde.« Akiba genügte das nicht. Er sah in solchen Wörtern einen Hinweis darauf, daß der Gehalt des Folgenden den reinen Wortsinn überstieg. Umgekehrt gibt es andere Partikeln, die man als Einschränkung des Gesetzes, dem sie vorausgehen, ansah. So enthält die Wendung in Exodus 31,13, »*aber* ihr sollt meine Sabbate halten«, die Partikel *ach*, »aber«. Das Vorhandensein dieses Wörtchens »aber« soll nun darauf hindeuten, daß es Gelegenheiten geben kann, bei denen der Sabbat gebrochen werden darf, etwa wenn durch das Halten des Sabbat Leben in Gefahr geriete – ein Prinzip, das im jüdischen Alltag eine wichtige Rolle spielt.

Es gibt eine Geschichte über einen von Akibas Schülern, der versuchte, seinem Meister nachzueifern und die ganze Bibel durchging und jede einzelne dieser Partikeln auf der Grundlage der Lehre seines Meisters erklärte – schon damals gab es offenbar hundertfünfzigprozentige Schüler, die ihren Lehrern auf die Nerven gingen. Akibas Schüler kam gut voran, bis er auf den Vers in Deuteronomium 10,20 stieß: »Den Herrn, deinen Gott, sollst du fürchten.« Wie konnte man etwas außer Gott fürchten? An diesem Punkt gab er auf. Seine eigenen Schüler kamen zu ihm und fragten: »Wie kannst du jetzt aufgeben?« Er antwortete: »Aller Verdienst, den ich mir erwarb, indem ich diese Dinge erklärte, kommt allenfalls dem Verdienst gleich, den ich mir erwerbe, indem ich zugebe, daß ich mich geirrt habe.« Das ist wahre intellektuelle Redlichkeit! Akiba selbst ging mit einer solchen Schwierigkeit natürlich souveräner um und legte den Vers folgendermaßen aus: »Wen fürchtest du neben Gott? Die Lehrer, die dich die Furcht Gottes lehren!«

Jischmael blieb es überlassen, Akibas Auslegungen zurechtzurükken, wo sie über das Ziel hinausschossen, insbesondere wenn damit Folgen für die Gesetzespraxis verknüpft waren. Er selbst arbeitete mit dreizehn hermeneutischen Prinzipien, die er größtenteils von dem im 1. Jahrhundert lehrenden Hillel übernommen hatte und mit deren Hilfe er aus den Gesetzestexten der Bibel bestimmte Gesetzesentscheidungen ableitete, z. B.: Wenn zwei Bibelstellen einander widersprechende Aussagen zu einem bestimmten Sachverhalt machen, so muß man eine dritte Bibelstelle finden, die das Problem löst. Oder: Das Vorhandensein desselben Wortes in zwei verschiedenen Gesetzeskontexten erlaubt es, die beiden Texte miteinander zu vergleichen und neue Gesetze daraus abzuleiten – wobei allerdings bestimmte andere Regeln die Wörter, die für einen solchen Vergleich herangezogen werden dürfen, wieder einschränken. Wir betrachten die Bibel also, wie es uns auch Akiba vorgemacht hat, als ein abgeschlossenes Universum, das jedoch durch die Anwendung anerkannter exegetischer Prinzipien manipuliert werden kann.

Von Jischmael stammt eine Aussage, die äußerst folgenreich für die Ansätze späterer jüdischer Exegeten war, insbesondere für Ibn Esra. Er prägte die Wendung: »*Dibra tora kilschon benej adam*« – »Die Tora spricht in der Sprache der Menschen«. Man kann diesen Satz genau konträr zu dem verstehen, was Akiba lehrte: Wenn Gott mit den Menschen durch das Medium einer Sprache kommuniziert, ist auch Gott an die hebräische Grammatik gebunden! Oder mit anderen Worten: Bei der Auslegung des biblischen Textes darf der gesunde Menschenverstand nicht außer acht gelassen werden.

Ein anderes rabbinisches Sprichwort, das weitreichende Konsequenzen für spätere jüdische Auslegungen hatte, lautet: »*Ajn mukdam ume'uhar batora*« – wörtlich: »In der Tora gibt es kein Vorher und kein Nachher«. Das bedeutet, daß die Abfolge der Ereignisse in den biblischen Erzählungen sich möglicherweise nicht an der chronologischen Ordnung orientiert. Das ist ein bemerkenswertes Prinzip, da es eine Art von Distanz zum Text selbst schafft und das Zugeständnis enthält, daß der Text »lektoriert« wurde, so daß manche Passagen vielleicht nach ganz anderen Aspekten als der scheinbar chronologischen Reihenfolge gegliedert sind.

Ein weiteres rabbinisches Postulat lautet, daß »keine zwei Propheten auf die gleiche Weise prophezeien«. Dahinter steht die Einsicht, daß die Botschaft der Propheten nicht unbeeinflußt ist von ihrem Umfeld, ihrer Persönlichkeit und ihren literarischen Fähigkeiten. All diese Beobachtungen sowie der riesige Bestand an exegetischem Material im Talmud und im Midrasch sollten uns auf jeden Fall daran erinnern, daß uns das Problem, *wer* den Text liest, schon ebensolang begleitet wie das Problem, *was* wir im Text lesen.

Ich möchte das hier Gesagte wieder an einem bestimmten Text erproben, dessen Auslegung je nach dem Ort, den man ihm im Kanon der hebräischen Bibel zuweist, ein jeweils ganz anderes

Gepräge erhält. Die Deutung, die ich ihm schließlich gebe, ist allerdings in erster Linie ein Produkt der Erfahrungen des 20. Jahrhunderts.

Die jeweilige Anordnung der biblischen Bücher macht einen der entscheidensten Unterschiede zwischen Juden und Christen deutlich. Der zweite Hauptteil der hebräischen Bibel, »Die Propheten«, geht vom Buch Josua bis zum Ende der zwölf »Kleinen Propheten«. Er umfaßt – in dieser Reihenfolge – Josua, Richter, 1. und 2. Buch Samuel, 1. und 2. Buch der Könige, Jesaja, Jeremia, Ezechiel und die »Zwölf«. Josua bis 2. Könige sind die »Früheren Propheten«, Jesaja bis zum Ende der »Zwölf« die »Späteren Propheten«. In den christlichen Übersetzungen sind jedoch in den Teil der »Früheren Propheten« zusätzlich das Buch Rut (das auf die Richter folgt), Ezra, Nehemia und das 1. und 2. Buch der Chronik aufgenommen. Diese Anordnung scheint dadurch motiviert, daß es sich bei den betreffenden Büchern um »Geschichtsschreibung« handelt, d. h., daß in ihnen von der Landnahme, der Monarchie, der Zerstörung der beiden Reiche und der Rückkehr aus dem babylonischen Exil berichtet wird. Aber spielt die Reihenfolge überhaupt eine Rolle, wenn es sich doch um dieselben Bücher handelt?

Lassen Sie uns einen Blick in das Buch der Richter werfen und prüfen, welchen Unterschied es macht, ob wir es als »historisches« oder als »prophetisches« Buch lesen.

In Richter 9 finden wir die Geschichte von Abimelech. Abimelech selbst wird uns im vorhergehenden Kapitel vorgestellt:

»Und Gideon hatte siebzig Söhne, die aus seinen Lenden hervorgegangen waren; denn er hatte viele Frauen. Und seine Nebenfrau, die in Sichem wohnte, gebar ihm ebenfalls einen Sohn, und er gab ihm den Namen Abimelech.« (Ri 8,30-31)

Die Tatsache, daß Abimelechs Mutter aus Sichem stammte, und ihr Status als Nebenfrau sollen wohl darauf verweisen, daß sie nicht einem der israelitischen Stämme angehörte, sondern der ortsansässigen kanaanitischen Gemeinschaft, was durch die Verbindung ihrer Familie mit dem Baalsdienst bestätigt zu werden scheint.

Bevor wir die Geschichte lesen, müssen wir noch zweierlei wissen. Gideon, einer der »Richter«, der – getreu dem Erzählschema des Richterbuches – auftrat, Israel vor seinen Feinden zu retten, war auch unter dem Namen »Jerubbaal« bekannt, weil er den Altar des »Baal« zerstört hatte. Ihm wurde die Möglichkeit geboten, eine Herrscherdynastie über die Stämme Israels zu begründen, doch er schlug sie aus:

»Und die Männer von Israel sagten zu Gideon: Herrsche über uns, du und deine Söhne und deiner Söhne Söhne! Denn du hast uns aus der Hand Midians gerettet. Gideon aber sagte zu ihnen: Ich will nicht über euch herrschen, noch wird mein Sohn über euch herrschen. Der Ewige wird über euch herrschen.« (Ri 8,22-23)

Das wirft ein interessantes Problem im Blick auf den Namen Abimelechs auf, denn »Abimelech« bedeutet: »Mein Vater ist König.« Angesichts Gideons Ablehnung der Königsherrschaft und Abimelechs Versuch, König von Israel zu werden, drängt sich die Frage auf, wer Abimelech eigentlich diesen Namen gab. Der Text ist in dieser Hinsicht nicht eindeutig, auch wenn es oberflächlich gesehen Gideon gewesen zu sein scheint. Das könnte ein Zeichen dafür sein, daß er der Königswürde in Wirklichkeit vielleicht gar nicht so abhold war, wie er tat. Vielleicht machte er sich aber auch nur einen Spaß daraus, dem Sohn einer Außenseiterin einen solchen Namen zu geben. Oder es war noch ganz anders, und Abimelech legte sich den Namen selbst zu, als er am Ziel seiner Wünsche angelangt war.

Die Geschichte selbst ist kurz und grausam:

»Abimelech, der Sohn Jerubbaals, ging nach Sichem zu den Brüdern seiner Mutter und redete zu ihnen und zur ganzen Familie des Hauses des Vaters seiner Mutter und sagte: Redet doch vor den Ohren aller vornehmen Bürger von Sichem [und fragt]: Was ist besser für euch – daß siebzig Männer über euch herrschen, alle Söhne Jerubbaals, oder daß nur ein Mann über euch herrscht? Und bedenkt, daß ich euer Fleisch und Blut bin! Da redeten die Brüder seiner Mutter über alle diese Dinge zu seinen Gunsten vor den Ohren aller vornehmen Bürger von Sichem und kehrten ihre Herzen Abimelech zu, denn sie sagten: Er ist unser Bruder. Dann gaben sie ihm siebzig Silber[stücke] aus dem Haus des Baal-Berit. Und Abimelech heuerte damit ehrlose und leichtfertige Männer an, die folgten ihm. Und er kam in das Haus seines Vaters, nach Efrat, und tötete seine Brüder, die Söhne Jerubbaals, siebzig Mann auf einem Stein. Und nur Jotam, der jüngste Sohn Jerubbaals, überlebte, weil er sich versteckt hatte. Und alle vornehmen Bürger von Sichem und von Bet-Millo versammelten sich und gingen hin und krönten Abimelech zum König bei Alon Muzaw, das in Sichem steht.« (Ri 9,1-6)

Die einzelnen Stadien von Abimelechs Aufstieg zur Macht sind leicht nachzuerzählen. Er wendet sich an die Familie seiner Mutter und nutzt dabei wahrscheinlich geschickt die Spannungen zwischen den beiden ortsansässigen Gruppen aus. Im Augenblick liegt die Macht in den Händen der Söhne Gideons. Abimelech fordert seine Verwandten auf, zu den *Baalej Schechem* zu sprechen, wörtlich den »Herren von Schechem«; derselbe Terminus, *Baal*, wird auch für die kanaanitischen Gottheiten gebraucht. Vermutlich sind hier jedoch mächtige und einflußreiche Bürger von Sichem gemeint. Ihnen stellt er zwei Fragen. Die erste läßt einer Vielzahl von Deutungen Raum, enthält jedoch auf jeden Fall starke Anklänge an die zeitgenössische Situation. Daß die siebzig Söhne von Jerubbaal herrschen, verweist lediglich auf den Nepotismus, der in einer Stammesgesellschaft die Norm ist. Daß ihnen jedoch der »eine« Herrscher gegenübergestellt wird, weckt andere Fragen, Fragen nach der Macht und Autorität der Anführer, nach der Effektivität bzw. Nicht-Effektivität einer Pluralität von Herrschern – wir würden heute sagen, nach dem Gegensatz von Demokratie und Autokratie. Doch wie auch immer – jedenfalls versteckt Abimelech seinen politischen Ehrgeiz hinter Slogans der Lokalpolitik. Sein zweites Argument ist jedoch noch sehr viel überzeugender – der Appell an die ureigenen Interessen der Angesprochenen: »Und bedenkt, daß ich euer Fleisch und Blut bin!« Und tatsächlich: Auf diesen Punkt reagieren sie und einigen sich, ihn zu unterstützen, »denn sie sagten: Er ist unser Bruder«.

Nun brauchen alle politischen Kampagnen oder Revolutionen Geld. Deshalb begeben sie sich als nächstes zum Haus des Baal des Bundes (*Baal Berit*), wahrscheinlich dem Tempel der örtlichen Gottheit. Mit dem Geld, das er bekommt, rekrutiert Abimelech aus dem Gesindel der Gegend ein kleines Heer. Die Termini »ehrlos« und »leichtfertig« deuten darauf hin, daß es sich um Leute handelte, die keinerlei Status in der Gesellschaft und keine familiären Bindungen hatten und wahrscheinlich als eine Art »outlaws« lebten. Mit diesem kleinen Söldnerheer geht Abimelech hin und ermordet seine Brüder. Was diesen Akt von einem Massaker unterscheidet, ist lediglich die ungewohnte Formulierung »auf einem Stein«, deren Bedeutung unklar ist. Sie wird später in der Geschichte noch einmal anklingen, wenn Abimelech bei der Belagerung von Tebez Gleiches mit Gleichem vergolten und er durch einen Mühlstein, den ihm eine Frau auf den Kopf fallen läßt, tödlich verwundet wird. Doch was bedeutet sie an dieser Stelle? Wenn man bedenkt, wie Abimelech bisher taktiert hat – er hielt sich an die üblichen politischen Spielregeln, brachte Wähler auf seine Seite, sicherte sich die finanzielle Unterstützung der Führungselite der Gemeinschaft und schließlich der örtlichen »Kirche« –, so wäre es möglich, daß auch diese Handlung dem Ganzen zumindest eine Pseudo-Legitimität verleihen sollte, denn man könnte sie als eine Art formale Hinrichtung verstehen: Einer nach dem anderen werden die siebzig Söhne Jerubbaals am Hinrichtungsort getötet. Möglicherweise ging dem Mord sogar eine Art Prozeß voraus, bei dem ihre zahlreichen Vergehen und der Mißbrauch, den sie mit der Macht getrieben hatten, offengelegt wurden. Doch ich gebe zu, daß ich hier ins Spekulieren gerate – das Rätsel des »einen Steines« bleibt noch zu lösen.

Schließlich wählen die Führer von Sichem Abimelech trotz – oder vielleicht gerade wegen seiner (Un)Taten – zum König und legen damit den Grundstein zu einer blutigen Gewaltherrschaft, die erst mit Abimelechs Tod endet.

Warum wird diese Geschichte überhaupt erzählt – oder, wie es einmal formuliert wurde, was tut eine häßliche Geschichte wie diese in einem so hübschen Buch wie der Bibel? Als ich sie zum erstenmal aufmerksam las, drängten sich mir die Parallelen zum Aufstieg Hitlers – und jedes anderen Demagogen – förmlich auf. Die einzelnen Phasen des politischen Aufstiegs: der Appell an das Eigeninteresse einer bedrohten oder ihrer Rechte beraubten Machtelite; das Bündnis mit der Kirche; die Schaffung einer Privatarmee aus Elementen der Unterwelt; die Anwendung einer Pseudo-Legalität, wenn es zweckdienlich ist, verbunden mit äußerster Rücksichtslosigkeit bis hin zum Mord. Und schließlich die Erlangung der Macht, obwohl diejenigen, die sie verleihen, ganz genau wissen, wozu der neue Führer fähig ist – eine Entscheidung, für die die Leute von Sichem denn auch am Ende des Kapitels verurteilt werden (Ri 9,56-57).

Das alles macht diese Geschichte zu mehr als einem bloßen Stück »verstaubter Historie«, es macht sie »prophetisch« in dem Sinne, daß hier menschliches Handeln aus einer göttlichen Perspektive gesehen wird, daß die Folgen, die bestimmte Verhaltensmuster zeitigen, erkannt werden und daß vor ihnen gewarnt wird. In diesem biblischen Sinn ist Prophetie immer konditional auf menschliche Reaktionen bezogen; der Prophet zeigt lediglich die Realität und die in ihr verborgenen Möglichkeiten und Gefahren auf und warnt vor ihnen.

Von daher macht es einen enormen Unterschied, ob wir die Geschichten von Josua bis 2. Könige als »Historie« oder als »Prophetie« lesen. Sind sie Fragmente aus der Vorgeschichte Israels und damit von keinerlei aktuellem Interesse, oder handelt es sich bei ihnen um eine Art archetypische Erzählungen über menschliches Handeln, die als Warnung und Herausforderung für die nachfolgenden Generationen gemeint sind? Warum wurden aus der Fülle von Material zur frühen Geschichte, das den Redaktoren der biblischen Bücher zugänglich war, ausgerechnet diese Episoden ausgewählt? Die Antwort der hebräischen Bibel, wie sie sich in ihrer Anordnung der Bücher manifestiert, lautet, daß sie als »Prophetie« gelesen werden sollen – wobei ich hoffe, nicht mehr eigens betonen zu müssen, daß ich natürlich keineswegs dem naiven Simplizismus huldige, es handle sich hier um eine konkrete Weissagung über den Aufstieg Hitlers. Die Welt hat viele Abimelechs gesehen.

Was hat nun also eine häßliche Geschichte wie diese in einem hübschen Buch wie der Bibel zu suchen? Bevor wir entscheiden, was für eine Art »Buch« oder »Bibliothek« die Bibel darstellt, sollten wir uns zunächst einmal klarmachen, was überhaupt darin steht. Wenn Esel nur Geschichten über Esel sehen, dann sehen vielleicht nette Menschen nur nette Dinge in der Bibel. Wollen wir die Bibel jedoch ernst nehmen, so müssen wir uns immer wieder vor Augen halten, daß unser eigener Hintergrund unser Lesen bestimmt, und wir müssen lernen, uns die Perspektiven und Auffassungen vergangener und gegenwärtiger »Leser« gleichermaßen zu eigen zu machen. Um Rabbi Jischmaels Ausspruch zu ergänzen: »Die Tora spricht in der Sprache und zur Wirklichkeit der Menschen.«

6

Meine Rolle beim Untergang »König Davids« oder »Die Bibel geht zum Film«

Als der »Ruf« erging, erging er nicht von Gott – zumindest nicht direkt –, sondern von den Pinewood Filmstudios. Ich befand mich zufällig im Sekretariat des Leo Baeck College. Eine Filmgesellschaft war auf der Suche nach einem Bibelexperten – ob wir vielleicht helfen könnten? Ohne auch nur einen Augenblick zu zögern, brachte ich in aller Bescheidenheit mich selbst in Vorschlag. (Da bereits zwei meiner Kollegen als Berater bei Zefirellis »Jesus von Nazareth« bzw. bei Barbra Streisands »Yentl« tätig gewesen waren, dachte ich, jetzt sei die Reihe auch einmal an mir.) So wurde ich zum fachlichen Berater für »König David« – seit Jahren der erste Versuch, einen größeren Film über ein alttestamentliches Thema zu machen. Die Dreharbeiten dauerten drei Monate und verschlangen dreißig Millionen Dollar. Der Film wurde nach einer Woche in Los Angeles abgesetzt, aber das Video ist noch erhältlich.

Abblende.

Szene zwei, ein vollgestopftes Büro in Pinewood.

»Der Produzent mag Sie.« Er sagte das im Ton eines Menschen, der die Launen der Götter kennt und um die Bedeutung derjenigen, denen sie ihre Gunst schenken, weiß. Der Produzent hatte auch allen Grund, mich zu mögen! Abgesehen von meinen persönlichen Qualitäten und Fähigkeiten war ich offenbar der erste »Experte«, der bereit war, seinen Ruf für diesen Film aufs Spiel zu setzen. Die jüdische Lobby in Amerika hielt ihn für »antisemitisch« – weil er versuchte, König David so zu zeigen, »wie er wirklich war«. Mir kam das Argument etwas fadenscheinig vor. In Wirklichkeit stießen sich die Gelehrten an den Freiheiten, die das Drehbuch sich nahm – dabei hatten sie bloß den ersten von über einem Dutzend Entwürfen zu Gesicht bekommen! Doch zur Hölle damit, das war künstlerische Freiheit. Und außerdem, wer kann schon den Verlockungen der Traumfabrik widerstehen?

Der Regisseur wollte, daß jemand während des Drehens dabei war und für biblische Detailfragen zur Verfügung stand. Ich wurde von meiner Arbeit freigestellt, um mich der Schauspieltruppe anzuschließen, und heuerte einen Kollegen an, der mich am Drehort vertrat, wenn ich keine Zeit hatte. Sardinien, Matera, Rom – o welcher Glanz harrte meiner!

Natürlich hängt man die meiste Zeit untätig herum und wartet. Immer wieder gab es Probleme. Ursprünglich sollte in Marokko gedreht werden, doch der Gerüchteküche zufolge wurde nichts daraus, als herauskam, daß König David Jude war. In Israel wiederum gab es zu viele Fernsehantennen, die bei den längeren Kameraschwenks störend ins Bild gerieten. Schließlich entschied man sich für Süditalien, wo in Matera – hier hatte schon Pasolini sein »Evangelium nach Matthäus« gedreht – ein Fiberglasmodell von Jerusalem errichtet wurde. Wie sich herausstellen sollte, wurde es der kälteste Frühling in diesem Teil der Welt seit vierzig Jahren, so daß das Team die Hälfte der Zeit mit Warten auf beständigeres Wetter verbrachte – man kann offenbar nicht die eine Hälfte einer Szene bei hellem Sonnenlicht und die andere Hälfte bei bedecktem Himmel drehen. Die Leute merken so etwas, auch wenn richtiger Regen gar nicht erkennbar ist. Ich denke immer noch mit Vergnügen an das Bild zurück, wie der »Star« Richard Gere auf seinem Pferd sitzt, im Begriff, das Land Israel zu verlassen, um unter den Philistern zu leben, und feierlich sagt: »Ist nicht die Hitze der Sonne Gottes auf der anderen Seite genauso groß?«, während er sich alle Mühe gibt, nicht vor Kälte mit den Zähnen zu klappern.

Aus steuerlichen Gründen begannen sie mit den Dreharbeiten in Pinewood, bevor sie sich nach Italien einschifften, und setzten sowohl ein englisches als auch ein italienisches Team ein – eine Quelle höchst unterhaltsamer interkultureller Konflikte. (Die Engländer arbeiteten auf Stundenbasis; die italienischen Gewerkschaften bestanden darauf, daß jeder, inklusive seiner ganzen Familie, für die gesamte Drehdauer gebucht wurde – was natürlich Anlaß zu Reibereien gab.) Als England Italien während der Drehzeit bei einem Fußballspiel schlug, wurde »Sauls Festung« mit dem Union Jack dekoriert.

Schon bald merkte ich, mit welchen Problemen ein »fachlicher Berater« zu kämpfen hat. Wir begannen in Pinewood mit einem Festmahl – Davids Hochzeit mit Batseba. Die Statisten – die meisten von ihnen ältere jüdische Schauspieler – schienen die kalten Lammkoteletts, die als Hauptgang herhalten sollten, nicht besonders zu goutieren, deshalb schickte der Regisseur jemanden zum Chinesen um die Ecke nach Rippchen. Mein Kollege, der damals Dienst tat, versuchte zu erklären, daß Schweinerippchen in biblischen Zeiten nicht gerade zu den erlaubten Speisen gehörten, aber man versicherte ihm, daß das keiner merken würde.

Doch der Berater sollte auch noch seinen Augenblick stillen Triumphes erleben. Für Davids Hochzeit mit Michal, Sauls Tochter, wurde eine *Chuppa* errichtet, ein Hochzeitsbaldachin, wie er bei jüdischen Eheschließungen üblich ist. Ich machte geltend, daß es solche Baldachins zur Zeit der Bibel nicht gegeben hätte, wurde jedoch überstimmt. »Wir haben das nachgeprüft«, sagte der Regisseur. Wie nachgeprüft? Sie hatten ein Bild von einer jüdischen Hochzeit aus dem 17. Jahrhundert gefunden, auf dem eine *Chuppa* abgebildet war, also mußte es die *Chuppa* auch in der Bibel gegeben haben. (Ich gewöhnte mich nach einiger Zeit an derartige Argumente, wenngleich ich nie ganz sicher war, wann der australische Regisseur Bruce Beresford uns alle einfach auf den Arm nahm.)

Dann kam der Requisiteur mit einem Problem. »Im Drehbuch steht, daß es in der Szene Hochzeitsgeschenke geben muß. Was für Geschenke könnten das gewesen sein?« Mein Kollege lächelte in sich hinein, gab ihm die entsprechende Information und kehrte nach London zurück. In der Hochzeitsszene selbst übernahm ich seinen Platz – tatsächlich trete ich sogar im Film auf: Ich spreche den priesterlichen Segen über dem Paar. (Es lohnt sich vielleicht nicht, wegen dieses kurzen Höhepunktes den ganzen Film anzusehen, aber man kann ja die Vorlauftaste benutzen.) Ich fand am Drehort eine große Kiste unter der *Chuppa* vor. »Wofür ist das?« »Für die Hochzeitsgeschenke.« Sie hatten das Problem, vor das mein Kollege sie gestellt hatte, wirklich genial gelöst – wie soll man Davids Hochzeitsgeschenk, das aus den Vorhäuten von 200 Philistern bestand, sonst zeigen?

Aber noch eine andere Vorhaut spielte in dem Film eine Rolle – schließlich sollte das Ganze ja »authentisch« wirken. Die Story schrieb deshalb eine Szene vor, in der die Beschneidung von Davids Sohn Absalom gezeigt wurde. Im Script fanden sich folgende Anweisungen:

Großaufnahme von Nathan dem Propheten, der das Messer hält. Großaufnahme einer erhobenen Hand, die sich herabsenkt. Ein Blutstrahl trifft die Kameralinse.

Ich wies darauf hin, daß, falls tatsächlich ein Blutstrahl die Kamera träfe, irrtümlich eine Arterie verletzt worden wäre, und dann gute Nacht, Absalom! Diese Stelle wurde tatsächlich geändert.

Ich selbst gab der Szene dann noch einen zusätzlichen authentischen Touch. (Es war allmählich äußerst frustrierend, ein »Berater« zu sein, dessen Rat – fachlicher oder sonstiger Art – so gut wie nie eingeholt wurde.) Bei der Zeremonie sind ein paar Kinder zu sehen, die sich zwischen den Männern hindurchdrängen und interessiert gucken, was da geschieht. Dieser Akzent stammt von mir. Künstlerisch!

Bei derselben Gelegenheit konsolidierte ich auch meine Autorität als Berater. Ich zeigte Richard Gere, wie er das Baby (das im übrigen gute sechs Monate zu alt für seine Rolle war) halten mußte. Man muß ihm die angewinkelten Beinchen etwas auseinanderdrükken, so daß der *Mohel* (Beschneider) einen guten Zugang hat. Dabei warnte ich vor einer kleinen Schwierigkeit, die auch bei der bestorganisierten Beschneidung vorkommen kann. Wenn die Beine auseinandergedrückt werden, fängt das Kind manchmal an, Pipi zu machen. Und wirklich stieg denn auch beim ersten Versuch eine kleine goldene Fontäne in die Luft. Der Grundstein für meinen Ruf war gelegt!

Zwischen Hochzeiten und Beschneidungen mußte ich mir mehr biblische Zeremonien ausdenken als Mose. Die härteste Bewährungsprobe war jedoch die Opferung eines Schafes auf dem Altar bei »Isais Hof«.

Der Altar war ein wahres Wunderwerk und selbstverständlich höchst »authentisch«, die genaue Reproduktion eines hetitischen Exemplares, hieß es in der für die Filmbauten zuständigen Abteilung. Ich war sehr beeindruckt, sah mich jedoch genötigt, darauf hinzuweisen, daß er am falschen Ort errichtet worden war, in einem kleinen Tal direkt vor dem Haus. »Altäre wurden immer an »erhöhten Plätzen« errichtet«, dozierte ich. Der *art director* beharrte unerbittlich darauf, daß dies der beste Ort für die Aufnahme sei. Der Regisseur beruhigte mich schließlich in seiner gewohnt trockenen Art: »Die alten Israeliten müssen ja auch praktische Leute gewesen sein, und das hier ist eindeutig die beste Stelle zum Aufstellen des Altars.« Ich weiß immer noch nicht, wann er sich auf meine Kosten lustig machte, und wann auf Kosten des Films. Die Begegnung mit ihm war einer der Glanzpunkte meiner Beratertätigkeit.

Der örtliche Tierarzt erschien mit einem völlig benommenen (genauer gesagt betäubten) Lamm für die dramatische Szene, bei der dem armen Tier die Kehle durchgeschnitten werden sollte. (Keine Angst, liebe Leser, sie verwendeten dazu das bemerkenswerte Gemisch, das unter Eingeweihten unter dem Namen »Kensington-Blut« bekannt ist. Es besteht aus zwei Flüssigkeiten, beide farblos, die, wenn sie vermischt werden, eine rote Farbe annehmen – deshalb verursachen all die Messer in unseren Horrorfilmen, wenn sie die Haut streifen, blutige Schnitte.)

Es gab heiße Diskussionen darüber, wie das Kehleaufschlitzen genau zu bewerkstelligen sei. Wenn Sie sich den Film jemals ansehen, werden Sie merken, daß der Autor eine Vorliebe für Enthauptungen hatte. Warum sollte also nicht auch das arme Schaf auf diese Weise sterben? (Goliats Enthauptung ist als einzige streng biblisch, alle übrigen sind Erfindung des Drehbuchschreibers. Man kann direkt darüber ins Grübeln kommen, was das bedeutet.)

Ich konnte der Versuchung nicht widerstehen, unschuldig zu fragen: »Werden sie das Schaf auch auf dem Altar verbrennen?«

»Wie meinen Sie das?«

»Na ja, deshalb wurden die Tiere ja geopfert, um sie auf dem Altar zu verbrennen. Manchmal ganz, manchmal nur bestimmte Teile, während gleichzeitig ein Gemeinschaftsmahl stattfand.«

»Kein Mensch hat uns darüber informiert! Warum haben Sie das nicht schon gestern gesagt? Jetzt ist es zu spät!«

Doch der Regisseur war ganz angetan von dem Gedanken. Es verlieh dem ganzen jenen Hauch von »Authentizität«, den er so sehr erstrebte. Deshalb hatte er ja schließlich einen Experten am Drehort!

Doch da brachte der Requisiteur ein kleines Problem aufs Tapet. Der »authentische« hetitische Altar bestand aus Fiberglas. Wenn man irgend etwas darauf verbrannte, würde er einfach dahinschmelzen.

Der Regisseur war unerbittlich.

Der Requisiteur schleppte schließlich eine Asbestplatte herbei, die er auf den Altar legte und mit einigen Steinen beschwerte.

Doch was sollten wir verbrennen? Das Schaf war mittlerweile eingeschlafen und der Tierarzt wirkte nachgerade etwas nervös. Schließlich schickte der Requisiteur einen Assistenten in die Stadt, um einen Eimer mit Schafsinnereien zu besorgen, die auf die Altarplatte geschmiert wurden (mir fällt beim besten Willen kein anderes Wort dafür ein). Nun war der Zeitpunkt gekommen, das »Opfer« in Brand zu setzen.

Schafsinnereien brennen nicht.

Auftritt eines Assistenten des Requisiteurs mit Paraffin, das darüber gegossen und angezündet wurde.

Wenn man ganz genau hinsah, so etwa aus fünfzig Zentimeter Entfernung, konnte man ein durchsichtiges blaues Flämmchen über die Altarplatte hinzüngeln sehen – keine besonders überzeugende Vorstellung.

Im Film gibt es auch eine längere Szene, wie Samuel den jungen David zum künftigen König salbt. Im Hintergrund steht ein herrlicher »authentischer« hetitischer Altar, von dem schwarzer Rauch aufsteigt.

Was man nicht sieht, ist der Mann von der Requisite, der hinter dem Altar kauert und kleine Rauchwolken aus einem Rauchkanister aufsteigen läßt.

Es funktionierte, und darauf scheint es im Film einzig und allein anzukommen. Die ganzen Tricks und Requisiten und Improvisationen und Täuschungen sieht man nachher schließlich nicht mehr. Es ist ziemlich desillusionierend, aber zugleich auf perverse Weise befriedigend zu wissen, wie der Trick bewerkstelligt wurde. Die Arbeit hinter den Kulissen hat mich lange Zeit für das Kino verdorben. Ich war völlig davon absorbiert, auf Schnitte, Kameratricks, Fiberglasfelsen und die vertrauten sechs oder sieben Kampfbewegungen zu achten, die ich die Stuntmen hatte üben sehen. Dafür stellte sich nun die Anziehungskraft des Kinos auf einer anderen Ebene wieder ein – der Film selbst tritt zurück, wenn man sich mehr für die Technik als für den Inhalt interessiert. Das war eine wichtige Lektion für mich.

Besteht doch eine ganz ähnliche Gefahr auch bei der *Tenach*. Je stärker man anfängt, hinter den Text zu blicken – auf den Aufbau des Plots, auf bestimmte literarische oder poetische Kunstgriffe und

Stilmittel, auf rhetorische Elemente und die Art und Weise, wie der Verfasser sie einsetzt oder unterläuft – desto größer wird für eine Weile die Distanz zum Text selbst und seiner Aussage.

Das ändert nichts daran, daß das Medium Kino in der Tat einiges zur Erhellung gewisser Effekte der biblischen Erzählweise beitragen kann. Wir wollen uns einige Beispiele dafür ansehen.

Aufnahmen in Zeitlupe sind uns allen vertraut. Bei einem wichtigen Ereignis im Film läuft auf einmal alles verlangsamt ab, der Höhepunkt des Geschehens wird hinausgezögert, die Zeit dehnt sich in einem beinahe unerträglichen Maß. Die gleiche Technik können wir in der Geschichte von der »Bindung Isaaks« in Genesis 22 beobachten. Die dreitägige Wanderung, die Abrahahm unternehmen muß, wird mit wenigen Worten abgetan, die Vorbereitungen für die Tötung seines Sohnes dagegen werden unglaublich minuziös geschildert, die Verben dehnen sich buchstäblich, um den Leser auf die Folter zu spannen.

»Und sie kamen an den Ort, den Gott ihnen genannt hatte.
Und Abraham baute dort den Altar
und schichtete das Holz auf.
Dann band er seinen Sohn Isaak
und legte ihn auf den Altar oben auf das Holz.
Und Abraham streckte seine Hand aus
und nahm das Messer, um seinen Sohn zu töten.
Da ruft ihn ein Bote des Ewigen aus dem Himmel, mit den Worten:
»Abraham, Abraham! Und er sprach: Hier bin ich!«

Wir erleben den ganzen Vorgang bis ins kleinste mit Abraham mit, jede Einzelheit und jeden Augenblick bis hin zu jener allerletzten Sekunde, in der die Stimme ertönt, die ihn daran hindert, seinen Sohn tatsächlich zu töten. Die Art der Schilderung dehnt die Zeit bis aufs äußerste, bis zum Zerreißen.

Im Gegenzug gibt es in der Bibel aber auch mindestens eine Szene, bei der die Handlung in echter Zeitraffermanier beschleunigt wird. Die Knappheit des Stils – es handelt sich einfach um eine Folge aneinandergereihter Verben – bringt dabei auf unmittelbare und präzise Weise die Persönlichkeitsstruktur des Mannes, der hier beschrieben wird, zum Ausdruck: Gemeint ist Esau, Jakobs Bruder.

Als Esau hungrig vom Feld kommt, bietet Jakob ihm eine Mahl-
zeit im Tausch gegen sein Erstgeburtsrecht. Schauen wir uns einmal
an, wie der Text beschreibt, was da geschieht:

»Und Jakob gab Esau Brot und eine Schale Suppe –
und er aß,
trank,
stand auf,
ging davon,
verachtete sein Erstgeburtsrecht.« (Gen 25,34)

Die konventionellen Übersetzungen sehen sich offenbar genötigt,
hier ausführlicher zu schreiben »und so verachtete Esau«, doch im
Urtext endet die Reihe von Verben einfach ohne jeglichen Zusatz.
Im Hebräischen tritt auf diese Weise der harte Stakkato-Effekt sogar
noch deutlicher hervor: *wajochal wajescht wajakom wajelech wajiwes.*
    Es gibt eine schockierende Szene in Sam Peckinpahs »The Wild
Bunch«, wo die Banditen auf offener Straße niedergeschossen werden. Die Szene ist deshalb so besonders eindrucksvoll, weil sie nicht
nur in Zeitlupe abläuft, sondern darüber hinaus die Einstellungen,
in denen Menschen und Pferde zu Boden stürzen, mehrmals wiederholt werden. Dieser Kunstgriff ist seither oft nachgeahmt worden (am erwähnenswertesten ist wohl die Todesszene in »Bonnie
und Clyde«) und hat meines Wissens auch schon Vorläufer im Kino
gehabt. In absolut reiner Form aber taucht er im »Lied der Debora«
(Ri 5,27) auf, das den Tod des Sisera besingt, der von Jael mit einem
Zelthering erschlagen wurde. Auch hier sind die hebräischen Wiederholungen schon aufgrund ihrer Prägnanz sehr viel beeindruk-
kender als die meisten Übersetzungen:

bejn ragleha kara nafal schachaw
bejn ragleha kara nafal
ka'ascher kara scham nafal
schadud.

Zwischen ihren Beinen krümmte er sich, fiel, lag da; zwischen ihren Beinen
krümmte er sich, fiel; da, wo er sich krümmte, fiel er – zerschmettert!

Das oben verwendete Bild ist zweideutig. Sisera, der zwischen den
Beinen der Jael niederfällt – das läßt an einen sexuellen Hintergrund

denken; wie hätte Jael ihn sonst überwältigen können. Doch da es im folgenden um die Tragik der Mutter Siseras geht, die vergeblich auf die Rückkehr ihres Sohnes wartet, könnte man auch an das Bild einer Totgeburt denken, die zwischen den Beinen der Mutter zu Boden fällt. Da das Sexuelle jedoch nicht nur bei Freud allgegenwärtig ist, sollten wir auch die erste Möglichkeit im Auge behalten.

Vor »Rashomon« war die Frau Potifar der Bibel. Wir wurden bereits Zeugen, wie Josef sich heroisch weigerte, ihrem Charme zu erliegen, aber wir haben uns noch nicht die Folgen seiner Enthaltsamkeit angesehen. Vielleicht erinnern Sie sich an »Rashomon«: Der Film handelt davon, daß eine Reihe völlig verschiedener Menschen jeweils aus ihrer Perspektive an dasselbe Ereignis zurückdenken. Jedesmal ist alles ganz anders, wodurch das Ganze zu einer meisterhaften Studie über die Problematik der Zeugenschaft, ja der Deutung schlechthin, gerät. Ich komme deshalb darauf, weil dieser Vorgang eine Art Präzedenzfall in Frau Potifars recht handfestem Verführungsversuch hat, der damit endet, daß Josef die Szene überstürzt, unter Zurücklassung einiger verräterischer Kleidungsstücke, verläßt. Wie in »Rashomon« werden wir danach mit drei Versionen des Geschehenen konfrontiert, mit der Sicht des Erzählers, der Version, die Frau Potifar den Sklaven erzählt, und der Version, die sie ihrem Ehemann auftischt. Versuchen Sie einmal, im folgenden nicht nur auf die Abweichungen in den einzelnen Erklärungen zu achten, sondern auch darauf, wie die Frau im Grunde die Situation durch die unterschiedlichen »Tatsachen«, die sie jeweils präsentiert, manipuliert:

»An diesem besonderen Tag, als er (Josef) ins Haus kam, um seine Arbeit zu tun, war gerade kein Mensch von den Leuten des Hauses dort im Haus. Und sie packte ihn bei seinem Gewand und sagte: »Liege bei mir!«, und er ließ sein Gewand in ihrer Hand, floh und lief hinaus.

Als sie sah, daß er sein Gewand in ihrer Hand gelassen hatte und hinausgeflohen war, da rief sie die Leute ihres Hauses und sagte zu ihnen folgendes: »Seht, er hat uns einen hebräischen Mann hergebracht, Mutwillen mit uns zu treiben/uns zu verführen. Er ist zu mir gekommen, um mit mir zu schlafen, und ich habe laut geschrien! Und als er hörte, daß ich meine Stimme erhob und rief, da ließ er sein Gewand neben mir und floh und lief hinaus.«

Und sie behielt sein Kleid neben sich, bis ihr Ehemann nach Hause kam. Und sie sagte folgendes zu ihm: »Dieser hebräische Sklave, den du uns hergebracht hast, ist zu mir gekommen, um mich zu verführen! Doch als ich meine Stimme erhob und schrie, da ließ er sein Gewand neben mir und floh hinaus!« (Gen 39,11-18)

Es ist eine ganz interessante Übung herauszufinden, wieviele Unterschiede sich in den einzelnen Erklärungen feststellen lassen und warum sie notwendig waren. Aber hat ihr Ehemann ihr geglaubt? Natürlich wird Josef auf den Vorfall hin mit Gefängnis bestraft, doch man kann sich des Verdachts nicht erwehren, daß die versuchte Vergewaltigung der Frau seines Herrn eigentlich keine geringere als die Todesstrafe verdient hätte. Alles hängt davon ab, wie man die Wiedergabe von Potifars Entgegnung liest, die nebenbei bemerkt eine vierte Version des Geschehens darstellt. Überzeugen Sie sich selbst:

»Als ihr Ehemann die Worte seiner Frau hörte, die sie zu ihm redete, indem sie sagte: »Solche Dinge hat mir dein Sklave angetan«, da war er sehr zornig.« (Gen 39,19)

Zornig auf wen?

Eine Technik, die wir meines Wissens nur aus dem Kino kennen, besteht darin, einen Film rückwärts laufen zu lassen. Ich selbst schaue für mein Leben gern zu, wie eingestürzte Häuser oder Schornsteine wieder in ihren früheren Zustand zurückkehren. Ich erinnere mich noch gut an eine Gestalt in einem Film von Cocteau, die sich auf geheimnisvolle, eigentlich unmögliche Weise vom Boden erhob und wieder auf die Beine kam, weil der Film rückwärts lief. Ein anderes Bild, das ich vor mir sehe, stammt aus dem »Dieb von Bagdad« – es ist der Trick mit dem Geist aus der Lampe. Das Reiben der Lampe erzeugt eine Rauchwolke, die wie eine umgekehrte Pyramide in die Luft aufsteigt, und aus ihr materialisiert sich der Geist – so ist es zumindest in meiner Erinnerung. Noch beeindruckender aber war die Umkehrung dieses Vorgangs, wenn der Geist in die Lampe zurückkehrte und die Rauchpyramide gleichsam in den Lampenhals eingesaugt wurde.

Im Buch Jeremia gibt es eine erstaunliche, ja geradezu beunruhigende Vorwegnahme dieser Technik. Ich gebe zunächst den hebräischen Text in Lautschrift wieder, um zwei der besonderen Effekte, die Wiederholungen und die immer kürzer werdenden Sätze, deutlich zu machen:

raiti et-haarez w'hinej tohu wawohu w'el haschamajim w'ejn oram
raiti heharim w'hinej roaschim w'chol hagwaot hitkalkalu
raiti w'hinej ejn ha'adam w'chol off haschamajim nadadu
raiti w'hinej hakarmel hamidbar w'chol araw nizu
mipnej adonaj
mipnej haron apo

»Ich schaute die Erde, und siehe, wüst und leer; zu den Himmeln,
   ihr Licht war nicht mehr.
Ich schaute auf die Berge, und siehe, sie bebten, und alle Hügel
   schwankten.
Ich schaute und siehe, kein menschliches Wesen, und alle Vögel des
   Himmels waren entflohen.
Ich schaute und siehe, die Weide war verlassen und alle ihre
   Städte zerstört
wegen des Ewigen,
wegen der Glut seines Zornes.« (Jer 4,23-26)

Jeremia schildert hier das Ende der Welt, die Rückkehr ins Chaos
des Anfangs. Er bedient sich dabei der Sprache aus dem ersten Kapitel der Genesis, kehrt jedoch die verschiedenen Stadien der Schöpfung um. Die Dramatik des Vorgangs wird zugleich in der äußeren
Form eingefangen, indem er die Sätze immer kürzer macht,
bestimmte Wörter wiederholt und allmählich alles Unwesentliche
ausblendet. Wenn man den hebräischen Text vor sich hat, sieht er
aus wie ein umgekehrtes Dreieck oder ein Trichter, als schrumpfe
die Welt tatsächlich in sich zusammen und löse sich im Zorn Gottes
auf. Die Vorstellungskraft eines Jeremia konnte also bereits etwas
erfassen und schildern, das wir heute, im Zeitalter möglicher
nuklearer Vernichtung, erst allmählich zu begreifen beginnen.
   Zu den ehrwürdigsten Klischees des Kinos gehört zweifellos
die Großaufnahme eines Telefons, hinter dem verschwommen
die Schauspieler zu erkennen sind. Der Zuschauer weiß genau,
daß es nur eine Frage der Zeit ist, bis das Telefon klingeln wird.
Das biblische Pendant zu diesem Motiv ist der Gebrauch
bestimmter Schlüsselwörter, deren Wiederholung an entscheidenden Punkten eine Kontinuität zwischen bestimmten Ereignissen oder Passagen herstellt. Nur wenige von ihnen sind allerdings so eindrucksvoll wie das berühmte Telefon. Sie fungieren
eher als eine Art roter Faden, indem sie uns unmerklich auf einen

entscheidenden Augenblick einstimmen oder uns, wie in dem Fall, auf den wir gleich eingehen wollen, ein Gefühl für das Verstreichen der Zeit vermitteln.

Das spezielle Bild, um das es hier geht, ist ein Umhang, hebräisch *Me'il*. Als die kinderlose Hanna im Heiligtum von Silo um ein Kind betet, gelobt sie, dieses Kind Gott zu weihen. Ihr Gebet wird erhört, und das Kind Samuel wird dem Tempel geweiht und lebt dort bei dem Priester Eli. Die Erzählung macht Hannas Schmerz bei der Trennung von ihrem Kind und ihre Liebe zu ihm durch einen ganz einfachen Kunstgriff anschaulich: »Und seine Mutter machte ihm einen kleinen Umhang und brachte ihn ihm Jahr für Jahr (wörtlich »Tag für Tag« – eine Wendung, die sehr schön zum Ausdruck bringt, wie sie die Tage zählte), wenn sie mit ihrem Mann hinaufging, um das jährliche Schlachtopfer darzubringen.« (1 Sam 2,19)

Das Bild vom Umhang ist nun in unserem Kopf verankert, und unbewußt warten wir darauf, daß es wieder auftaucht. In der Zwischenzeit kommt im gleichen Kapitel ein weiterer Kunstgriff zur Anwendung. Es ist immer schwierig, in einer Erzählung simultan ablaufende Ereignisse darzustellen, weil man ja nicht zwei Dinge gleichzeitig niederschreiben kann – es sei denn, man benutzt parallele Spalten. Im Film wird diese Gleichzeitigkeit durch die Aufteilung der Leinwand in zwei Bilder dargestellt. So ist es möglich, zwei simultane, meist gegenläufige Ereignisse gleichzeitig zu verfolgen – oder es zumindest zu versuchen. Das betreffende Kapitel im Buch Samuel nun ist so konstruiert, daß ständig zwischen zwei parallel ablaufenden Szenen hin- und hergesprungen wird, was so ziemlich denselben Effekt erzielt. Da ist etwa ein Vers der Ankunft Samuels in Silo gewidmet (V. 11), während die nächsten sechs Verse bis ins Detail die Vergehen der Söhne Elis, die ihre Macht mißbrauchen, beschreiben (V. 12-17). Dann geht es wieder zurück zum jährlichen Besuch von Hanna und ihrem Mann und zum Heranwachsen Samuels (V. 18-21). Anschließend sind wir wieder bei Eli, der seinen Söhnen Vorhaltungen wegen ihres Verhaltens macht, während sie sich weigern, ihm überhaupt zuzuhören (V. 22-25). Dann wieder zurück zu Samuel, mittlerweile ein stattlicher junger Mann, der an Körpergröße und an Gunst bei Gott und den Menschen zunimmt (V. 24). Zurück zu Eli, dem ein Prophet die Strafe ankündigt, die seine Familie wegen der Sünden seiner Söhne treffen wird

(V. 27-36). Kapitel 3 zeigt uns wieder den jungen Samuel, wie er Gott vor Eli dient – ein Vorspiel zu der berühmten Berufung, die mitten in der Nacht an ihn ergehen wird. Diese Erzählweise läßt uns die Untaten der Söhne Elis, das Unvermögen des Vaters, sie auf den rechten Weg zu bringen, und die Androhung einer bevorstehenden Strafe miterleben, während gleichzeitig auf der anderen Seite der Leinwand im Kontrast dazu das Bild des still heranwachsenden Samuel erscheint, der sich im Dienst Gottes bewährt. Die Szenen mit Eli und seiner Familie wirken alle irgendwie hektisch und wirr, die ruhige Wiederholung der immer gleichen, wenigen Sätze über Samuel und seine alleinige Präsenz »auf der Leinwand« dagegen verleihen jenem eine Art Sammlung und innere Ruhe. Es zeichnet sich klar ab, daß die beiden Bilder irgendwann miteinander in Konflikt geraten müssen, und tatsächlich wird Samuel Eli die letzte Warnung überbringen und schließlich seinen Platz als Priester von Silo einnehmen – wenngleich sich seine eigenen Söhne später ironischerweise nicht besser aufführen werden als die Elis.

Doch all das liegt noch in der Zukunft, wie auch das Wiederauftauchen des Umhangs.

Wir begegnen ihm erneut in einem entscheidenden Augenblick der tragischen Geschichte der Beziehung zwischen Samuel und König Saul. Samuel war von Anfang an im Zwiespalt darüber, ob er dem Volk einen König geben solle, und Saul hat sich, trotz seiner herrlichen Gestalt, schwach gezeigt, zumindest in Samuels Augen. In diesem ganzen packend geschilderten Drama ist der Leser in seiner Parteinahme ständig zwischen den beiden Gestalten hin- und hergerissen. In Kapitel 15 schließlich erreicht der Konflikt zwischen Saul und Samuel seinen Höhepunkt. Saul schlachtet die Amalekiter nicht hin, wie Gott es ihm befohlen hat, und Samuel teilt ihm mit, daß Gott ihn als König von Israel verstoßen hat.

»Samuel wandte sich zum Gehen, und er ergriff den Zipfel seines Umhangs, und er zerriß. Samuel sprach zu ihm: Der Ewige hat dir heute das Königtum Israels entrissen und es deinem Nächsten gegeben, der besser ist als du.« (1 Sam 15,27-28)

Das Wort »Umhang« ist hier wieder dasselbe, aber der Text ist nicht eindeutig. Riß Samuel Saul den Umhang als symbolische Geste für seinen Machtverlust herunter? Oder packte Saul Samuels berühmten »Umhang«, um ihn zum Bleiben zu veranlassen, und mußte feststellen, daß das Gewebe, wie um den dauernden Bruch zwischen ihnen beiden sichtbar zu machen, in seiner Hand zerriß? Um wessen Umhang handelte es sich überhaupt? Beide Deutungsvorschläge kommen in Frage, denn einige Kapitel später wird David ein Stück von Sauls Umhang (wieder dasselbe Wort) abschneiden, um zu beweisen, daß er ihm das Leben hätte nehmen können – womit er ironischerweise die symbolische Geste wiederholt, die zum Ausdruck brachte, daß ihm seine Königswürde genommen ist (1 Sam 24,5). Noch ein weiteres Mal taucht der Umhang auf, und diesmal handelt es sich eindeutig um den von Samuel: Als Saul vor seiner letzten Schlacht steht und sich ihm die üblichen prophetischen Kanäle zu Gott verschließen, nimmt er seine Zuflucht zur Nekromantie, einem Aberglauben, den er zuvor ausdrücklich aus seinem Land verbannt hat. Er geht zur Hexe von Endor und bittet sie, Samuel herbeizubeschwören:

»Die Frau erblickte Samuel und schrie laut auf und sagte zu Saul: Warum hast du mich betrogen? Du bist ja Saul!

Doch der König sagte: Fürchte dich nicht. Was hast du gesehen?

Die Frau antwortete Saul: Ich habe eine große Gestalt aus der Erde heraufsteigen sehen. Er sagte zu ihr: Wie sieht er aus?

Sie antwortete: Ein alter Mann steigt herauf, und er ist in einen Umhang gehüllt.

Und Saul wußte, daß es Samuel war, und er neigte sich mit seinem Gesicht zur Erde und fiel nieder.«

Es ist nicht ganz klar, ob man sich diese Szene real vorzustellen hat, oder ob Saul sie nur in seiner Vorstellung sah; ob die Nachricht seiner unausweichlichen Niederlage, die Samuel ihm bringt, eine letzte Botschaft des Propheten oder Sauls eigene innere Erkenntnis ist, daß sein Ende bevorsteht. Auf jeden Fall ist es eine ungemein beeindruckende und bewegende Geschichte. Und im Mittelpunkt, gleichsam als Erkennungssymbol, das die ganze Geschichte von Samuel und Saul zusammenhält, steht der »Umhang«.

Damit wären wir wieder bei meinem »König David« – Edward Woodward hat in der Tat ein Bravourstückchen aus seiner Darstellung von König Saul gemacht. Das Besondere am Kino ist ja, daß im Film Dinge aus der Welt der Phantasie vor unseren Augen erstehen.

Der Bibel gelingt das gleiche, allerdings muß sie sich dabei allein auf Worte und Klänge und ein ganzes Arsenal literarischer Kunstgriffe stützen. Bei den Menschen von damals, die es wahrscheinlich eher gewohnt waren, Ereignisse erzählt zu bekommen, als sie selbst zu lesen – und die sie ganz bestimmt nie mit all den ausgefeilten Tricks des modernen Kinos vor ihren Augen ablaufen sahen –, müssen diese Kunstgriffe noch sehr viel besser gewirkt haben als bei uns heute.

Als Film war »König David« ein Flop, doch trotz der zahlreichen historischen Fauxpas war das Ganze ein mutiger Versuch, die biblische Welt lebendig zu machen. Das Ergebnis lag irgendwo zwischen Cecil B. DeMille und einem Italo-Western. Aber wenigstens bewies das Werk Risikofreude. König David tanzte vor der Bundeslade – eine äußerst anspruchsvolle Szene, an die sich noch kein Film herangewagt hatte. Richard Gere mußte dafür zuerst einmal sämtliche Zuckungen des Disco-Dancing verlernen, und brachte schließlich eine durchaus respektable Darbietung zustande. Gere, der wahrscheinlich als Kassenmagnet verpflichtet worden war, wirkte neben den übrigen Darstellern irgendwie fehl am Platz – ein amerikanischer Profi unter englischen Thespisjüngern. Wo König Saul einen zweiten King Lear ablieferte, machte König David seinen Job.

Doch das sind zweitrangige Probleme. Der Film steht und fällt mit dem Bild, das das Drehbuch von David entwirft, und hier verliert er denn auch den Kontakt zur Realität. Der Drehbuchautor hat versucht, aus David einen Pazifisten zu machen, der auf tragische Weise aufs Schlachtfeld genötigt wurde, statt zu Hause zu bleiben und Psalmen zu dichten. Als er Goliat enthauptet, blickt David kummervoll gen Himmel und fragt, ob dies wirklich der einzige Weg sei, Probleme zu lösen. Nun kann man zwar ein solches Bild von David zeichnen, doch es hat wohl kaum etwas mit der Gestalt zu tun, von der in den Samuelbüchern die Rede ist. Der biblische David weist durchaus rücksichtslose Züge auf, läßt den Leser aber wegen des gewissen Charmes, der ihm nicht abzusprechen ist, im Zweifel, wie weit er tatsächlich an einer ganzen Reihe übler Machenschaften beteiligt war. David ist tief religiös, bringt diese Haltung aber nach Art seiner Zeit zum Ausdruck, indem er zwischen fanatischer Begeisterung für Gott und pragmatischer Ausbeutung religiöser Symbole zur Stärkung seiner eigenen Machtposition hin und her schwankt. Die vielen Facetten des biblischen David machen es uns unmöglich, zu einem eindeutigen Urteil über diesen Mann zu gelangen, und darin liegt auch wieder die Stärke der biblischen Erzählung. Das gleiche muß übrigens auch im Blick auf Saul und Samuel gesagt werden, die im Film ein bißchen zu Karikaturen geraten, besonders Samuel als rächende Stimme eines grausamen und zornigen Gottes. Überhaupt ist das Drehbuch in diesen Punkten allzusehr vom Stereotyp des »grausamen« Alten Testaments geprägt.

Nichts liegt mir jedoch ferner, als mich hier zu beschweren oder gar zu behaupten, daß ich es besser gemacht hätte. Am stärksten verlor der Film sicherlich an den Stellen, an denen er den Boden des biblischen Textes verließ und fiktive Ereignisse einschob oder verschiedene Episoden zu einer einzigen verdichtete. Die biblische Erzählung harrt also nach wie vor einer seriösen künstlerischen Übertragung in das Medium Film. Doch trotz all dieser Fehler war es wichtig, daß der Film gemacht wurde, und sei es auch nur, um einen Versuch zu unternehmen, die Bibel aus noch einem anderen Blickwinkel zu sehen. Wenn etwas verfilmt wird, so bedeutet das, daß Dinge, die wir bisher einfach hingenommen haben, auf einmal sichtbar gemacht und gedeutet werden müssen. Das erfordert völlig neue Methoden und führt unausweichlich zu neuen Einsichten, wie weit diese auch von dem, was wir gemeinhin unter »Bibelforschung« verstehen, entfernt sein mögen. Doch die Bibel war immer ein viel zu wichtiges Buch, um sie allein den Frommen zu überlassen.

Wie in der Kunst scheint auch in der Religion alles davon abzuhängen, ob wir bereit sind, uns auf Wagnisse einzulassen.

7

Wagnisse eingehen –
die Bibel und Kreativität

Gelegentlich spiele ich ein bißchen Mundharmonika. Wenn man erst einmal heraus hat, wann man die Zunge einsetzen und wie man die Luft ausstoßen und einziehen muß, ohne zu ersticken, ist es ein herrliches Instrument, das außerdem den Vorzug hat, daß man es immer bei sich tragen kann. Doch ich strebte nach Höherem: Ich wollte den Blues spielen. Und zwar war es mir besonders darum zu tun, jenen merkwürdig klagenden Klang zu erzeugen, der für das Comeback des Blues in den Sechzigern so charakteristisch war. Also kaufte ich mir eine »Blues«-Mundharmonika, ein Instrument, bei dem die Töne nicht einfach der Tonleiter folgen, sondern bereits in Akkorden angeordnet sind. Ich blies darauf. Der Blues-Klang wollte sich nicht einstellen. Also marschierte ich in ein Musikgeschäft in der Charing Cross Road und fragte den Mann hinter der Theke nach einem Handbuch für Anfänger, aus dem man den Blues lernen könne. Die unwiderlegbare Antwort, die ich von einem Kunden, der neben mir stand, zu hören bekam, war: »Den Blues *lernt* man nicht, Mann, den *fühlt* man!« Gebührend geknickt zog ich von dannen.

Der Mann hatte recht, und er hatte zugleich auch unrecht. Man braucht für alles erst einmal eine bestimmte Technik. (All denen, die es ausprobieren möchten, kann ich den Tip geben, daß man, um E-Dur zu spielen, eine A-Dur Mundharmonika braucht. Der Extra-Atemdruck, den man einsetzen muß, um die Noten entsprechend tief zu spielen, erzeugt dann den klagenden Ton. Jetzt muß man ihn nur noch *fühlen*.)

Man muß also die Technik beherrschen, man muß ein bißchen Talent mitbringen, und schon klappt die Sache. Der nächste Schritt ist schwieriger: Er besteht in der Übertragung dieser Fertigkeiten und Begabungen in etwas, das als »Kunst« bezeichnet werden kann. Es sind wahrscheinlich immer dieselben Faktoren, auf die es hier ankommt, ganz gleich, um welches Medium es sich handelt. Das folgende habe ich einem Radiointerview mit einem schwarzen Jazz-Musiker entnommen, der über Improvisation sprach. »Irgendwie verliere ich mich jedesmal selbst«, sagte er, »und muß dann den Weg zu mir zurück finden.« Das ist alles. Große Kunst – und vielleicht auch große Religion – erfordern nichts weiter als die Bereitschaft, Wagnisse einzugehen.

Ich staune immer wieder über den atemberaubenden Mut, den der Verfasser des Buches Jona bewies – besonders bei einem ganz bestimmten Satz. Er steht im vierten Kapitel, am Schluß der Abenteuer Jonas im Bauch des Fisches und nach seinem Erfolg bei den Leuten von Ninive – der ihm persönlich so gegen den Strich geht. Frustriert und aufgebracht steht Jona im Gebet vor Gott und läßt Dampf ab. Um die Passage voll würdigen zu können, müssen wir zunächst einige Teile daraus für sich betrachten.

Jona beginnt (Jona 4,2) mit der einleitenden Gebetsformel »Bitte, o Ewiger …«, die identisch ist mit der Formel, die die Seeleute im ersten Kapitel (V. 14) gebrauchen, als sie in Todesangst zu Gott beten. Ein guter »Formkritiker«, der sich mit den formalen Wendungen und Strukturen bestimmter rhetorischer Gattungen befaßt, würde diese Ähnlichkeit registrieren und lediglich daraus schließen, daß er es hier offensichtlich mit einer typischen Anrede Gottes zu tun hat. Bei den Seeleuten folgt im Anschluß an diese Formel die Gebetsbitte, wobei sie ein anderes Wort für »Bitte« verwenden, und ein Verb. Ähnlich ist es nachher bei Jona, allerdings mit dem Unterschied, daß wir uns bis zum Ende seiner ausgesprochen langen Rede (sie erstreckt sich immerhin über zwei Verse) gedulden müssen, bis wir die Bitte selbst zu hören bekommen: »Bitte nimm doch meine Seele von mir. Denn es ist besser, daß ich sterbe, als daß ich lebe.«

Zwischen diesen beiden Formeln jedoch bricht etwas anderes durch: die ganze Frustration und Wut, die sich in Jona angestaut hat. Während er fromm die Hände zum Gebet gefaltet oder vielleicht auch zum Himmel erhoben hat, platzt es aus ihm heraus: »War das nicht meine Rede, als ich noch zu Hause war!« Das ist der erste Schock, der alles ins Wanken bringt, was man nach der einleitenden Gebetsformel eigentlich erwartet. Doch es soll noch schlimmer kommen.

Als Mose am Berg Sinai stand und nach dem Vorfall mit dem Goldenen Kalb für das Leben seines Volkes bat, bat er Gott auch darum, ihm seine göttlichen Attribute zu offenbaren. Und Gott antwortet mit einer auffallend langen Liste dieser Eigenschaften (Ex 34,6-7):

»Der Ewige, der Ewige, Gott, liebend und barmherzig, langmütig und groß an treuer Liebe und Wahrhaftigkeit, der diese treue Liebe tausend Generationen lang bewahrt, Unrecht, Auflehnung und Versagen vergibt, den Schuldigen aber nicht für unschuldig erklärt, sondern die Sünden der Väter an all den zugleich Lebenden, den Söhnen, den Söhnen der Söhne, bis in die dritte und vierte Generation, heimsucht.«

Ich folge in meiner Übersetzung Martin Bubers Auffassung, daß die Wendung »dritte und vierte Generation« nicht bedeutet, daß die Sünden der Väter auch an jetzt noch ungeborenen Generationen heimgesucht werden sollen – etwas, was der Sicht von der göttlichen Gerechtigkeit, wie sie in der hebräischen Bibel entworfen wird, ganz entschieden zuwiderliefe. Sie beinhaltet vielmehr die Warnung, daß alle Generationen, die zugleich mit dem Sünder am Leben sind (Urgroßvater, Großvater, Vater und Sohn), an den Fehlern, die das Familienoberhaupt begeht, mitschuldig und deshalb auch mit für sie verantwortlich sind. Damit wird also ganz deutlich der Gegensatz zwischen den »tausend Generationen« auf der einen und der »einen Generation« auf der anderen Seite herausgearbeitet.

Im Blick auf Jona ist vor allem wichtig, daß diese Passage den Verfassern und Redaktoren der hebräischen Bibel offenbar allezeit so klar vor Augen stand, daß sie – mit leichten Abweichungen – mehrfach auftaucht, wenn auch jedesmal mit einer etwas anderen Akzentuierung. So hält Mose Gott, nachdem dieser ihm sein Wesen offenbart hat, ebendiese Attribute bei einer anderen Gelegenheit vor, als wollte er sagen: Du hast mir von deiner Vergebungsbereitschaft erzählt, jetzt hast du eine gute Gelegenheit, sie zu beweisen (Num 14,18). In Psalm 103 (V. 8-10) taucht die Passage noch einmal auf. Hier tritt der drohende Schlußakkord völlig zurück, so daß die Vergebungsbereitschaft um so stärker hervorleuchtet:

»Liebend und barmherzig ist der Ewige,
langmütig und voll treuer Liebe.
Nicht für alle Zeit klagt er an,
nicht für immer nährt er seinen Zorn,
nicht nach unseren Vergehen hat er mit uns gerechtet,
nicht entsprechend unserem Betrug ist er mit uns verfahren.«

Die etwas befremdliche Wortstellung soll deutlich machen, daß im Hebräischen jeder der vier verneinten Sätze mit einer *betonten* Verneinung beginnt, als ob auch noch der allerletzte Anklang einer drohenden Strafe, wie er in der ursprünglichen Passage mitschwingt, getilgt werden sollte. Ja, das Bestreben, diesen Text immer wieder zu verändern, um ihn noch barmherziger klingen zu lassen, veranlaßte die Schöpfer der jüdischen Festliturgie, bei der Liturgie des Versöhnungsfestes schließlich auch noch die Wendung »der den Schuldigen nicht für unschuldig erklärt« abzuwandeln, so daß es nun einfach heißt, »der für unschuldig erklärt« oder »der alle wieder vollkommen unschuldig macht«. In jedem Fall enthielt die Passage eine eindrucksvolle Aussage über die grenzenlose und leidenschaftliche Liebe Gottes – eine Liebe, die letztlich das Überleben Israels garantierte. Was passiert nun aber mit dieser Aussage im Buch Jona?

Exakt an der Stelle, an der es um Jonas Ärger über die Rettung Ninives geht, schleudert der Prophet Gott seine liebenden Eigenschaften gleichsam ins Gesicht, als seien sie eine Art Fluch:

»War das nicht meine Rede, als ich noch zu Hause war? Deshalb floh ich schnell nach Tarsis, denn ich wußte, daß du ein Gott bist, barmherzig und liebend, langmütig und voll treuer Liebe, der das Böse vergibt!«

Nun ist zwar Jona zweifellos ein quengeliger, kleinkarierter Charakter, doch welch ungeheurer Mut gehört für den Verfasser des Buches Jona dazu, einem Geschöpf Gottes einen derartig blasphemischen Affront gegen Gottes Eigenschaften in den Mund zu legen – und welchen Mut bewiesen die Redaktoren, die diese Stelle unverändert in den Kanon aufnahmen. Wagnis ist alles, wenn es um Glaubensdinge geht.

All das war jedoch nur ein Vorspiel zu einem Wagnis noch ganz anderer Art. Es ist eine Sache, Anregungen für ein kreativeres Bibelstudium zu geben und dabei auch dafür zu plädieren, den Text in anderen künstlerischen Dimensionen zu interpretieren. Eine andere Sache aber ist es, das dann auch wirklich zu tun. Doch wenn ich selbst nicht zu dem Wagnis bereit wäre, ein bißchen kreativer mit der Bibel umzugehen, dann liefe dieses Buch auf leeres Geschwätz hinaus.

Die folgenden Passagen sind das unmittelbare Ergebnis der Bendorfer Jüdisch-Christlichen Bibelwochen. Eines der wenigen Privilegien, die ich mir dort vorbehalten habe, ist die Predigt am Sabbatmorgen. Es ist zwar meist recht schwer, inmitten der vielen anderen Aktivitäten noch Zeit zur Predigtvorbereitung zu finden, doch diese Predigten sind für mich im Laufe der Jahre zu einer Art Prüfstein geworden. Habe ich noch ein Gefühl für das, was während der Woche abläuft, so daß ich in der Predigt wirklich auf die Erfahrungen und Bedürfnisse der Teilnehmer eingehen kann? Ist das Ganze überhaupt noch etwas Lebendiges für mich? Die meisten dieser Predigten bewegen sich zwar im konventionellen Rahmen, doch manchmal habe ich sie auch als Plattform genutzt, die Texte, die wir im Laufe der Woche studierten, mit etwas phantasievolleren oder dramatischeren Mitteln zum Sprechen zu bringen. Zwei Beispiele dafür habe ich im folgenden zusammengetragen.

Als wir uns mit dem Leben Salomos beschäftigten, hatte ich allmählich immer stärker das Gefühl, daß es fast unmöglich sei, hinter den zahllosen »Monumenten«, von denen er im Leben wie im Text umgeben ist, überhaupt noch den Menschen zu entdecken. Wir werden geradezu überschüttet mit einer verwirrenden Mischung von Widersprüchen – angeblich mit außergewöhnlicher Weisheit begnadet, schafft es Salomo dennoch, sich in den Ruf eines beispiellosen Verschwenders und Götzendieners zu bringen, was, nebenbei bemerkt, die Rabbinen dermaßen aus dem Konzept brachte, daß er im Midrasch auf dem Thron zeitweise von einem Dämon vertreten wird (der für all seine Untaten verantwortlich ist), während er selbst vorübergehend dazu verurteilt ist, rastlos durch die Welt zu wandern. Aus dieser meiner Frustration heraus entstand die folgende »autobiographische« Ansprache:

Ich, Salomo

Ich, Salomo, von Gottes Gnaden König von Israel, führe hiermit zu meiner Verteidigung an …. Aber vielleicht hat es ja gar keinen Zweck mehr. Vielleicht ist ja zu spät, sich über all das graue Haare wachsen zu lassen, was der alte Gesetzgeber einst über die Könige gesagt hat. Was geschehen ist, ist geschehen. Ich stehe hier als Verurteilter, wenn ihr so wollt. Denn heißt es nicht im fünften Buch Mose, wo der Gesetzgeber anhebt, »dies sind die Worte«, daß die Könige sich nur mit größter Vorsicht auf diesem wackligen Thron von Israel niederlassen sollen? »Daß er sich bloß nicht zuviele Pferde zulegt... daß er sich bloß nicht zuviele Frauen zulegt... und was das Gold und Silber betrifft, daß er sich auch davon bloß nicht zuviel zulegt.« Doch für uns Könige sind gerade das nur allzu vertraute Gefährten: Macht, Sex und Geld, unsere ständigen Begleiter im Leben.

Wer niemals Macht ausgeübt hat, sollte sich hüten, große Reden darüber zu schwingen. Ich kenne sie gut, die Macht, die alte Verführerin. Ich habe sie geschmeckt, ich habe um sie gekämpft und sie behauptet – und ich habe sie aufgegeben und losgelassen, als der rechte Zeitpunkt gekommen war. Ich kenne ihre lockenden Verheißungen und ihre nüchterne Realität. Ohne sie wären wir doch nichts. Weniger als nichts. David hinterließ eine halbfertige Welt, die kurz davor stand, wieder in das alte Chaos zurückzufallen. Aufstände unserer sogenannten Verbündeten, Intrigen im Innern – wenn der Alte es noch ein Jahr gemacht hätte, hätte er miterleben müssen, wie alles, was er geschaffen hatte, den Bach hinuntergeht. Sie haben nichts verstanden. Der Dienst an der Macht ist der höchste Priesterdienst, der Inbegriff des Priesterdienstes. Jeden privaten Wunsch zu unterdrücken, alles Begehren dem einen, großen, nie erlöschenden Verlangen unterzuordnen. Wann es Zeit ist zu handeln, und wann zu warten. Wie man Fehler erkennt und zugibt. Wie man etwas durchsetzt, wenn man weiß, daß man recht hat. Wann man rücksichtslos sein und wann man anderen Spielraum lassen muß. Und wem soll man vertrauen? Auf wen sich verlassen? Wie soll man sich schlafen legen und doch ständig auch noch die leiseste Veränderung, jedes kleinste Anzeichen möglicherweise sich anbahnenden Unheils registrieren? Paranoid? Natürlich war ich paranoid – aber ich wußte es wenigstens, und ich hatte gelernt, der Realität ins Gesicht zu sehen. Das Gleichgewicht zu bewahren. Die Staatsmaschinerie vierzig Jahre lang in Gang zu halten. Und erst der Friede! O welch abgenutztes Wort! Sicher herrschte eine Art Friede – und sie gewöhnten sich so sehr daran, daß sie gar nicht mehr merkten, wie nahe wir in jedem einzelnen Augenblick der Vernichtung waren. Statt dessen beschwerten sie sich! Die Steuern sind zu hoch – zu viele Wehrpflichtige – ich ruiniere den Arbeitsmarkt! Was haben sie sich eigentlich dabei gedacht? Daß das Ganze umsonst zu haben sei? O ja, Bündnisse mit Ägypten, Bündnisse mit Tyrus, von politischen Rücksichten diktierte Eheschließungen. Wozu brauchen wir eine Armee, wozu mehr Streitwagen, mehr Festungen? Merkten sie denn nicht, daß alles am seidenen Faden hing? Ein neuer Pharao; irgendein obskurer barbarischer Stamm aus dem Norden; sogar unsere elenden »Verbündeten« konnten sich jederzeit gegen uns verschwören – und dann gute Nacht, Salomo und Jerusalem und Tempel! Die Kreaturen, die ich mir ins Bett holte! Dabei geschah es zum Besten ebender Priester, die sich dann wegen ein paar lächerlicher Steinbilder aufregten. Gott bewahre mich vor meinem Klerus.

Habe ich meine Macht mißbraucht? Ist jetzt der Augenblick der Wahrheit gekommen? Auch wenn das nicht der Fall wäre, ich müßte »ja« sagen. O ja, manchmal wußte ich es nur allzu gut und ging bewußt ein kalkuliertes Risiko ein. Nicht, daß ich Joab und Adonija dazu rechne, oder diesen kriecherischen Wurm Schimi. Überleben ist alles. Aber diese Arbeiter damals gegen den Willen Hirams nach Tyrus zu schicken – das war ein echtes Wagnis. Ich wette, das hat ihm ein paar äußerst unbehagliche Momente beschert. War David zurückgekehrt, Königreiche verschlingend wie eine Heuschrecke? Nein, das gehörte einfach zum Spiel. Die wirklichen Übergriffe dagegen, die, von denen *ich* weiß, habe ich gar nicht erst aufzeichnen lassen. Lieber Himmel, ich mußte mir ganz einfach ab und zu etwas gönnen. Zugegeben, das barg seine Gefahren. Ein kleiner Mann kann kleine Sünden begehen – aber ein König ... Welten können einstürzen und Königreiche auseinanderbrechen.

Sie wollten einen König, und ich gab ihnen einen König. Macht, Herrlichkeit, Stolz. Ich hatte eine Bauernrepublik geerbt – ohne Vertrauen, ohne Loyalität, ohne Einheit. Und ich habe ihnen einen Staat hinterlassen, eine Weltmacht. Ich brachte ihnen Kultur aus Ägypten, Technologie von den Philistern, Kommerz aus Tyrus, Religion von ... na ja, sagen wir einfach »Gott« und gehen lieber nicht allzusehr ins Detail. Doch es war mehr als das, sehr viel mehr! Macht, Sex und Geld. Aber ich habe ihnen auch die Gegengifte gegeben, die Geheimnisse eines halbwegs zivilisierten Lebens. Ich gab ihnen Weisheit – praktische und theoretische Epigramme, für den öffentlichen und privaten Gebrauch. Und dann habe ich sie gelehrt, die Weisheit unter das Banner ihres Gottes zu stellen: »Sie ist ein Baum des Lebens für jene, die sie begreifen.« So wurde die Weisheit zur Tora – und es gibt keine Frage mehr, die nicht gestellt, keine Wahrheit, die nicht akzeptiert werden, kein Risiko, das der Geist nicht eingehen darf. Das habe ich ihnen im Gegenzug für die »Macht« gegeben.

Und schließlich habe ich ihnen ein Buch mit Liebesliedern geschenkt – das einzige Mal, das ich den Alten wirklich in seinem eigenen Spiel geschlagen habe. Es wird seine Wirkung nicht verfehlen. Sie werden ihre Tabus und ihre Ängste und ihren Aberglauben überwinden müssen. Ich habe das Herz – ganz zu schweigen von den Lenden – für Gott gerettet; er sei gepriesen.

Und dann der alte Zeremonienmeister. »Alles ist eitel.« Das haben sie nie verstanden. Ich gab ihnen die Segnung des Skeptizismus. Zumindest habe ich ihn religiös respektabel gemacht. Skepsis gegen alles und jedes – unsere großen und kleinen Wahrheiten, unsere Werte, die »gesicherten Ergebnisse der Wissenschaft«, unsere Wirtschaftssysteme. Natürlich tut das weh – aber ich habe diese eingefahrenen Idealisten davor bewahrt, zu Fanatikern zu werden, und dafür sollten sie täglich mein Grab segnen.

Eine wirkliche Sünde habe ich begangen. Das gebe ich offen zu. Und das ist auch der andere Grund dafür, daß ich keine persönlichen Aufzeichnungen für die Nachwelt hinterlassen habe. Ich habe mich statt dessen hinter meinen Bauwerken, meinem Reichtum, meiner Armee, meinen Reden und meinem Tempel verschanzt, weil ich mein wirkliches Gesicht nicht zeigen konnte. Die Sünde? Ihr werdet enttäuscht sein, versichere ich euch. Denn seht: Ich hatte keinen Humor. O, ich hatte ein Gespür für Ironie – mehr als genug für die ganze Dynastie. Aber meinen Sinn für Humor hat David mir ausgetrieben. Die Beschimpfungen des Alten zu überleben, seine Verrücktheiten, seine Favoritinnen, seine Versprechungen. Darüber habe ich die Fähigkeit zu lachen verlernt. Vor allem aber – *er* war der Dichter, und darum beneide ich ihn. Ich schrieb Prosa, breit angelegte, monumentale Prosa. Tempel, Festungen, Paläste, Stallungen. Ich lehrte sie Stolz, ich gab ihnen Sicherheit, ich schrieb ihre Geschichte. Ich schuf ihre Kultur. Ich schrieb in steinernen Lettern auf das Gesicht des Landes und trug ihre Geschichte bis an die Enden der Erde – aber in Prosa, immer in Prosa. O David, David, verhaßter Vater! Warum bist du so früh gestorben und hast es nie gesehen? Ich habe es für dich gebaut, alles für dich. Deinen Tempel für deinen Gott. Ich, der Jüngste, der letzte, das Kind der Sünde. Das so viel beweisen mußte – verdammt nochmal, ich habe es getan. Ich nahm diesen Haufen von Hirten und Bauern und Händlern und beförderte ihn ans Licht einer neuen Welt. Ich gab ihnen eine Kultur, eine Gesellschaft, eine Geschichte. Ich gab ihnen Geist und Farbe und eine ungebremste Neugier. Ich gab ihnen Entscheidungsfreiheit – und das war der einzige, zugleich aber auch der größte Fehler, den ich beging. Sie lernten zu denken – und das genügte, alles wieder zunichte zu machen. »Es war eine kleine Stadt mit wenigen Einwohnern, und ein großer König kam und umzingelte sie und baute große Belagerungswerke gegen sie. Aber es fand sich darin ein Mann, arm aber weise, der die Stadt durch seine Weisheit rettete. Aber kein Mensch erinnerte sich an diesen armen, unglücklichen Mann. . . . Weisheit ist besser als Kriegsgerät – aber ein Narr kann viel Gutes verderben.« (Pred 9,14ff.18)

Ein Narr kann eine Menge Schaden anrichten. Vielleicht wollt ihr diese meine Worte nicht akzeptieren – aber sie sind schlicht und einfach wahr. Nur die drei alten Gefährten stehen im Weg: Macht, Sex und Geld. Der alte Gesetzgeber wußte sehr wohl, weshalb er sie transzendierte: »Du sollst den Ewigen, deinen Gott, mit deinem ganzen Herzen und mit deiner ganzen Seele und mit deiner ganzen Kraft lieben.« Am Ende ist das nicht einmal Frömmigkeit – sondern ganz einfach gesunder Menschenverstand und Überlebenswille.

Aber sprecht nicht zu oft von dieser Liebe und behauptet nicht, sie zu verstehen. Denn ihr könntet euch zu sehr auf euch selbst verlassen, und euer »Herz«, eure »Seele« und eure »Kraft« könnten sich in ihr anderes Selbst zurückverwandeln, in Macht, Sex und Geld, und euch vernichten.

Ich habe keine Pferde hinterlassen, keine Frauen, kein Gold und kein Silber. Aber die Erinnerung an sie wird ewig leben – um euch zu quälen, o, wie sie euch quälen wird!

Hier endet das Testament Salomos, König von Jerusalem.

Zwei Jahre setzten wir uns in Bendorf mit den ersten zwölf Kapiteln Jesaja auseinander. Diese Arbeit regte mich zu dem folgenden, etwas aus dem Rahmen fallenden Stück an, das ein bißchen in der

Manier eines Nachrufs in der *Times* gehalten ist. Um das Ganze im richtigen Zusammenhang zu sehen, sollte man zuvor die betreffenden Jesaja-Kapitel gelesen haben. Denn wenn ich auch zu scheinbar recht merkwürdigen Schlußfolgerungen gekommen bin, so lassen sie sich doch alle mehr oder weniger vom Text selbst her rechtfertigen.

Jesaja Ben Amoz

Ich kann mir vorstellen, daß etwas ganz anderes aus Jesaja geworden wäre. Als Kind einer Priesterfamilie wurde Jesaja Ben Amoz in die jüdische Oberschicht hineingeboren. Die Intelligenz des Knaben berechtigte zu den schönsten Hoffnungen, und man rechnete allgemein damit, daß er einmal eine führende Stellung in der Gesellschaft einnehmen werde. Neben der regulären Ausbildung, die der Priesterschicht vorbehalten war – und zu der Lesen und Schreiben mit allen damit verbundenen Künsten und Fertigkeiten sowie die Grundlagen der Biologie und Medizin gehörten –, besuchte er die für künftige Verwaltungsanwärter bestimmten Schulen, hatte somit also auch die Möglichkeit, eines Tages in den diplomatischen Dienst zu treten. Doch schon zu einem relativ frühen Zeitpunkt fiel einem einfühlsamen Lehrer bei dem jungen Mann eine große schriftstellerische Begabung, gepaart mit der Neigung zu außersinnlichen Wahrnehmungen und tranceähnlichen Zuständen, auf. Das hatte eine radikale Neuorientierung in Jesajas Leben zur Folge und führte ihn in eine der Prophetenschulen in Jerusalem. Nach dem Erwerb von Grundkenntnissen in der Bundestradition und in Fragen des Gesetzes und Kultes beschäftigte er sich hier mit den Weisheitslehren und den Geheimnissen der prophetischen Mysterien, einschließlich bestimmter Meditationstechniken, besonderer Riten und Gebetsformen, des Fastens sowie selbstinduzierter ekstatischer oder außerkörperlicher Zustände.

Trotz seiner großen Begabung und der vielversprechenden Anfänge verflüchtigten sich im Laufe der Jahre die auffallenden psychischen Fähigkeiten, die er als Kind gehabt hatte – möglicherweise infolge seiner außergewöhnlichen intellektuellen Weiterentwicklung und seines wachsendes Interesses an Literatur und Dichtung. Schon in jungen Jahren hatte er Texte für den Tempel verfaßt, in denen er das Wesen Gottes mit einer Ausdrucksfähigkeit und Einsicht beschrieb, die bei den Levitischen Schulen und, was noch wichtiger war, in den oberen Rängen der Priesterschaft Bestürzung und Bewunderung zugleich auslösten. Diese Tatsache und die Beziehungen, die seine Familie im Hintergrund spielen ließ (was er allerdings erst einige Jahre später erfuhr), führten schließlich dazu, daß sein berühmtes *Kadosch Kadosch Kadosch* (Heilig, Heilig, Heilig) in die Festliturgie aufgenommen wurde. Die dreimalige Wiederholung des »Heilig« galt als eine bemerkenswert kühne Neuerung, und es ging damals unter den Leviten der Spruch, daß, hätten sie sich erst einmal von ihrem Schock erholt, die Engel selbst diesen Text in den himmlischen Vorhöfen singen würden. An dieser Stelle ist anzumerken, daß Jesaja, als ihm der Scherz zu Ohren kam, ein freudiges Erröten kaum zu unterdrücken vermochte. Die Komposition war ihm wie eine göttliche Offenbarung in den Schoß gefallen, so daß es ihm keineswegs abwegig schien, die Möglichkeit eines solchen himmlischen Beistands in Betracht zu ziehen. In späteren Jahren sollte er diesen Hochmut bedauern.

In seinen späten Zwanzigern fand sich Jesaja stärker in die Hofpolitik verwickelt und entfernte sich dadurch immer weiter vom Vorlesungssaal der prophetischen Schulen, in dem er schon einige Lehrerfahrungen in Homiletik, Kommunikationstraining und Grundlagen der Rhetorik gesammelt hatte. Er empfand die Atmosphäre am Hof, im Kreise der Politiker, als geistig belebendes Element. Mit Begeisterung diskutierte er militärische Strategien mit dem Generalstab. (Allerdings galt sein Interesse dabei weniger den eigentlichen Aufgaben der Offiziere als vielmehr ihren Geschichten über die eigenen Heldentaten, die seine geheime Bewunderung erregten.) Er genoß den diplomatischen Schlagabtausch bei den laufenden Verhandlungen mit dem Nordreich, während er zugleich ein Auge auf das sich neu am politischen Horizont formierende assyrische Reich hatte. Der junge Mann stellte fest, daß der Respekt, der seinen Ansichten in diesen Kreisen gezollt wurde, und die Bewunderung, die man den Gedichten und gelegentlichen Lesungen, die er hielt, entgegenbrachte, ihm eine enorme Befriedigung verschafften und sein Selbstbewußtsein nicht wenig stärkten.

Und obwohl er es sich nur ungern eingestand, so schmeichelte ihm doch auch die Gunst der jungen Damen des Hofes, die so weit von den asketischen Elementen seines früheren prophetischen Bildungsganges und der Selbstdisziplin, die im allgemeinen von den jüngeren Gliedern priesterlicher Familien gefordert wurde, entfernt war. Auf jeden Fall schien ihm eine Karriere in den oberen Rängen des diplomatischen Korps, im Staatsdienst oder am Hof sicher.

Doch dann widerfuhr ihm jenes schicksalhafte Erlebnis, das im wahrsten Sinne des Wortes sein ganzes Leben über Nacht veränderte. Der Tod König Usijas kam nach seiner langen Krankheit nicht unerwartet. Jesaja trauerte zwar und empfand, wie viele seiner Zeitgenossen, ein gewisses Unbehagen, wenn er an die politische Zukunft unter dem neuen Regime dachte, doch er erkannte auch die Aufstiegsmöglichkeiten, die ihm die neue Situation bot. So war er besonders angetan, als er erfuhr, daß das *Kadosch* im Rahmen einer neuen Form der Inthronisationszeremonie gesungen werden sollte. Wenn etwas den jungen religiösen Dichter und Höfling bekanntmachen konnte, so war es diese Aufführung an so prominentem Ort.

Der Anfang des Rituals lief nach Plan ab, so daß ihn das Kommende völlig unerwartet traf. Als der Rauch des Räucherwerks im inneren Raum des Heiligtums aufstieg, überkam ihn plötzlich ein Schwindel und ein Zittern, wie er es seit seiner frühen Kindheit nicht mehr erlebt hatte. Keine der Techniken seiner verschiedenen prophetischen und priesterlichen Ausbildungsdisziplinen hatte ihn auf diese überwältigende Empfindung vorbereitet. Es war, als ob die Mauern des Tempels wankten und sich um ihn herum auflösten. Der Rauch des Brandopfers wurde dichter, fast greifbar, erfüllte den Raum oder vielmehr die Luft um ihn und erstickte ihn fast. Der provisorische Thron, der für solche Staatsaffären hereingebracht wurde, schien vor seinen Augen nach oben zu schweben und in einer Myriade funkelnder Lichter zu zersplittern. (Später haßte er es, allzusehr ins Detail zu gehen, wenn er schildern sollte, was er gesehen hatte, weil es ihm peinlich war, wie gewöhnlich seine Vision im Grunde gewesen war.) Was seine Aufmerksamkeit aber vor allem auf sich zog und mit unwiderstehlicher Gewalt festhielt, waren die sich bewegenden feurigen Gestalten, die auf einmal um den himmlischen Thron fluteten, neben dem eben noch seine Priesterkollegen gestanden hatten. Und auf dem Thron, sichtbar und unsichtbar zugleich, seine Augen auf sich ziehend und ihn zugleich blendend, manifestierte sich die Gegenwart des ewigen Gottes der Heerscharen, des Heiligen Israels, des Mächtigen Jakobs.

In diesem Augenblick fiel alle Sicherheit, Blasiertheit und naiv-selbstsichere Weisheit von ihm ab, und er fühlte sich splitternackt und zutiefst erbärmlich, ja schlimmer noch, abstoßend, grotesk und absurd vor dieser Gegenwart. Seine Schlagfertigkeit, seine rhetorische und gesellschaftliche Gewandtheit wurden aus ihm herausgebrannt, und ihn erfüllte ein überwältigendes Gefühl der Scham. Er schämte sich all der vergeudeten Jahre und Talente, und die ganze Torheit und Vergeblichkeit dessen, was er erreicht hatte, stieg vor ihm auf. Und in einem Augenblick erschreckender Klarheit erkannte er wie nie zuvor – wobei ihm sein angeborener Sinn für Ironie zu Hilfe kam – die Wahrheit des großen *Kadosch*, das er so leichtfertig als »sein« Werk bezeichnet hatte. Denn Gott war in der Tat vollkommen jenseits all dessen, was er auch nur andeutungsweise begreifen konnte, und selbst das prunkvolle Tempelritual und die Jahrhunderte der Tradition, die hinter ihm standen, schrumpften vor dem Einen zu absurden Gesten der Frömmigkeit. Und doch wußte er zugleich mit unumstößlicher Gewißheit, daß es keinen Bereich des Lebens in dieser Welt, sein Volk oder seine eigene unbedeutende Person betreffend, gab, der nicht von der Gegenwart Gottes erfüllt war und durch sie Wert und Sinn empfing.

Der Bericht, den Jesaja über diese Ereignisse hinterließ (Jes 6), ist wohlbekannt und braucht hier nicht eigens wiederholt zu werden. Der Verfasser sollte später für die Behauptung kritisiert werden, daß sein Volk unreine Lippen habe. Dabei hatte er das als Entschuldigung vorgebracht – wie konnte er besser sein als das Volk, aus dem er hervorgegangen war? Seine Zeitgenossen jedoch, vor allem seine Priesterkollegen, waren viel zu sehr darauf bedacht, die Menschen dazu anzuhalten, sich für die rituellen Prozeduren zu reinigen, als daß sie eine solche Aussage mit großer Begeisterung hätten aufnehmen können. Ja, vielleicht kostete ihn dieser Mißgriff sogar die Zustimmung derer, die für einige seiner legitimen Kritikpunkte am Tempelkult durchaus offen gewesen wären, insbesondere wo er die übertriebene Aufmerksamkeit anprangerte, die man Personen mit Geld und Macht schenkte, gleichgültig wie zweifelhaft der Ursprung dieser Macht war.

Nichts ist irritierender für die Autorität als Kritik aus den eigenen Reihen. Dieser vielversprechende junge Mann, der dafür erzogen schien, eine wichtige Rolle im Establishment zu spielen, wurde im Gefolge seiner mysteriösen Erfahrung völlig untragbar. Was als ein ganz nettes gesellschaftliches Talent durchaus Beifall gefunden hatte, wurde inakzeptabel, als Jesaja nun alle Aspekte der Hierarchie satirisch unter die Lupe nahm: das Priestertum, die Gesetzgebung, das Militär, die Politik, die Prophetie, das Königtum. Sein eigensinniges Beharren darauf, die Bundesverheißungen und damit auch die mit ihnen verknüpften Sanktionen wörtlich zu nehmen, sowie seine neuentdeckten isolationistischen politischen Überzeugungen wurden zunächst mit Irritation und schließlich mit offener Ablehnung aufgenommen.

Was seine Gegner nicht sehen konnten, war, daß Jesaja selbst nicht weniger entsetzt war über seine neu gefundene Stimme. Das letzte, was er wollte, war, feststellen zu müssen, daß er sich plötzlich auf Kriegsfuß mit sämtlichen Institutionen und Werten befand, zu deren Aufrechterhaltung er sein Leben lang beigetragen hatte. Andererseits hatte ihn gerade seine Ausbildung mit genau den Fähigkeiten und dem Wissen ausgestattet, das erforderlich war, die Gesellschaft, der er entstammte, im Innersten in Frage zu stellen und zu kritisieren. Sein Urteil über die weitverbreitete Korruption basierte denn auch auf gründlichen Erfahrungen mit jeder einzelnen der Gruppen, die er angriff. Was er bisher mit einem ironischen Augenzwinkern vermerkt hatte, ließ nun ein wahres Feuerwerk von Zorn aus ihm herausbrechen, das ihn selbst ebensosehr erschreckte wie entzückte. In der ersten Phase seines neugefundenen Weltverständnisses war er extrem einseitig, geradezu zerstörerisch in seinen wütenden Attacken gegen alles, was er so lange Zeit geliebt, unterstützt und befürwortet hatte. Wahrscheinlich rettete ihn letztlich nur sein ausgeprägtes Gefühl für Ästhetik, das ihn davon abhielt, zweitklassige Polemik zu produzieren, wo erstklassige literarische Publikumsbeschimpfung am Platze war. Dem Schöpfer des *Kadosch* war es natürlich ein Leichtes, einen dramatischen Chor ertönen zu lassen, voll dumpfer Warnungen, daß der Stolz der Menschen zuschanden und Gottes Macht sich durchsetzen werde (Jes 2,5-22); ein geistvolles Poem zu ersinnen, das ironisch die sinnlose Putzsucht der Damen am Hofe auf die Schippe nahm (3,18-23); ein lautmalerisches Abbild der betrunken grölenden Priester und Propheten zu zeichnen (28,7-8); und einen populären Song über die Liebe Gottes zu seinem Weinberg zu dichten (5,1-7), der ihm einen Platz im Herzen des Volkes sicherte. Seine poetische Begabung – oder wohl eher Berufung – war es denn wohl auch, die ihn vor einer weit drastischeren Behandlung bewahrte. Trotz seiner scharfen Kritik wurde er immer noch gelegentlich geschätzt als jemand, an den man sich wandte, um das göttliche Wort zu hören, auch wenn es selten mit den politischen Entscheidungen der herrschenden Elite übereinstimmte.

In all den Jahren seines zweiten Lebens als Sandkorn im politischen Getriebe und öffentliches Gewissen lebte Jesaja unter einer zweifachen Herausforderung. Ein Teil von ihm sah die unaufhaltsam näherrückende Vernichtung der gesamten Gesellschaft, in der er lebte. Die im Nordreich schon deutlich sichtbaren Symptome, die noch zu seinen Lebzeiten dessen Vernichtung zur Folge haben sollten, begannen sich vor seinen Augen auch im Süden abzuzeichnen, wenngleich es ihm erspart blieb, den eigentlichen Zusammenbruch noch mitzuerleben. Zugleich gewahrte ein anderer Teil von ihm mit derselben Klarheit eine andere Möglichkeit für die Zukunft. Es blieb die Hoffnung auf einen geläuterten Rest, der überleben und Gottes Willen in einer neuen und erneuerten israelitischen Gesellschaft erfüllen würde. Doch bis zu seinem Tod sollte ihn die Angst verfolgen, daß seine Stimme die letzte war, die die Hoffnungen und Warnungen weitertrug, die vielleicht das Schicksal seines Volkes wenden konnten. Er verschloß diese innersten Ängste gewöhnlich tief in sich, doch eine Ahnung davon wird in seinem Bericht von der bewußten Offenbarung spürbar, in der er Gott verzweifelt fragt: »Wie lange noch?«

So blieb Jesaja Ben Amoz bis zu seinem Ende ein Getriebener, gezwungen, sich wider sein besseres Wissen, sein Temperament und seine Ausbildung außerhalb des Establishments zu stellen, in dem eine Führungsposition einzunehmen er geboren und erzogen war. Er hätte wahrscheinlich Karriere in Regierungskreisen gemacht oder sein Leben als bekannter Dichter und Dramatiker beschlossen, auf dessen Konto einige bedeutende liturgische Kompositionen gingen. Ob sein Werk überlebt hätte, läßt sich schwer sagen. Merkwürdigerweise sind seine prophetischen Schriften um so wirkungsvoller, je weniger es ihm um ihren ästhetischen Wert ging, ja vielleicht haben sie von dieser Nachlässigkeit sogar profitiert.

Als Jesaja den ersten Teil seiner gesammelten Schriften herausgab, überlegte er lange, wie er sie betiteln sollte. Von seiner Ausbildung her hätte sich der übliche Begriff *Diwrej* mit seiner Doppelbedeutung »Worte« und »Ereignisse« angeboten. Doch vielleicht steckte immer noch ein Restchen dichterischen Hochmuts in ihm, vielleicht empfand er aber auch nur, daß das Erlebnis im Tempel sein Talent aus der Seichtheit bloßer Trivialpoesie herausgehoben und in den Dienst einer Art universaler Wahrheit gestellt hatte. Am Ende entschied er sich für *Chason*, »Vision«, denn er sah in der Tat, was andere nicht sehen konnten oder wollten. Der Begriff scheint angemessen für einen Dichter, der gegen seinen Willen zum Propheten wurde.

Bei einer anderen Gelegenheit habe ich versucht, »in die Haut« der Bibel selbst hineinzuschlüpfen und etwas über die Macht auszusagen, die sie über mich hat. Das war denn auch der konkrete Auslöser für dieses Buch. Deshalb im nächsten Kapitel noch einiges zum Begriff »Offenbarung« und zu einem Wagnis anderer Art.

8

Offenbarung in der hebräischen Bibel

Bis jetzt habe ich mich nur mit einer gewissen Zurückhaltung über das Wesen der Bibel geäußert. Ich bin in diesem Punkt gleichermaßen progressiv wie konservativ – meine »weltliche« Seite läßt mir die Freiheit, die Bibel wie jedes andere Dokument zu behandeln, das heißt, sie mit allen Methoden auseinanderzunehmen, die relevant erscheinen, ohne dabei meinem Forscherdrang irgendwelche Beschränkungen aufzuerlegen. Meine »religiöse« Seite dagegen – und ich gebe bereitwillig zu, daß diese Haltung etwas Schizophrenes hat – reagiert auf die Bibel unweigerlich mit einem Gefühl der Ehrfurcht und der Verpflichtung, das mir auferlegt, sie zutiefst ernst zu nehmen, wenngleich ich sie nicht unbedingt im Sinne der klassischen jüdischen Tradition verstehen muß.

Diese Ambivalenz ist in unserem »säkularen« Zeitalter vielleicht unvermeidlich. Ich erinnere mich noch daran, wie mir Lionel Blue von drei Professoren erzählte, die er am University College in London kennengelernt hatte. Alle drei verstanden sich bis zu einem bestimmten Grad als traditionelle Juden, verfochten aber dennoch einen wissenschaftlichen Zugang zu den heiligen Texten der Bibel. Wie kamen sie damit zurecht? Lionel stellte es sich folgendermaßen vor: Jeder von ihnen besaß zwei Taschen. In der einen hatte er seine wissenschaftliche Arbeit, in der anderen die Tradition. Der eine nahm seine Tradition und seine Wissenschaft heraus, legte sie nebeneinander, sah sie an – und weinte. Der zweite tat das gleiche, sah sie an – und lachte. Was der dritte tat, verriet mir Lionel nicht. Ich habe ihn jedoch im Verdacht, daß er derjenige mit dem umfassendsten Ansatz war und ähnlich wie Raw Sperber die geistige Auseinandersetzung genoß oder an ihr litt, ohne sich dabei in seiner Religiosität bedroht zu fühlen. Derjenige von den beiden anderen, der lachte, nahm sich übrigens später das Leben.

Vielleicht stehen wir modernen religiösen Menschen heute alle irgendwo zwischen diesen beiden Polen und müssen unseren eigenen Weg finden, damit umzugehen. Mir persönlich verursachen diejenigen am meisten Unbehagen, die das Religiöse ganz neu für sich entdeckt haben und nun meinen, sie müßten schon das bloße Vorhandensein, erst recht aber die Legitimität aller weltlichen Werte, die ihr Leben bis dahin bestimmt haben, leugnen. Ein ähnliches Unbehagen empfinde ich auch bei »wiedergeborenen« Atheisten. Wer die Realität der Dinge, deren Produkt er doch letztlich ist, leugnet, bleibt ihr Sklave.

Zu den Bendorfer Aktivitäten gehört unter anderem auch die Pflege des Dialogs zwischen Judentum, Christentum und Islam. Anläßlich einer solchen Tagung für Juden, Christen und Muslime brachte ein junger Moslem mit streng orthodoxem Hintergrund bei der Abschlußveranstaltung seine Verwunderung über die Tagungsgespräche zum Ausdruck. »Ich bin in der Erwartung hergekommen«, sagte er, »religiöse Menschen zu treffen, doch statt dessen begegnete ich weltlichen Menschen, die auf der Suche nach Religion sind.« Vielleicht sah er darin ein bedauerliches Versagen unsererseits, ich hingegen fand seine Äußerung gleichermaßen präzise wie tröstlich.

Diese Erfahrungen können gleichsam als Hintergrund für das vorliegende Kapitel über Offenbarung dienen, in dem ich über meine eigene religiöse Einstellung zur hebräischen Bibel schreiben möchte. Der Hauptteil des Kapitels wurde ursprünglich vor einer Anglikanisch-Jüdischen Gesprächsgruppe vorgetragen, die sich im Sternberg-Zentrum trifft, wo sich auch das College befindet, an dem ich lehre. Danach wurde er im Publikationsorgan des Zentrums, *Manna*, veröffentlicht. Herausgeber der Zeitschrift ist Rabbi Tony Bayfield, der die Gruppe auch zu ihren Sitzungen einberuft. Die Begegnung mit diesen Leuten ermutigte mich dazu, meine persönlichen Ansichten zu diesem Thema zu Papier zu bringen, ja sie gab mir schließlich sogar den Anstoß für dieses Buch. Tony selbst verdanke ich eine Frage, die sich nun auf einmal, nachdem ich schon gut ein Viertel des Weges zurückgelegt habe, mit aller Macht zu Wort meldet.

Das bewußte Papier rief damals zwei Reaktionen hervor, die mir heute noch zu schaffen machen. Ein christlicher Kollege stieß auf einen Text aus der Feder des jungen Karl Barth, dessen Aussagen den meinen weitgehend entsprachen, bis auf die Tatsache, daß Barth sich auf das Neue Testament bezog. Ein orthodoxer Rabbi, ein alter Freund, der ebenfalls der Gruppe angehört, fand dagegen, daß die Schrift mich als »romantischen Fundamentalisten« ausweise! Ich lege sie hier in ungekürzter Fassung vor, bis auf ein paar Abschnitte, die an anderer Stelle im Buch erscheinen.

Die hebräische Bibel kennt so etwas wie Selbst-Reflexion eigentlich nicht. Sie gibt keine Erklärungen zu ihrer Entstehung, ihrem Zweck oder ihrer Bedeutung ab. Sie tut sich auch nicht groß wie andere antike Literatur, die den Anspruch erhebt, authentische, offizielle Offenbarung eines bestimmten Gottes an oder durch seinen irdischen Stellvertreter zu sein. Die hebräische Bibel setzt ihren eigenen Wert als gegeben voraus, indem sie den Wert dessen, der sie liest, voraussetzt. Sie präsentiert sich in ihrer ganzen Naivität und Raffinesse, bereit, den Leser ins Gespräch zu ziehen, mit dem ganzen Freimut und der ganzen Scheu eines Liebenden gegenüber der Geliebten. »Ich bin meines Geliebten, und mein Geliebter ist mein« (Hld 6,3).
     Dasselbe hat Arthur Miller in anderem Zusammenhang im Blick auf die Kunst gesagt:

»Ein Theaterstück, selbst ein zorniges und kritisches, ist unter anderem auch immer ein Liebesbrief an die Welt, von der man sehnsüchtig eine liebevolle Antwort erhofft.«[1]

Es ist also bis zu einem gewissen Grad absurd, bei der hebräischen Bibel von »Offenbarung« zu reden. Wie schon die Mystiker sagten: Die Bibel selbst ist die Offenbarung Gottes. Jeder Buchstabe, ganz zu schweigen von den größeren Einheiten der Wörter und Sätze, ist ein Akt göttlicher Selbstdarstellung, ein Akt der Intimität und Selbstpreisgabe. Die technischen Eigentümlichkeiten des Genres – Erzählung, Dichtung, Prophezeiung, Gesetz, Weisheit, Geschichte, Namenslisten, Bauvorschriften – sind lediglich Facetten, die die menschliche Erfahrung in ihrer ganzen Bandbreite spiegeln und damit auch ansprechen. Darum läßt die hebräische Bibel einen Widerspruch zwischen »Offenbarung« und »Vernunft« (Prediger) nicht gelten und verschließt sich auch dem Bereich des Gefühls und

1. *Arthur Miller*: Zeitkurven; Frankfurt/Main 1987, S. 320.

der Sinnlichkeit (das Hohelied) nicht. Sie alle verschmelzen zu einem großen Ganzen, und in dieser ihrer Gesamtheit werden sie, um Hermann Cohens Wendung über das religiöse Ritual zu gebrauchen, zu »Gesten der Liebe«.

Der »Gott« der vielen Namen und Identitäten, der in der Bibel auftaucht, wird nicht in einem ultimativen Sinn – bezogen auf bestimmte Augenblicke oder Orte – »offenbart«. Es gibt zwar viele solcher Augenblicke und Orte in den Erzählungen der Bibel, die ihrerseits von den verschiedenen Traditionen unterschiedlich gewichtet werden. So kann der Gott der hebräischen Bibel in einer Geschichte auftreten, durch einen Propheten sprechen, indirekt in einer Vision geschaut oder von einem anonymen Dichter leidenschaftlich angeredet werden. Doch in all diesen Situationen wird immer nur ein einzelner Wesenszug dieses Gottes sichtbar, sie alle zeigen Aspekte und Facetten ein und derselben Wahrheit. Der Text, den wir vor uns haben, enthält allenfalls Fingerzeige auf Realitäten und Möglichkeiten, die erst in der persönlichen Begegnung, in einer Beziehung erfahren werden können.

Da wir jedoch als Ausgangspunkt nur diesen Text haben, müssen wir uns so, wie er auf uns überkommen ist, mit ihm auseinandersetzen. Das aber erweist sich als ein so gefährliches Unterfangen, daß keine Tradition es gewagt hat, den »unbehauenen« Text in seiner ursprünglichen Form zu belassen. Alle haben sie versucht, ihn auf die eine oder andere Weise in eine schöne oder gefälligere Form zu bringen. Dieser Vorgang spiegelt sich bereits in der Entscheidung über die Reihenfolge der einzelnen biblischen Bücher.

Die drei Textschichten der *Tenach* gelten in der jüdischen Tradition als unterschiedlich heilig. Das Herzstück, die Tora, wird als unmittelbare, unverstellte Gottesoffenbarung betrachtet, völlig unbeeinflußt von der Persönlichkeit ihres Mittlers Mose. Die *Newiim* dagegen, die prophetischen Bücher von Josua bis Maleachi, wurden von bestimmten Verfassern »komponiert« und so durch sie »vermittelt«. Das bereits zitierte rabbinische Sprichwort, keine zwei Propheten hätten im gleichen Stil geweissagt (Babylonischer Talmud, Sanhedrin 89a), besagt, daß die individuellen Wahrnehmungen und Erfahrungen, die persönlichen Vorzüge und Schwächen und endlich auch der literarische Stil des Propheten das prägt, was er sieht oder hört und über das Wort Gottes aussagt. Die Bücher der Propheten bilden damit eine Art äußeren Ring der Tora, einen

Schritt vom Zentrum entfernt. Die *Ketuwim* schließlich, die »Schriften« (Psalmen bis 2. Chronik), die den äußersten Ring bilden, sind vom *Ruach ha-Kodesch*, dem »Heiligen Geist«, »inspiriert«; hier neigt sich das Gleichgewicht der Beziehung Gott-Mensch stärker der menschlichen Seite zu. Wenn die Tora und die *Newiim* das Wort Gottes an die Menschen sind, so sind die *Ketuwim* die menschliche Antwort, die Selbstoffenbarung der Menschen vor Gott.

»Aber ist die Bibel nicht auch streckenweise einfach nur langweilig, voller Wiederholungen, abstoßend, engstirnig, verwirrend, blind und – und das ist die größte aller modernen Sünden – unhistorisch?«

Das mag sein, doch gehört es andererseits geradezu zum Wesen solcher Offenbarungsliteratur, ja es ist in gewisser Weise sogar ein Beweis dafür, daß sie tatsächlich »Offenbarung« ist, daß sie viele aufeinanderfolgende Generationen auf ganz unterschiedliche Weise beschäftigt und fesselt – und zwar sowohl wegen als auch trotz des Unbehagens, das sie auslöst. Sie ist allezeit offen für die kritischen, ästhetischen, wissenschaftlichen, philosophischen und anderen Fragen, die in pietätvoller Scheu an sie herangetragen oder ihr mit der ganzen Rücksichtslosigkeit und Leidenschaft, derer wir Menschen fähig sind, entgegengeschleudert werden. Es gibt Passagen, ja ganze Bücher in der Bibel, die schon seit Jahrhunderten »tot« sind, denen man allenfalls den Rückzug ins Reich der Allegorie zugesteht, um so noch einen Rest ihrer einstigen Aussagekraft oder Vollmacht zu retten. Andere wiederum beleidigen vielleicht das moderne Moralgefühl – und zwar nicht nur das des späten zwanzigsten Jahrhunderts. So war jede Generation neu gezwungen, Strategien zu finden, mit deren Hilfe sie das heilige Wort verteidigen, es entschärfen oder sich dagegen auflehnen konnte. Die Tatsache, daß derartige Manöver immer wieder notwendig wurden und werden, ist im Grunde nur ein weiterer Beleg für die beunruhigende Macht, die in diesen Texten steckt. Kann doch der eine oder andere von ihnen manchmal völlig unerwartet in einer geballten Ladung symbolischer Macht gleichsam explodieren. Wer kann z. B. heute die Geschichte von Abimelech in Richter 9 lesen, ohne angesichts der prophetischen Visionskraft, mit der hier der Aufstieg Hitlers vorhergeahnt wird, zu schaudern? Wie lebendig und erschreckend aktuell ist das Bild der Arche Noah, seit uns die Augen aufgegangen sind für die globalen ökologischen Krisen, die unser zerbrechliches »Raumschiff Erde« erschüttern!

Der eindrucksvollen Leistung der Verfasser oder Redaktoren der ursprünglichen biblischen Bücher kommen allenfalls die schon beinahe prophetische Intuition und der Mut derer gleich, die den Kanon festlegten und bewahrten. Und sicherlich spricht es für die Kraft eines Textes, wenn seine offensichtliche Ungeschichtlichkeit oder moralische Bedenklichkeit noch heute die Leidenschaften seiner Leser aufheizen kann. Machen uns doch gerade die biblischen Texte die Sehnsucht des Menschen nach Wahrheit, Integrität und Unschuld bewußt und wecken sie immer wieder neu in uns. So kann eine biblische Passage, die hinter den wichtigsten Wertvorstellungen einer bestimmten Generation zurückbleibt, gerade durch ihre skandalöse Unzulänglichkeit zum Auslöser für die Selbst-Transzendierung dieser Generation werden. Solche Bemühungen, einen Text zu rechtfertigen, sind gewöhnlich um so heroischer in ihrer Leidenschaft und Unbeirrbarkeit, als sie sich stets gegen das wenden müssen, was zuvor noch als höchster menschlicher und religiöser Wert erachtet und in früheren Auslegungen gleichsam heiliggesprochen wurde. Doch die Bibel, die sich ständig selbst in Frage stellt, erhebt schon von ihrem Inhalt her die Selbstkritik zum Gesetz. »Halte deine Lieder von mir fern! ... Aber ... Gerechtigkeit (ergieße sich) wie ein immerfließender Bach« (Am 5,23-24).

Überraschenderweise hat die Bibel den Ansturm auch noch der kritischsten wissenschaftlichen Forschung der letzten Jahrhunderte überlebt. Es ist denn auch nicht die Kritik, die eigentlich Schaden anrichtet, sondern ganz im Gegenteil die unkritische Frömmigkeit oder die Gleichgültigkeit. Schon wahr, die Authentizität oder Legitimität des Ganzen könnten leiden, wenn man allzuviele Teile daraus entfernt. So würde eine moderne Kommission zur Revision des Kanons möglicherweise folgendes über Bord werfen: Das Hohelied – als zu erotisch; das Buch Josua, die Bücher der Richter und einen Großteil von Samuel und den Büchern der Könige – als zu grausam; Levitikus – als irrelevanten kultischen Text; den Prediger – als zu zynisch; zahlreiche Passagen aus den Propheten – als zu dunkel; einen Großteil von Exodus, Numeri und Deuteronomium – als zu legalistisch oder redundant; Ester – als zu partikularistisch; die Klagelieder – als zu deprimierend; Hiob – als zu gotteslästerlich; viele der Sprüche – als zu materialistisch. Retten würden wir vielleicht das Buch Rut, den 23. Psalm und einige wenige Geschichten in der Genesis, allerdings nur nach gründlicher Zensur. Wenn wir uns jedoch auf das einlassen, was uns als Kanon überliefert wurde, dann haben wir ein Gesamtwerk vor uns, eine Geschichte des menschlichen Ringens um das Verstehen des Gotteswortes, das uns zum Dialog einlädt und zur Auseinandersetzung herausfordert.

Gott selbst bleibt immer der Verborgene. Der biblische Text fordert ausdrücklich zur Vorsicht bei der Suche nach der direkten Konfrontation mit Gott auf. »Kein Mensch kann mein Angesicht sehen und am Leben bleiben«, oder, vielleicht richtiger, »kein lebendiger Mensch kann mein Angesicht sehen« (Ex 33,20). Ja, es werden eigens eine ganze Reihe literarischer Kunstgriffe eingesetzt, die die Distanz zwischen menschlicher Wahrnehmung und göttlicher Realität höchst wirkungsvoll zu bewahren wissen.

Zum Beispiel bedienen sich die Geschichten von Abrahams Begegnung mit den drei Männern/Engeln (Gen 18), von Mose vor dem Dornbusch (Ex 3) und auch von den Geschehnissen am Sinai (Ex 19; 24) einer ganz bestimmten Erzähltechnik, die es dem Leser gestattet, die Tatsache der göttlichen Manifestation und die eingeschränkte subjektive Erfahrung der Person oder der Personen, die zu ihren Zeugen werden, gleichzeitig aufzunehmen. Wir, die Leser, erkennen deutlich den Abstand zwischen dem, was jene »sehen«, und dem, was wirklich geschieht. Mose »sieht« einen brennenden Busch, der nicht von den Flammen aufgezehrt wird; der Leser weiß, daß ein »Engel des Ewigen« in ihm verborgen ist, allerdings ohne deswegen auch nur im geringsten klüger zu sein – denn was ist ein »Engel/Bote« (hebräisch: *Malach*) eigentlich? Wir werden Zeugen einer Offenbarung, doch was da »offenbart« wird, bleibt so weit hinter der »Wahrheit« zurück, daß selbst wir aus unserer bevorzugten Perspektive nur verwirrt und staunend zusehen können. Das geheimnisvolle *Ehjeh Ascher Ehjeh*, »Ich bin, der ich bin«, das Gott bei dem Busch zu Mose spricht (Ex 3,14), gab zwar Anlaß zu so mancher philosophischen oder mystischen Interpretation, doch strenggenommen bedeutet es einfach: »Nur ich selbst kenne mich«, oder unverblümter: »Kümmere dich um deine eigenen Angelegenheiten!« Wir erleben hier also die Möglichkeit und zugleich auch die Unmöglichkeit von Offenbarung, zusammengedrängt in einen einzigen Augenblick.

Nach den Worten George Steiners hat Schönberg in seinem Werk »Moses und Aaron« versucht, eben dieses Paradoxon anschaulich zu machen. Der Mose in seiner Oper hat eine reine

Sprechrolle, während Aaron, Moses eigentlicher Sprecher, singt. Der Prophet, der Gott am intensivsten erfährt, ist der Mann mit der »schweren Zunge«, der weiß, daß er die Wahrheit dessen, was er von Gott erfahren hat, nicht in Worte kleiden kann. Aaron dagegen gelingt es, Elemente dieser Erfahrung so zu vermitteln, daß die Menschen sie verstehen. Mose ist im Besitz der Wahrheit, kann aber nicht sprechen; Aaron kann sprechen, doch im Akt des Sprechens wird die Wahrheit auch schon verraten. Mose verweist auf Gott; Aaron führt seine Leute zum Goldenen Kalb.

Die jüdische Tradition ist nicht weniger vorsichtig im Umgang mit diesen Dingen, wenngleich sich ihre Vorsicht bei den verschiedenen Richtungen auf unterschiedliche Weise äußert. Die Legitimität des Bundes mit Gott findet im Midrasch ihre Bestätigung darin, daß 600000 erwachsene Männer die Stiftung der Tora am Sinai bezeugen. Die hebräische Terminologie für das Ereignis selbst dagegen fällt durch ihre Zurückhaltung auf. So gibt es keinen traditionellen hebräischen Ausdruck für den deutschen Begriff »Sinai-Offenbarung«. Statt dessen ist die Rede vom *Ma'amad Har Sinai*, vom »Stehen am Berg Sinai«. Zumindest der menschliche Aspekt des Ereignisses wird also an einer Art Realität festgemacht – wir waren da. Auch *Schawuot*, das Pfingstfest, in dem dieses Geschehen gefeiert wird, wird ähnlich vorsichtig mit der Wendung *Zeman Matan Toratenu*, »die Zeit der Stiftung unserer Tora«, umschrieben. Und nicht zuletzt definieren wir Juden uns als Volk über den Besitz, ja über den Inhalt der Tora. Allerdings halten wir uns dabei streng an die Aussage im Deuteronomium: »Die Stimme der Worte hörtet ihr, aber ihr saht keine Gestalt« (Dtn 4,12). Wir setzen den Geber hinter der greifbaren Gabe voraus.

Wie in den oben erwähnten Passagen der Genesis wird auch in späteren Texten immer wieder ein Engel oder ein anderer Bote zwischen dem Helden und Gott postiert. In den Episoden um Gideon in Richter 6 oder die Eltern Samsons in Richter 13 schimmert dabei sogar ein gewisser volkstümlicher Humor durch. Die Betreffenden »wissen« zwar irgendwie ganz genau, daß sie einem Engel begegnet sind, doch damit sie es wirklich glauben können, muß er auch noch auf wunderbare Weise verschwinden. Wir Leser lächeln zwar über ihr Unbehagen – Gott erlaubt sich ganz gern einmal ein Spielchen mit so schlichten Gemütern –, doch wir lernen auch etwas daraus:

In dem Augenblick, in dem uns die Begegnung mit der Gottheit schüchtern oder auch hochmütig macht, verschwindet die Erscheinung, und es bleibt uns nichts anderes übrig, als im Vertrauen darauf zu handeln, daß das, was wir erlebt haben, wahr war. Es *ist* geschehen, wenn wir zulassen, daß es Folgen hat. Wie eine Weissagung kann auch eine solche Erscheinung nur rückwirkend verifiziert werden.

Wohl die dramatischste Begegnung mit Gott erlebt der für seine fürchterlichen Wundertaten berühmte Elia. Jener gewalttätige Gott, von dem Elia verlangt, er möge den Regen zurückhalten oder Feuer vom Himmel regnen lassen, um das Opfer zu verzehren, offenbart sich ihm schließlich, nachdem alle natürlichen und übernatürlichen Phänomene vorübergezogen sind, in einer einzigen simplen Frage und in Schweigen. »Der Ewige aber war nicht in dem Wind ... oder in dem Erdbeben ... oder in dem Feuer« (1 Kön 19,11-22). Elia hat keine Antwort auf dieses Schweigen und wiederholt lediglich noch einmal mit denselben Worten seine frühere Rechtfertigung (vgl 1 Kön 19,10 mit 19,14). Damit ist seine Zeit vorüber, und er muß seinen Nachfolger Elisa ernennen (1 Kön 19,16). Die biblische Manifestation der Gegenwart Gottes, die, dem Auge unsichtbar, nur dem inneren Ohr vernehmbar ist, ist eine Stimme, die beharrlich nach einer Reaktion verlangt (vgl. Jona 1,1-2 und 3,1-2). Der »Ton einer dünn geschnittenen Stille« – es war also nicht einmal ein »leises Wehen« –, den Elia schließlich vernimmt, ist der endgültige und abschließende Kommentar zu all den mächtigen Wundern in der hebräischen Bibel. Es mögen zwar Wunder erforderlich sein, die »Kinder« aus einer Zwangslage zu befreien, das Schilfmeer zu durchqueren, in der Wüste Wasser zu schaffen, doch die Wunder sind letztlich auch gefährlich. Die Manifestation, die Offenbarung, darf nicht mit Gott selbst verwechselt werden. Man darf nicht erwarten, daß das Universum seine Gesetze ändert, wie es dem Menschen gerade in den Kram paßt. Auch dieser Weg mündet in den Götzendienst.

Die Rabbinen lehrten, daß die Teilung des Schilfmeeres und der Stillstand der Sonne, um den Josua bat, gleichsam vorherbestimmt, bereits bei der Schaffung des Universums von Gott eingeplant waren (Genesis Rabba 5.5). Zu diesen »geplanten Wundern« gehörten auch, wie bereits gesagt, Jonas wunderbarer Fisch und Bileams sprechender Esel – erschaffen in der Dämmerung zwischen dem

Abend des sechsten Schöpfungstages und dem Anbruch des Sabbat. Ein weit größeres Wunder als in der Durchquerung des Schilfmeeres sieht Hillel in dem Vorgang, der uns unser tägliches Brot schenkt (Pesichta Rabbati 152a).

Entweder ist alles Offenbarung oder gar nichts.

Ein Vers im Buch Numeri (7,89) wurde denn auch dementsprechend ausgelegt. »Wenn Mose in das Zelt der Begegnung hineinging, um mit Gott zu reden, hörte er die Stimme, *Middabber*, zu ihm reden.« Diese Form des Verbs »reden« ist ungewöhnlich. Man erwartet hier vielleicht ein Partizip *Piel* (die »intensive« Form des hebräischen Verbs, die gewöhnlich für das Verb *dibber*, »reden«, gebraucht wird) – »redend«, findet jedoch statt dessen ein *Hitpael*, die »reflexive« Verbform, vor. Das würde also bedeuten, daß Gott »mit sich selbst redete«. Mose ging hinein in das Zelt und stellte fest, daß Gott die ganze Zeit mit sich selbst sprach. Das Wort Gottes ist immer gegenwärtig, es wartet darauf, gehört zu werden. Nur daß eben niemand zuhört.

Das Ganze läßt sich noch weiter ausspinnen. Es gibt keine Garantie, daß das Wort Gottes korrekt aufgenommen wird, nicht einmal vom »qualifiziertesten« Hörer. Die hebräische Bibel steckt voller Geschichten von wahren und falschen Propheten, die sich über die Bedeutung des Gotteswortes streiten. Diejenigen, die uns als »wahre« Propheten gelten, sind dabei eindeutig in der Minderzahl. Ihre Hörer müssen zutiefst verstört gewesen sein über die ganz anderen Ansichten der angeblich authentischen Sprecher Gottes, denen man gewöhnlich eher folgte als jenen, die in der Bibel schließlich recht behalten. (Ein Beispiel dafür ist die Auseinandersetzung zwischen Jeremia und Hananja, mit der wir uns noch beschäftigen werden.)

Das Problem wird aber auch schon an einer ganz einfachen Geschichte deutlich: Der Prophet Samuel tritt an einem entscheidenden Wendepunkt in der biblischen Erzählung auf, er bezeichnet den Übergang von der Herrschaft der Richter zur Monarchie. In seiner späteren Beziehung zur tragischen Gestalt Sauls spielt Samuels persönliches Urteil wahrscheinlich eine entscheidende Rolle, denn es ist schwer auszumachen, wie weit seine ablehnende Haltung gegenüber dem Wunsch des Volkes nach einem König sich auf sein Verhältnis zu dem großen, gutaussehenden jungen Mann, den er schließlich erwählt und salbt, auswirkt. Aber das ist schon psychologische Spekulation. Der Text selbst ist sehr viel direkter. Als Samuel einen Sohn Isais zum Nachfolger Sauls bestimmt, wendet er sich erneut sogleich dem großgewachsenen, erstgeborenen Sohn zu (1 Sam 16,13), nur um von Gott mit einiger Schärfe daran erinnert zu werden, daß er, Gott, in die Herzen der Menschen sehe, nicht auf ihre äußere Erscheinung. Der Prophet kann also auch die falsche Entscheidung treffen! Dieser skandalöse Tatbestand stellt eine schreckliche Bedrohung für uns, die Erben der hebräischen Bibel, dar. Wenn ein Prophet sich irren kann, dann kann alles falsch sein, und kein Wort ist mehr gesichert. Oder anders gesagt: Die Verantwortung fällt auf uns selbst zurück, und das ausgerechnet an einem Punkt, an dem wir uns in Sicherheit gewähnt hatten.

Hier soll noch einmal Arthur Miller in *Zeitkurven* zu Wort kommen:

»Vor dem Götzen bleiben Menschen abhängige Kinder, Gott belastet sie damit, an den Entscheidungen einer ewigen Schöpfung mitzuwirken, aber gleichzeitig ist das auch eine Art Freiheit.«[2]

Wenn sogar Propheten Fehler machen können, sind wir wieder auf uns selbst zurückgeworfen. Offenbarung ist etwas viel zu Wichtiges und Gefährliches, um sie allein den Experten zu überlassen.

Wenn die hebräische Bibel ein Liebesbrief ist, dann lodert uns aus ihr eine Leidenschaft entgegen, wie sie nur den feurigsten Liebhaber verzehrt. Das immer wiederkehrende Bild von Gott als verratenem Liebhaber kollidiert mit dem des liebenden Vaters, der seinen irrenden Kindern stets aufs neue vergibt. Wir sind einem ständigen Wechselbad der Gefühle ausgesetzt, einer Liebe, die gegeben und gefordert wird, die unerwidert bleibt, geleugnet oder verraten wird – einer Liebe, die ebenso zärtlich und hingebend wie leidenschaftlich und verzehrend ist. Es ist nicht die Offenbarung Gottes, nach der wir suchen müssen – *die* ist da, in all ihrer Wehrlosigkeit und Hoffnungslosigkeit. Doch wo bleibt die Antwort, die Offenbarung der menschlichen Wesen, wo ist *ihre* Liebe?

Auch sie ist da, allerdings nur in der Reaktion einzelner Personen. Das Vertrauen Abrahams erweist sich als erstaunlich stark; seine Liebe und sein Vertrauen sind so groß, daß er alle menschlichen

---

2. *Arthur Miller:* Zeitkurven; Frankfurt/Main 1987, S. 342.

Bindungen, alle Implikationen menschlicher Liebe außer acht lassen kann. Ein Isaak kann schweigend sein Leben opfern. Ein Jakob kann in der Dunkelheit mit seinen eigenen Alpträumen, seiner Schuld und seinem Versagen kämpfen – und darin seinen Weg zu Gott finden. Amos kann seine Herden verlassen und Elisa das Land seiner Väter. Zahllose Propheten können ihr Leben hingeben; Hanna kann ihr langersehntes Kind herschenken. Jeremia kann Gott zur Rechenschaft ziehen. Hiob kann sich dem Sturmwind stellen. David kann seine ganze Tatkraft, seinen Ehrgeiz, sein unbezähmbares Wollen einem Gott unterwerfen, der seine Söhne von ihm fordert, einen nach dem anderen. Der unbekannte Psalmist kann die Sehnsucht des Gottesvolkes in Worte kleiden – »in einem dürren und erschöpften Land ohne Wasser« – oder auch in blindem Vertrauen Schutz unter Gottes ausgebreiteten Flügeln suchen. Und schließlich kann auch das ganze Volk den Schritt in eine Verpflichtung vollziehen, die ihm eine ein Jahrtausend währende Suche nach Erkenntnis auferlegt. »Wir wollen tun, was wir gehört haben«, sagen sie am Sinai (Ex 24,7). Die göttliche Selbst-Liebe wird in ihrer eigenen Schöpfung offenbar und irgendwie zugleich auch durch sie erfüllt. Schöpfer und Geschöpfe feiern noch einmal ihre Einheit, bevor sie sich dem Alltag der Ehe stellen, der Entfremdung und der Nähe, der Liebe und dem Haß, den Kompromissen und den Forderungen, der Einsamkeit des Zurückgestoßenseins und der Ekstase der Wiedervereinigung. »Als die Liebe stark war«, sagten die Rabbinen, »hätten wir unser Bett auf der Schneide eines Schwertes machen können; nun, da sie schwach geworden ist, ist ein Bett von sechzig Ellen nicht mehr groß genug für uns.«

Der Sohar, das wichtigste Werk der jüdischen Mystik, erfaßt das Geheimnis dieser Beziehung:

»Vergleiche es einer Geliebten, schön an Erscheinung und lieblich an Wuchs, die sich in ihrer Kammer verbirgt. Sie hat einen einzigen Freund, von dem die Menschen nicht wissen, ganz im Verborgenen. Aus Liebe umwandert er immer das Tor ihres Hauses, nach allen Seiten die Augen gerichtet. Und da sie weiß, wie der Geliebte das Tor umkreist, was tut sie? Sie öffnet den Eingang der verborgenen Kammer, enthüllt für einen Augenblick das Antlitz dem Geliebten, verbirgt es wieder. Keiner sah es und nahm es wahr, nur der Geliebte allein, dessen Eingeweide und Herz und Seele es nach ihr zog. Und weiß, daß aus Liebe sie einen Augenblick sich ihm enthüllte.

So offenbart sich das Wort der Thora nur dem Geliebten. Es weiß die Thora, daß der Herzensweise täglich ihres Hauses Tor umkreist. Was tut sie? Sie enthüllt ihm aus der Kammer ihr Antlitz und winkt ihm zu und kehrt zurück und birgt sich wieder. Keiner weiß es, nur jene allein, deren Eingeweide und Herz und Seele es nach ihr zog. So offenbart sich und verhüllt sich wieder die Thora dem Freunde, nur um ihm ihre Liebe zu bezeigen.«[3]

Die solcherart Verbundenen kennen die Trennung und die Versöhnung und tausend Nuancen zwischen beiden, Augenblicke, die das Ich und das Du offenbaren, Nähe und Ferne – ein ganzes Kontinuum gemeinsam gelebten Lebens. »Mein Geliebter ist mein und ich bin sein« (Hld 2,16). Nur der Zuschauer, der Außenstehende, fragt nach »Offenbarung«. Für Gott und Israel, diese beiden Liebenden, gibt es nichts außer ihrer Liebe. »Denn die Liebe ist stark wie der Tod, ihre Flammen sind wie Feuerflammen, eine Flamme des Ewigen« (Hld 8,6).

3. Der Sohar, Mischpatim 99a; aus: *Ernst Müller (Hrsg.)*: Der Sohar: Das heilige Buch der Kabbala; Düsseldorf, Köln 1982[2], S. 38–39.

TEIL B

Die alten Fragen, die alten Antworten

1

Das verlorene Paradies –
Sündenfall oder Gnadenstoß?

Die Bibel sagt uns nicht, warum Gott sich entschloß, die Welt und die Menschen zu erschaffen. Ganz gleich, ob man die beiden ersten Kapitel der Genesis als zwei eigenständige Kompositionen oder als zwei komplementäre Akte desselben Dramas betrachtet – über den Grund der Schöpfung geben uns beide keinen Aufschluß. Die Menschen haben per definitionem gemeinsam mit Gott Anteil am göttlichen Wesen, sie sind ein Bild, ein Hauch dieses Wesens, doch zugleich sind sie auch Erde – ein Gedanke, der durch das Wortspiel von Adam und *Adama* (Erde) hervorgehoben wird, in dem zugleich auch noch die Anspielung auf »Röte« (*Edom*) und »Blut« (*Dam*) mitklingt. Wir sind ein Doppelwesen – Erde *und* Geist; wie unser Schöpfer besitzen wir die Fähigkeit, zu formen und zu gestalten (im Hebräischen *jazar*), wenn auch der Terminus *bara* (schaffen), wie er in der Formel »am Anfang schuf Gott« auftaucht, im Hebräischen Gott allein vorbehalten ist. Wir wurden gemacht, um der Erde zu »dienen« bzw. sie zu »bearbeiten« (ein weiteres Wortspiel), und sie zu hüten. Ein jüdischer Kommentator unseres Jahrhunderts, Benno Jacob, sieht, unter der Voraussetzung, daß der Mensch von Anfang an eigens für diese Aufgabe geschaffen wurde, in der Episode im Garten Eden lediglich eine Art Prüfung, die uns beweisen sollte, daß wir für gar kein anderes Leben taugen. Wir haben die Prüfung nicht bestanden und mußten das Paradies verlassen, um den uns angemessenen Platz einzunehmen und die Aufgabe, die uns in der Welt zugedacht war, zu erfüllen. Vielleicht ist das der Grund für die eigentümliche Tonlage der Geschichte vom Sündenfall. Auf seiten Gottes sind keineswegs Zorn oder gerechte Empörung zu spüren, auch wenn einige Auslegungen derartiges herauszuhören meinen. Über dem Ganzen liegt vielmehr eine schwebende Ironie, ein tiefinnerliches Wissen um die Unmöglichkeit eines Traums, der von Anfang an nie in Erfüllung gehen konnte.

Wir wollen uns das entscheidende Moment des Geschehens, das Gespräch zwischen der Schlange und Eva, genauer ansehen.

Der Ewige Gott hat in Eden einen Garten geschaffen, ihn mit Pflanzen und Bäumen geschmückt und Adam in diesen Garten hineingesetzt. Eine einzige Anweisung gibt er ihm mit auf den Weg:

»Von allen Bäumen des Gartens darfst du getrost essen. Doch vom Baum der Erkenntnis von Gut und Böse, davon sollst du nicht essen – denn an dem Tag, an dem du davon ißt, wirst du sterben.« (Gen 2,16-17)

Warum wird Adams Freiheit solchermaßen eingeschränkt? Zum Teil wohl, um ihn zu prüfen, zum Teil vermutlich aber auch zu seinem eigenen Besten. Schließlich spricht gleich der folgende Vers von der Fürsorge Gottes, die ihn wünschen läßt, daß der Mensch nicht allein sei, und von den Bemühungen, die er unternimmt, einen passenden Partner für ihn zu finden. Genausowenig ist der Tod, von dem Gott spricht, zwangsläufig eine Drohung oder eine Strafe. So, wie es im hebräischen Text dasteht, handelt es sich hier lediglich um die Feststellung einer Tatsache. Ganz eindeutig ist damit nicht gemeint, daß die Menschen noch am selben Tag, an dem sie von dem Baum essen, sterben werden, denn einmal war das nicht der Fall, und im übrigen sollte diese hebräische Wendung nicht allzu wörtlich verstanden werden. Das Essen der Frucht wird vielmehr in irgendeiner Weise ihr Bewußtsein vom Tod, der ihnen letztlich bestimmt ist, verändern – von nun an werden sie in dem Wissen um seine Unausweichlichkeit und die Endlichkeit ihres Daseins leben müssen. Doch im Augenblick liegt diese Erkenntnis noch vor ihnen.

Was aber ist die »Erkenntnis von Gut und Böse«? Wenn wir uns ansehen, wie diese Wendung an anderen Stellen in der Bibel gebraucht wird, zeigt sich, daß es verschiedene Deutungsmöglichkeiten gibt. Nach Deuteronomium 1,39 kennen Kinder den Unterschied zwischen Gut und Böse noch nicht. Es könnte hier also ein bestimmtes Entwicklungsstadium gemeint sein, in dem gewisse Unterscheidungen noch nicht möglich sind. Die Kommentatoren wollten die Wendung denn auch häufig in moralischem Sinne verstanden wissen. Noch heute hängt vielen von uns der ganze Überbau an, demzufolge dieses Begriffspaar primär sexuell aufzufassen ist. Dabei ist das mit Sicherheit die unwahrscheinlichste aller Auslegungen. An anderer Stelle wird David als ein Mensch beschrieben, der imstande ist, »wie der Engel Gottes Gut und Böse zu unterscheiden« (2 Sam 14,17). Und in der Parallelstelle kurz darauf lesen wir: »Aber mein Herr hat Weisheit wie der Engel Gottes, *alle Dinge* zu wissen, *die auf Erden sind*« (V. 20). Das heißt, die beiden Begriffe »gut« und »böse« umspannen zwei Extreme und alles, was dazwischen liegt; es geht hier also um die »Erkenntnis« aller Möglichkeiten – um das gesamte Potential an Entwicklungsmöglichkeiten, die sich vor Adam auftun, wenn er von der Frucht ißt. Vor dieser gefährlichen Erkenntnis möchte Gott ihn bewahren.

Die Schlange wendet ihre Aufmerksamkeit Eva zu. Wieder wissen wir nicht, was sie dazu bewegt. Wir wissen nur von ihrer »List«, einem Wort (*Arom*), das zugleich mit dem Wort für »Nacktheit« (*Arumim*) im vorigen Satz spielt (vgl. Gen 3,1 und 2,25). Übrigens sollte man hier auf einen Unterschied zwischen der hebräischen Bibel und dem, was die Christen mit ihrer Kapitelunterteilung daraus gemacht haben, hinweisen. In der hebräischen Bibel schließt sich die Geschichte von der Schlange nahtlos an das Vorige an, so daß eine Einheit besteht vom Anfang des zweiten Kapitels (V. 4) – »Das sind die Generationen des Himmels und der Erde« – bis zum Schlußteil des dritten, wo Gott den Menschen Kleider macht (3,21). Erst die christliche Kapiteltrennung, die hier vermutlich wegen des Stellenwerts der Geschichte vom Sündenfall in der christlichen Theologie vorgenommen wurde, erzeugt am Anfang des dritten Kapitels einen künstlichen Bruch und isoliert auf diese Weise die Episode mit der Schlange vom übrigen Geschehen.

Die Schlange stellt der Frau ihre scheinbar so unschuldige Frage: »Hat Gott gesagt, daß ihr von allen Bäumen des Gartens nicht essen dürft?« Geht es ihr hier um die Klärung einer unklaren Angelegenheit? Nach Benno Jacob jedenfalls legt der Ton der Frage das nahe. Schließlich existiert kein solches Verbot für die Tiere, und die Schlange möchte lediglich sichergehen. Vielleicht ist diese Schlange nur eine der entmythologisierten urzeitlichen Schlangen aus anderen nahöstlichen Mythologien – eines jener Untiere, die mit Gott um die Weltherrschaft kämpften. Hier ist sie auf ihren Platz als ein Geschöpf unter anderen Geschöpfen Gottes verwiesen, und ihre Rebellion ist auf eine bloße Verführung reduziert. Doch ihre Frage trägt bereits den Keim der bevorstehenden Katastrophe in sich.

Evas Antwort scheint auf den ersten Blick korrekt und vernünftig.

»Von den Früchten der Bäume des Gartens dürfen wir essen. Nur von den Früchten des Baumes, der in der Mitte des Gartens steht, hat Gott gesagt: Ihr sollt nicht davon essen und sollt ihn nicht berühren, damit ihr nicht sterbt.« (3,2-3)

Die Schlange hat Eva die Möglichkeit gegeben, sie zu korrigieren – wenn Eva auch zu weit geht, als sie das Verbot sogar auf die Berührung des Baumes ausdehnt. (War das ihre oder Adams Idee? Gott hat es jedenfalls nicht gesagt. Die Rabbinen waren der Auffassung, daß Adam diese Erweiterung vornahm, um damit gleichsam einen »Zaun um die Tora« zu ziehen, das heißt, um einen Kontrollmechanismus einzubauen, der das Risiko, daß Eva auch nur in die Nähe der Früchte kam, verringerte. Deshalb legten sie es sich so zurecht, daß die Schlange Eva gestoßen habe, so daß diese gegen den Baum taumelte und ihn berührte – und nichts geschah! Nun sagte Eva sich natürlich: »Wenn es so ist, dann wird auch nichts passieren, wenn man von der Frucht ißt!« Das ist ein eindeutiger Hinweis auf die rabbinische Auseinandersetzung mit dem Prozeß der Etablierung von Gesetzen und dem damit einhergehenden Risiko, daß möglicherweise der »Zaun« größer gerät als das Gesetz, das er schützen soll. Denn wenn das Gesetz erst dann geachtet wird, wenn es gebrochen wurde, verlieren die Menschen die Achtung vor dem Gesetz selbst.)

Noch an einer anderen Stelle weicht Eva in ihrer Äußerung leicht von dem Verbot Gottes ab: Die Bestimmtheit der Aussage Gottes, daß sie und Adam an dem Tag, an dem sie von den Früchten des Baumes essen, sterben werden, wird bei ihr abgemildert zu der Wendung »damit ihr nicht sterbt«. Doch im wesentlichen hat sie das Verbot richtig verstanden. Dennoch ist in dem Augenblick, in dem ihr Interesse an dem geheimnisvollen Baum geweckt wurde, noch etwas anderes geschehen. Sie hat Gott gegen die versteckte Beleidigung der Schlange verteidigt – jemanden zu verteidigen bedeutet aber immer auch, sich die kritische Haltung, gegen die man sich verwahrt, selbst zu eigen zu machen. So wurde nicht zu unrecht gefragt, ob nicht durch das Verhalten Gottes und die folgenden Bemerkungen der Schlange eine Tür, die bereits aufgeklinkt war, endgültig aufgestoßen wurde. Eva befindet sich nicht länger in einer abgeschlossenen Welt, in der ihr Gehorsam gegen Gott unhinterfragt und selbstverständlich bleibt. Sie hat Gott verteidigt und ist damit für einen kurzen Augenblick aus der alten Ordnung herausgetreten – sie hat Gottes Gebot aus einer neuen Perspektive gesehen und kann nun nicht mehr in ihren früheren Zustand zurückkehren. Es ist wie bei einem Kind. In seinen ersten Lebensjahren gehorcht es (oder auch nicht), benimmt sich anständig (oder auch nicht), während es seine allmählich sich ausbildende Persönlichkeit gegen die Kräfte elterlicher Autorität, die es kontrollieren, austestet und dabei etwas über die eigene Freiheit und ihre Grenzen lernt. Doch dann kommt eine Zeit, in der andere Autoritäten auf dem Plan erscheinen, und das Kind fängt an, seine Eltern in einem anderen Licht zu sehen; auf einmal sind sie nicht mehr allmächtig, nicht mehr allwissend, und ihre Autorität ist nicht mehr über jeden Zweifel erhaben. Das Kind wird erwachsen und beginnt, selbst die Verantwortung für sein Leben zu übernehmen.

Eva steht an dieser Schwelle. Die Antwort der Schlange ist ebensosehr ihre eigene auf ihrem Weg in die Unabhängigkeit. Denn wenn Gottes Gebot in Frage gestellt werden kann, dann können auch seine Motive hinterfragt werden, und damit tut Eva den Schritt vom schlichten, unbedingten Gehorsam zur Beurteilung des Verhaltens Gottes.

»Gott weiß, daß an dem Tag, da ihr davon eßt, eure Augen aufgetan werden und ihr sein werdet wie Gott, erkennend Gutes und Böses.«

In der Aussage der Schlange steckt einige Überzeugungskraft, denn die Augen werden ihnen ja in der Tat geöffnet, wenn auch nicht ganz klar ist, in welchem Sinne sie wie Gott sein werden. Nach reiflicher Erwägung der Qualitäten der Frucht beschließt die Frau also, davon zu essen, und gibt auch ihrem Mann davon.

Was ich hier zu sagen versuche, ist, daß der »Sündenfall« in gewisser Weise bereits *vor* dem Essen der Frucht stattgefunden hat. Der Akt selbst besiegelte lediglich einen Prozeß, der schon mit der ersten Frage der Schlange und Evas Verteidigung Gottes begonnen hatte. Ja, vielleicht reicht er in Wirklichkeit sogar noch weiter zurück, bis zu dem Punkt, an dem Gott einen besonderen Baum mit einem Verbot belegte. Die Frage »Warum?« und in ihrer Folge die Frage »Warum nicht?« stand damit von Anfang an im Raum. Es ist, als ob Gott wie ein überbesorgter Vater gegen seinen Willen genau das erreicht hätte, was er verhindern wollte. Er wollte den Kindern den Schmerz der Erkenntnis ersparen und brachte sie gerade dadurch auf die Idee, sie zu suchen; er wollte sie im Garten Eden, dem Paradies der Kindheit, halten, und gab ihnen dadurch den entscheidenden Impuls, sich aus diesem Paradies hinauszuwagen – und einmal draußen, gab es kein Zurück. Wenn die Unschuld erst einmal verloren ist, läßt sie sich nicht wieder zurückgewinnen, es sei denn, man verleugnet bewußt die neue Realität. Das Verlorene läßt sich allenfalls nach einer langen und beschwerlichen Reise durch das Reich der neuentdeckten Erkenntnis wiederfinden – und die Reise der Menschheit ebenso wie die jedes einzelnen ist denn auch geprägt von dem Bemühen, außerhalb des schützenden Gartens jenen verlorenen Zustand der Ganzheit wiederzuerlangen.

Sind sie nun gefallen oder wurden sie gestoßen? Ist der »Sündenfall« wirklich die entsetzliche Katastrophe, die manche Theologien in ihm sehen? Oder war er ein erster, notwendiger Schritt in die Emanzipation der Menschheit, die Befreiung aus der Enge und Abhängigkeit des Mutterleibes? Denn wenn es sich um einen »Sündenfall« handelte – dann ist der Weg zurück zu Gott von Schuld verstellt bzw. hängt die Rückkehr so sehr von einer von außen geschenkten Erlösung ab, daß menschliche Kreativität, Großzügigkeit und Güte daneben unwichtig werden oder zu rein pragmatischen Erfolgsstrategien für die angestrebte Rückkehr in die göttliche Gunst verkommen. Wenn es hier aber um eine Befreiung geht, so bitter und schmerzlich sie auch im Augenblick der Ablösung sein mag, dann tragen die Menschen wirklich die Verantwortung für ihr Leben und ihr Tun, für ihre Entscheidungen und letztlich sogar für ihren Tod. In der Sprache des biblischen Glaubens haben sie damit aber auch die alleräußerste Freiheit – die Freiheit, sich für oder gegen Gott zu entscheiden; und darin besteht ja gerade das Abenteuer, das mit Abraham begann. Die Rabbinen haben es in die Formel gekleidet: »Alles liegt in der Hand des Himmels, bis auf die Furcht des Himmels.« Oder wie Franz Rosenzweig sagt: »Der Mensch (...) muß lernen, an seine Freiheit zu glauben. Er muß glauben, daß sie, wenn sonst vielleicht auch überall beschränkt, Gott gegenüber ohne Grenzen ist.«[1]

---

1. *Franz Rosenzweig:* Der Stern der Erlösung. Ges. Schriften II; Haag 1976, S. 296–97.

Vielleicht ist es die Angst vor dieser Freiheit, die die Menschen so häufig dazu verführt hat, sich selbst und anderen lieber Ketten anzulegen – oft religöse Ketten –, als der Einsamkeit und den Anstrengungen, die eine solche Herausforderung ihnen auferlegt, ins Gesicht zu sehen und sich ihnen zu stellen. Eine solche Freiheit macht in der Tat einsam, das zeigt schon unser Text in der Genesis. Die Augen der beiden ersten Menschen werden aufgetan, wie die Schlange versprochen hat – und was nehmen sie wahr? Daß sie nackt sind.

Was ist mit dieser Nacktheit gemeint? Auch hier sind wir wieder die Erben einer langen Tradition, die der Aussage der Genesis eine sexuelle Deutung unterlegt hat, und die Feigenblätter, mit denen Adam und Eva sich zu bedecken versuchen, werden zum Markenzeichen aller sexuellen Angst und Scham, mit der die Menschen einander gegenseitig unterdrücken. Vielleicht geht es hier ja wirklich um die Sexualität – doch auf keinen Fall ist dies die erste oder offensichtlichste Bedeutung des Textes. Denn wenn man die Bibel durchsieht, so drückt das Wort *Ejrumim* (Nacktheit) und alle seine Derivate eigentlich etwas ganz anderes aus. So wird es etwa auf die Gefangenen angewandt, die »nackt« in die Sklaverei weggeführt werden (Jes 20,2-4); auf den Helden, der am Tag der Niederlage nackt vom Schlachtfeld flieht (Am 2,16); auf die Hilflosigkeit eines Kindes (Hos 2,5); und auf die Nacktheit eines Neugeborenen (Pred 5,14). Es steht also in erster Linie für menschliche Hilflosigkeit und Schwäche. *Das* haben sie erkannt, als sie von der Frucht aßen und ihnen die Augen aufgingen und sie zum ersten Mal ihre eigene Situation sehen konnten, wie Gott sie schon immer gesehen hatte und was zu sehen er ihnen hatte ersparen wollen: daß sie nackt und hilflos und abhängig waren. Das also ist die ironische Konsequenz der verheißungsvollen Worte der Schlange, daß sie sein würden wie Gott. Und in Angst und Verzweiflung versuchen sie, ihre Nacktheit zu bedecken, denn Kleider bedecken und schützen nicht nur, sie geben einem Menschen auch Identität und Bedeutung.

Damit sollen die sexuellen Elemente, die in dieser Passage durchaus mitschwingen, nicht völlig unter den Tisch gekehrt werden, doch sie sind nicht das eigentliche Anliegen, wie der biblische Gebrauch der entsprechenden Vokabel uns ganz klar zeigt. Es ist das Bewußtsein unserer Hilflosigkeit, wenn wir das Paradies hinter uns lassen, um uns der Welt zu stellen, das uns unsere Würde und Herrlichkeit gibt, *uns* vor allen anderen Kreaturen auf Erden, denn wir leben mit dem Wissen um unseren Tod und den erschreckend schmalen Grat, der uns von ihm trennt. Und doch sind wir auch in dieser Situation nicht ohne Schutz. An dieser Stelle greift Gott in die Geschichte ein. Er gibt dem Paar statt der herzlich unpraktischen Feigenblätter Kleider von Tierhäuten. Vielleicht steht irgendwo hinter dieser dunklen Aussage die Legende von der Häutung der Schlange – doch was uns hier vor allem anderen interessieren muß, ist die Zusage Gottes, das Paar gerade auch im Augenblick des Abfalls und der Ablösung zu bewahren. Die Kleider, die sie sich selbst machen, taugen wenig; nicht so die, die sie von Gott bekommen. Hier tritt uns das Paradoxon von der Dualität des Menschen in einer neuen Variante entgegen – menschliche Verletzlichkeit und göttlicher Schutz, menschlicher Realismus und göttliche Hoffnung. Nachman von Bratzlaw, der große chassidische Meister, hat es folgendermaßen ausgedrückt:

»Die ganze Welt ist nur eine schmale Brücke, doch das Wichtigste ist, niemals Angst zu haben.«

Wir können dieses Thema nicht abschließen, ohne noch einen Blick auf einen anderen Aspekt unserer Geschichte zu werfen, einen Aspekt, dem vielleicht sogar größere Tragik innewohnt als der Vertreibung aus dem Garten Eden. Als Adam versucht, sich vor Gott zu verbergen, ruft dieser ihn: »*Ajeka*«, »Wo bist du?« Das ist keine bloße Frage nach seinem Aufenthaltsort; wie Raschi ausgeführt hat, handelt es sich dabei vielmehr um die Eröffnungsformel für ein Gespräch. Diese Formel soll Adam die Gelegenheit geben zu bekennen, was er getan hat, und Gott um Vergebung für seinen Ungehorsam zu bitten.

Doch Adam ergreift diese Gelegenheit nicht. Er reagiert auf Gottes Frage, als sei sie wörtlich gemeint: »Ich hörte deine Stimme im Garten, und ich fürchtete mich, weil ich nackt war, und ich versteckte mich.« Als Gott ihn fragt, ob er von dem Baum gegessen habe, verpaßt Adam ein zweites Mal seine Chance und gibt statt dessen der Frau die Schuld. Sie, an der er sich vor kurzem noch so gefreut hat, die geschaffen wurde, ihn zu ergänzen, seine Partnerin, wird nun zu »der Frau, die *du* mir zur Seite gegeben hast – sie hat mir davon gegeben«. Diese Untreue, dieser Betrug, soll von da an einen Großteil menschlicher Interaktion überhaupt bestimmen.

Das bringt uns zu der zweiten Geschichte, die ich untersuchen möchte, weil auch sie vom Leben und vom Tod handelt, wenngleich ihr zentrales Thema ein anderer Aspekt menschlicher Existenz ist. Es ist die Erzählung von Kain und Abel, den Söhnen von Adam und Eva – von Abel, dem Hirten, und Kain, dem Landmann. Wir hören nichts von diesen beiden, bis zu dem Augenblick, in dem Kain Gott ein Opfer seiner Feldfrüchte darbringt. Abel hat ebenfalls die Erstgeborenen seiner Schafe geopfert und die besten Teile von ihnen dargebracht. Auch wenn ganze Generationen von Bibellesern versucht haben, irgendeinen Unterschied zwischen den beiden Opfergaben herauszulesen – etwa, daß Kain verdorbene Früchte darbrachte, während Abel nur das Beste gab –, so gibt es doch keinerlei wirklichen Hinweis auf einen solchen Unterschied.

Wir wissen nur, daß Gott aus irgendeinem unerfindlichen Grund das Opfer Abels besser gefiel als das von Kain. Wie es dazu kommt, ist nicht klar, wenn die rabbinische Exegese auch festhält, daß es in beiden Fällen nicht die Opfergabe selbst ist, auf die Gott reagiert, sondern auf Abel und seine Gabe und auf Kain und seine Gabe – also jeweils die Person und ihre Gabe zusammensieht. Kain ist wütend, und Gott läßt ihm eine Warnung zukommen, die zwar etwas dunkel formuliert ist, uns aber dennoch einen gewissen Sinn zu haben scheint. In der englischen *Revised Standard Version* (RSV) wird die Passage folgendermaßen wiedergegeben: »Wenn du rechttust, wirst du dann nicht angenommen? Und wenn du nicht rechttust, dann lauert die Sünde vor der Tür; nach dir verlangt sie, aber du sollst ihr Herr sein.« Worauf bezieht sich die erste Wendung – »wenn du rechttust«? Vielleicht geht es hier um das Opfer, darum, ob es aufrichtig gemeint oder auch von guter Qualität ist – wenngleich im Text nichts darauf hinweist, daß Kains Opfer irgendeinen Makel aufweist. Das Wort, das im Englischen mit »wirst du dann nicht angenommen« übersetzt ist, ist eine seltene Form des Verbs *nasa*, »aufheben«, dessen Bedeutung manchmal erweitert wird im Sinne von »wegheben« und »entfernen« und damit – wo es um das Handeln Gottes geht – »annehmen«, d. h., die Sünden der Menschen »vergeben«. Dieser Bedeutungszusammenhang steht vermutlich hinter der Übersetzung der RSV.

Die Jerusalemer Bibel bezieht in einer Fußnote das »Aufheben« auf Kains Gesicht, das er gesenkt hat zum Zeichen seines Zorns oder seiner Trauer. Das ergibt zwar ein klareres Bild, ist aber noch keine große Verständnishilfe. In der neuesten jüdischen Übersetzung heißt es: »Wenn du rechttust, dann ist da Aufheben…«, womit zumindest der Tatsache Rechnung getragen wird, daß das »Aufheben« im hebräischen Text auf kein bestimmtes Wort bezogen ist. Der jüdische Bibelwissenschaftler Umberto Cassuto setzt das Wort zur entgegengesetzten Möglichkeit in Beziehung, die im zweiten Teil des Satzes angesprochen wird, zur Sünde, die vor der Tür lauert, und paraphrasiert: »Wenn du rechttust, wirst du imstande sein, dich zu erheben und fest auf deinen Füßen zu stehen; wenn aber nicht, wird das Gegenteil geschehen.« Das heißt, das »Rechttun« bezieht sich auf Kains Reaktion auf Gottes Ablehnung seines Opfers.

Erst bei Martin Buber werden die Implikationen dieser Deutung explizit ausgesprochen, und zwar in seiner Aufsatzsammlung »Gut und Böse«. »Was hier vorliegt«, schreibt er, »scheint mir ein Beispiel jener unheimlichen Begebenheit zu sein, die die Schrift selber als göttliche Versuchung versteht… aber auch die Ansiedlung am verbotenen Baum ist solch eine Versuchung, nur eben eine, die nicht bestanden wird, und eine ebensolche ist das Nichtachten auf Kains Gabe.« Er stellt fest, daß Gott wie zuvor bei Adam und Eva in ein Gespräch mit Kain eintritt und ihn vor der Sünde warnt, die auf ihn wartet, und fährt fort:

»Hier erst entsteht das Wort, das in der Erzählung vom »Sündenfall« fehlt, das Wort »Sünde«, und hier ist es anscheinend der Name eines Dämons, der, seinem Wesen nach ein »Lagerer«, jeweils am Eingang zu einer Seele, die das Gute nicht meint, kauert und lauert, ob sie ihm zu eigen werde, sie, in deren Macht es immer noch steht, ihn zu übermächtigen. Darf man den Spruch so verstehen, so ist er innerhalb des frühen epischen Schrifttums der Welt der eigentlichste Ruf eines Gotteswesens an den Menschen, sich für das »Gute« zu entscheiden, das heißt, die Richtung auf das Göttliche anzunehmen.«[2]

In gewisser Weise, sagt Buber, lotet Gott aus, was die Menschen nun mit dem Wissen anfangen, das sie durch das Essen der Frucht vom Baum der Erkenntnis von Gut und Böse erworben haben. Denn der

2. *Martin Buber*: Bilder von Gut und Böse. Köln und Olten 1952, S. 37–39.

Weg zurück in die Beziehung zu Gott, wie sie zuvor bestand, kann von nun an nur noch aus der freien Entscheidung der Menschen, Gottes Willen über sich zu akzeptieren, beschritten werden. Und tatsächlich handelt der ganze Rest der Bibel, angefangen mit der Berufung Abrahams, von dem großen Drama der Suche Gottes nach seinen verlorenen Kindern und dem menschlichen Streben nach einer wiederhergestellten Beziehung zu Gott. Doch angenommen, wir entkleiden die Geschichte einen Augenblick ihrer theologischen Implikationen, was sagt sie uns dann? Daß das Leben unfair ist, daß es keine Garantien oder Sicherheiten dafür gibt, daß unser Tun die erwartete Belohnung oder Bestrafung nach sich ziehen wird; jedenfalls nicht auf eine offensichtliche oder materielle Weise. Was immer uns widerfährt, sei es nun positiv oder negativ, ist vielmehr eine Herausforderung an uns, in dem Geschehenen das ihm innewohnende Potential zum Guten und zu innerem Wachstum zu suchen. Doch das ist leichter gesagt als getan angesichts des Leidens, das dem größten Teil der Menschheit unaufhörlich widerfährt. Es ist dies auch keine Aussage, zu der ich mich aus meiner eigenen Erfahrung heraus berechtigt fühle, sondern eine Lektion, von der uns Menschen wie Viktor Frankl und der Künstler Yehudah Bacon erzählen, die sie in den Konzentrationslagern durchlebt haben. Bacon hat diese Lektion in einem Gespräch, das ich vor vielen Jahren mit ihm geführt und aufgezeichnet habe, folgendermaßen beschrieben:

»Erst sehr viel später habe ich den Sinn des Leidens wirklich begriffen. Es kann einen Sinn haben, wenn es den Menschen zum Besseren wandelt. Von Martin Buber habe ich gelernt, daß die Chassidim sagen, daß es zwei Arten von Leiden gibt: Das eine hat einen positiven Einfluß, das andere einen negativen. Wie kann man den Unterschied definieren? Leiden von Gott lehrt uns etwas, und Leiden vom Bösen zieht uns herab. Natürlich wird man dessen während des Leidens nicht gewahr. Eines der wichtigsten Dinge, die uns das Leiden lehren kann, ist ein größeres Verständnis für andere Menschen. Leiden ist eine so grundlegende Erfahrung, daß es uns bis in die innerste Seele erschüttert und uns so unser eigenes Ich zeigt und das wirkliche Ich im anderen – es öffnet uns die Augen für die Wirklichkeit anderer Menschen, die wir sonst nie verstehen würden. Auf diese Weise kann man sogar soweit gelangen, seinen Unterdrücker zu verstehen. Ich will damit nicht sagen, daß wir gegenseitiges Verstehen grundsätzlich auf diese Art lernen müssen, aber es ist eine der positiven Folgen von Leiden.«

Diese letzte Freiheit, selbstbestimmt auf etwas zu reagieren, ist das Thema des Psychiaters Viktor Frankl:

»Wer von denen, die das Konzentrationslager erlebt haben, wüßte nicht von jenen Menschengestalten zu erzählen, die da über die Appellplätze oder durch die Baracken des Lagers gewandelt sind, hier ein gutes Wort, dort den letzten Bissen Brot spendend? Und mögen es auch nur wenige gewesen sein – sie haben Beweiskraft dafür, daß man dem Menschen im Konzentrationslager alles nehmen kann, nur nicht: die letzte menschliche Freiheit, sich zu den gegebenen Verhältnissen so oder so einzustellen. Und es gab ein »So oder so«! Und jeder Tag und jede Stunde im Lager gab tausendfältige Gelegenheit, diese innere Entscheidung zu vollziehen, die eine Entscheidung des Menschen für oder gegen den Verfall an jene Mächte der Umwelt darstellt, die dem Menschen sein Eigentliches zu rauben drohen – seine innere Freiheit – und ihn dazu verführen, unter Verzicht auf Freiheit und Würde zum bloßen Spielball und Objekt der äußeren Bedingungen zu werden und sich von ihnen zum »typischen« Lagerhäftling umprägen zu lassen.«[3]

Ich bedaure es, hier die düsteren Bilder aus den Konzentrationslagern heraufbeschwören zu müssen. Aber Kain, der erste Mörder, und Abel, das erste Opfer, sind Prototypen der Entscheidung, vor die jeder von uns im Angesicht seines ganz persönlichen Schicksals, im Angesicht des Scheiterns, des Leidens gestellt ist. Die Prüfung, die Kain zu bestehen hat, wird zum Modell aller späteren Prüfungen in der hebräischen Bibel, in denen unsere Vorannahmen über Gott, die Gewißheiten, die wir um den Ewigen herum aufgebaut haben, in Frage gestellt werden. Wir wissen das, auch wenn wir es nicht immer erkennen können. Der namenlose Prophet, der im zweiten Teil des Jesajabuches spricht, und der vielleicht im Kampf mit der im babylonischen Denken verwurzelten Auffassung liegt, nach der zwei Mächte in der Welt wirksam sind, der Gott des Lichtes und der Güte und eine andere, dunkle Macht, die die Quelle des Bösen ist, beharrt eigensinnig darauf, daß Gott alles in allem ist und alle Mächte und Kräfte in sich vereinen muß. Er beschreibt Gott deshalb als den Einen, der

»das Licht bildet und die Finsternis schafft, der Frieden wirkt und das Böse schafft.« (Jes 45,7)

3. *Viktor E. Frankl*: ... trotzdem Ja zum Leben sagen. München 1977, S. 108.

Als philosophische Wahrheit können wir einen solchen Gedanken stehenlassen, doch es gibt Zeiten, in denen wir dieser Wahrheit nicht ins Gesicht blicken können. Im jüdischen Morgengottesdienst werden die bewußten Worte aus Jesaja zitiert, doch die Rabbinen haben gewagt, sie ganz leicht, in einem Punkt, abzuwandeln. Gott ist der Eine, der

»das Licht bildet und die Finsternis schafft, der Frieden wirkt und *alles* schafft.«

Mit dieser kleinen Abwandlung wird ein sicherer Raum geschaffen, in dem wir zu Gott beten können, der uns geschaffen hat, mit unseren guten und unseren bösen Seiten und unserer Fähigkeit, zwischen beiden zu wählen.

Das ist das Gesicht Gottes, wie es uns aus den Anfangskapiteln der Genesis anblickt. Der Gott, der seine Schöpfung, die menschlichen Geschöpfe, so sehr liebt, daß er ihnen gestattet, die größte aller Gaben auszukosten, jene Gabe der Freiheit, sich für oder gegen Gott zu entscheiden. Es ist dies vielleicht kein sonderlich bequemes Bild, aber es beweist eine tiefe Achtung vor unserem Menschsein.

Ich fürchte, ich muß an dieser Stelle noch etwas ausführlicher werden. Es gibt eine besonders primitive Form religiöser Rechthaberei, die versucht, den Gott des Alten Testamentes zu einem zornigen und in jeder Hinsicht niederträchtigen Gott herabzuwürdigen, zugunsten des Gottes des Neuen Testamentes, der der Gott der Liebe ist. Diese Theorie ist ganz offensichtlich absurd, wie schon das alleroberflächlichste Studium beider Testamente deutlich macht. Ist es doch der Gott des Alten Testamentes, der als erster von uns verlangt, unseren Nächsten wie uns selbst zu lieben, der sich selbst als »gnädig und barmherzig, geduldig und von großer Güte« zu erkennen gibt. Man sollte eigentlich annehmen, daß das nicht ausdrücklich gesagt werden muß, doch ab und zu muß es leider eben doch gesagt werden. Umgekehrt durchzieht der Gedanke, daß Gott Menschen zu ihrem eigenen Besten auf die Probe stellt, thematisch eine ganze Anzahl von neutestamentlichen Gleichnissen – das Gleichnis vom Verlorenen Sohn etwa ist eine Neubearbeitung der Geschichte von Kain und Abel. Wenn wir also diesem Trugschluß nicht aufsitzen und die beiden

Geschichten, mit denen wir uns hier befaßt haben, ernstnehmen wollen, was lernen wir dann daraus über die Beziehung zwischen den Menschen und Gott, wie sie am Anfang war?

Den Rabbinen fiel auf, daß Gottes Beziehung zu Noah anders geschildert wird als seine Beziehung zu Abraham. Von Noah heißt es: »Er wandelte *mit* Gott« (Gen 6,9). Zu Abraham sagt Gott: »Wandle *vor* mir!« (Gen 17,1) Wo liegt der Unterschied zwischen diesen beiden Aussagen, zwischen dem Wandeln *mit* Gott bzw. *vor* Gott? Die Rabbinen erklärten, es verhalte sich damit wie mit einem König, der zwei Söhne hat. Zum jüngeren sagt er: »Nimm meine Hand und geh mit mir.« Zum älteren sagt er: »Geh vor mir her!« Manchmal haben wir es nötig, daß Gott unsere Hand hält und mit uns geht. Manchmal sind wir Gott aber auch wie einem Vater, der seinem Kind das Recht zubilligt, erwachsen und unabhängig zu werden, dankbar dafür, daß er uns gestattet, ja uns geradezu zwingt, die ersten unsicheren Schritte alleine zu tun, die doch zugleich der Ausdruck unserer Unabhängigkeit und Würde sind. Hier liegt wohl der Grund dafür, daß wir den Garten Eden verlassen mußten; und das ist auch der Grund, daß Kains Opfer nicht angenommen wurde. Deshalb sind wir aufgerufen, unser Leben in ehrfürchtiger Scheu und zugleich in tiefer Liebe zu Gott zu leben, wie es im jüdischen Gebet erfleht wird: »Gib uns die Aufrichtigkeit, dich zu lieben und zu fürchten – so werden wir niemals unsere Selbstachtung verlieren noch zuschanden werden, denn du bist die Macht, die zu unserer Rettung wirkt.«

In der jüdischen Liturgie findet sich ein aufschlußreicher Beleg für diese Deutung des Sündenfalls. Die *Amida*, das »Stehgebet«, das dreimal am Tag gesprochen wird, beginnt und endet jeweils mit drei Segensformeln; dazwischen stehen dreizehn andere, die gleichsam »Petitionen« der Juden an Gott verkörpern, wie man sie einem König des Altertums vorlegte. Die erste dieser Bitten zeichnet sich durch eine recht »bedeutungsschwere« Terminologie aus, wenn wir an die gerade betrachtete Geschichte denken:

»Du begnadest den Menschen mit Erkenntnis und lehrst den Sterblichen Einsicht. Begnade uns mit Erkenntnis, Einsicht und Verstand von dir. Gelobt seist Du, Herr, der (uns) mit Erkenntnis begnadet.«[4]

4. *Jakob J. Petuchowski:* Gottesdienst des Herzens. Freiburg 1981, S. 27.

Das dreimal wiederholte Wort für »Erkenntnis« ist dasselbe wie in der Wendung vom »Baum der *Erkenntnis*«, auch wenn der Vorgang hier so geschildert wird, daß die Erkenntnis uns in einem Akt der Gnade von Gott geschenkt wird. Ich kann mir kein bezeichnenderes Beispiel der rabbinischen Auffassung denken, daß das Essen der Frucht und die darauffolgende Vertreibung aus dem Garten Eden keineswegs ein »Fallen aus der Gnade« war, sondern letztlich eine große Befreiung, denn sie schenkte den »Kindern« von Eden die Möglichkeit, erwachsen zu werden. Gott schnitt die Fäden der Marionetten durch und ließ sie aufrecht auf Erden wandeln.

Das folgende Gebet, das ebenfalls aus der jüdischen Tagesliturgie stammt, ist vielleicht ein weiterer Beleg für die rabbinische Leugnung des Gedankens, daß der sogenannte »Sündenfall« irgendeine katastrophale Auswirkung auf die menschliche Seele hatte. Es anerkennt die Vergänglichkeit unseres Lebens, aber auch die Vergänglichkeit des Todes:

»Mein Gott! Die Seele, die Du mir gegeben hast, ist rein. Du hast sie erschaffen, Du hast sie gebildet, Du hast sie mir eingehaucht, Du behütest sie in mir, und Du wirst sie einst von mir nehmen und sie mir in der zukünftigen Welt wiedergeben.«[5]

5. *Jakob J. Petuchowski:* Gottesdienst des Herzens. Freiburg 1981, S. 63.

2

Sind Sie erlöst?

Als die ersten europäischen Künstler nach Australien kamen und die dortige Landschaft malten, malten sie die Bäume zunächst genauso wie zu Hause. In Wirklichkeit waren es natürlich ganz andere Bäume, doch es dauerte lange, bis die Künstler das, was sie gelernt hatten, abschütteln konnten und sahen, was wirklich da war. Ganz Ähnliches läuft ab, wenn Menschen sich zum erstenmal in einer Dialogsituation begegnen. Jeder sieht den anderen zunächst mit den Augen seiner eigenen Tradition und stellt ihm Fragen, die aus dieser Tradition kommen: »Gibt es bei euch auch ...?« »Aber wie könnt ihr in den Himmel kommen, wenn ihr nicht ...?« Es dauert lange, bis wir lernen, dem anderen wirklich zuzuhören, und die Andersartigkeit seines Denkens, seiner Werte und Prioritäten erkennen. Auch im jüdisch-christlichen Dialog kleben viele noch an alten Fragen und Vorannahmen, wenngleich inzwischen große Fortschritte darin erzielt wurden, die unterschiedlichen Anliegen beider Seiten wahrzunehmen und zu akzeptieren. Es ist also durchaus lohnend, einen der Streitpunkte genauer zu betrachten. Wie der Titel des Kapitels bereits andeutet, geht es um die vertrackte Frage nach der »Erlösung«.

Ich nähere mich diesem Thema nur mit äußerster Vorsicht, denn auf keinen Fall möchte ich in den Fehler verfallen, apologetisch zu werden. Der Terminus »Erlösung« ist tief in der christlichen Theologie verankert und erfährt dort eine Aufwertung, die für Juden, wenn nicht befremdlich, so doch in jedem Fall nicht in diesem Maße nachvollziehbar ist. Ein Teil von mir möchte deshalb ganz einfach sagen: »Wir haben auch die Erlösung!« Und ein anderer Teil möchte sich mit der hebräischen Bibel befassen, ohne sich dabei auch nur im geringsten mit all den Vorannahmen auseinanderzusetzen, die uns eine christliche Umwelt aufzwingt.

Lassen Sie mich das Problem an zwei Beispielen illustrieren. Bei den Vorarbeiten zu diesem Kapitel schlug ich in den jüdischen Bibelkommentaren und theologischen Werken nach, die mir greifbar waren. Ich hoffte, im Index einen netten kleinen Abschnitt mit der Überschrift »Erlösung« zu finden – doch zu meinem Pech konnte ich kaum einmal auch nur das Stichwort entdecken. Unter »Messias« ließe sich wohl eine Menge dazu sagen, doch die Terminologie der »Erlösung« spielt in der jüdischen Diskussion bei weitem nicht die zentrale Rolle, die sie im Christentum hat, und auf jeden Fall fehlen ihr all die speziellen Obertöne, die mit dem Tod und der Auferstehung Jesu von Nazareth zu tun haben.

Das zweite Beispiel macht deutlich, womit man als Jude konfrontiert wird, wenn man sich mit den entsprechenden christlichen Ansätzen auseinandersetzt. So schlug ich während meiner Vorbereitung auch im *Interpreter's Dictionary of the Bible*[1] nach, einem umfassenden und im allgemeinen äußerst brauchbaren Nachschlagewerk, dessen erklärtes Anliegen eine objektive, wissenschaftliche Darstellung ist – das war jedenfalls bisher immer mein Eindruck, wenn ich es zu Rate zog. Doch nun, da ich mich mit der Frage nach der Erlösung herumschlug, die ich im Hinblick auf die beiden Testamente klären wollte, bekam diese Objektivität auf einmal Schlagseite, und zwar in einer Art und Weise, wie sie uns Juden nur allzu vertraut ist. Da geht der Autor z. B. der Frage nach, wo sich die hebräischen Termini für »Erlösung« (die sich von der Wurzel *jescha* herleiten) ganz einfach auf menschliche Akte der »Rettung« beziehen – wo also ein nicht-theologischer Gebrauch des Terminus vorliegt –, und an welchen Stellen sich der Bedeutungshorizont möglicherweise in den Bereich der sogenannten »Heilsgeschichte« verschiebt, d. i. die Vorstellung von der Rettung durch einen »Helden«, der eine entscheidende Rolle in Gottes Plan zur Rettung der Welt spielt.

Der Verfasser kommt ganz richtig zu dem Ergebnis, daß diese Frage in vielen Fällen nicht eindeutig zu klären ist. So vergleicht er die Geschichten von den Abenteuern des jungen David mit den »Volkssagen vieler Nationen« und fährt fort:

»Sie ähneln in vielem den Geschichten von Robin Hood und seinen Gefährten, die von Generationen von Kindern heiß geliebt wurden. Der Erzählzyklus über David aber ist Heilsgeschichte, die Robin Hood-Legen-

1. *Keith Crim (Hg.):* The Interpreter's Dictionary of the Bible, 5 Bde., Abingdon 1952/1976.

den sind es nicht. Das liegt nicht etwa daran, daß die Geschichten von David erbaulicher oder moralischer wären als die von Robin Hood, im Gegenteil, was die Erbaulichkeit angeht, besteht wenig Unterschied zwischen ihnen. Der entscheidende Unterschied liegt vielmehr darin, daß es in den Geschichten von David um das planvolle Eingreifen Gottes in die Weltgeschichte geht, dessen letztes Ziel die Erlösung der Menschheit ist. Dieser Erlösungswille Gottes hat sich historisch im Rahmen der Geschichte eines ganz bestimmten Volkes manifestiert und seine Erfüllung in Jesus Christus gefunden. *Weil* die Erlösung im Namen Jesu Christi und keines anderen geschieht (Apg 4,12), ist die biblische Geschichte »Heilsgeschichte«; und aus eben diesem Grund ist die Heilsgeschichte die Geschichte von Abraham, Isaak, Jakob, Mose, Josua, der Hure Rahab, Gideon, Barak, Simson, Jefta, David, Samuel und den Propheten (Hebr 11) und nicht die Geschichte von Buddha, Konfuzius, Sokrates, Plato, Aristoteles, Marc Aurel, Plotin, Mohammed, Rousseau, Marx, Gandhi oder Bertrand Russell.«

Ich denke, wir sollten aus dieser ungeheuerlichen Aussage einige Elemente herausfiltern und für sich betrachten. Zunächst einmal ist zu konstatieren, daß der Verfasser, von der Auffassung des Neuen Testaments ausgehend, der hebräischen Bibel die Vorstellung von einer sich linear entfaltenden Heilsgeschichte, die auf eine ganz bestimmte Erfüllung abzielt, unterstellt; damit aber stülpt er dem Alten Testament neutestamentliche Denkkategorien über, ein Tatbestand, der – zumal in einem wissenschaftlichen Werk über das Alte Testament – nichtsdestoweniger skandalös bleibt, auch wenn die Juden sich in zweitausend Jahren an solche Übergriffe gewöhnt haben.

Zweitens stehen die unverhüllte Exklusivität des Anspruchs auf die »Heilsgeschichte« und die Annahme, daß legitimerweise als solche nur zu betrachten ist, was mit der Geschichte Israels (und damit auch mit dem Christentum) verknüpft ist, in direktem Widerspruch zu dem Universalismus, der uns an vielen Stellen der hebräischen Bibel entgegentritt, wie das nächste Kapitel zeigen wird. Nun könnte man natürlich argumentieren, daß die Geschichten von Robin Hood insofern, als sie vom Kampf gegen Ungerechtigkeit und vom Freiheitsrecht der Menschen handeln, mit Auffassungen korrespondieren, wie sie in der Bibel vertreten werden. Und auch die Bibel selbst erzählt immer wieder von Menschen wie Jitro, Melchisedek und Bileam, die als Heiden von dem einen Gott wissen und Israels Auffassung vom Wesen dieses Gottes und seinen Attributen bereichern. Der Perserkönig Kyrus wird vom Verfasser des zweiten Teils des Jesajabuches gar als »Gottesknecht« bezeichnet.

Am Buch Jona, das ebenfalls eine eindeutig universale Aussage macht, wird zugleich deutlich, welche Schwierigkeiten Israel selbst hatte, die Universalität seines Gottes zu akzeptieren. Und der Prophet Amos schließlich, der doch auf den ersten Blick fast ausschließlich mit internen israelitischen Problemen beschäftigt scheint, macht andererseits zwei weitreichende Aussagen über das Verhältnis Gottes zu anderen Völkern. Am Anfang spricht er von Gottes Sorge über den moralischen Verfall der umliegenden Nationen und davon, wie Gott sie bestrafen wird – was man noch als einen Appell an den Nationalstolz Israels verstehen könnte. Doch in Amos 9,7 findet sich dann die unzweideutigste Bestätigung dafür, daß die »Heilsgeschichte« im Rahmen der säkularen Geschichte anderer Völker gesehen und akzeptiert werden muß:

»Seid ihr mir nicht wie die Kinder der Kuschiten, ihr Kinder Israel? sagt der Ewige. Habe ich nicht Israel aus dem Land Ägypten herausgeführt und die Philister aus Kaftor und die Aramäer aus Kir?«

Das heißt nichts anderes, als daß auch andere Völker ihren »Auszug aus Ägypten« haben: Jenes Ereignis, das, wie wir sehen werden, für Israels Selbstverständnis und für die Erfahrung und die theologische Entfaltung des Gedankens der Rettung absolut entscheidend ist, hat ein Pendant in der Geschichte anderer Völker – Gott hat es auch unter ihnen gewirkt.

Amos verweist dabei allerdings ebenso auf die besondere Rolle Israels, denn die Israeliten haben als erste in bewußter und kollektiver Antwort auf Gottes Bundesangebot reagiert, weshalb denn auch an sie besonders hohe Erwartungen in bezug auf ihr Verhalten gestellt werden (Am 3,2). Dennoch besteht ein himmelweiter Unterschied zwischen der Anerkennung der einzigartigen Aufgabe eines bestimmten Volkes neben der universellen Bedeutung und Legitimität der Geschichte anderer Völker, und der enggefaßten Exklusivität, wie sie in der oben zitierten Kommentarpassage zum Ausdruck kommt.

Die Aufzählung von Personen, die angeblich keine Relevanz für die Heilsgeschichte haben, am Ende des bewußten Abschnitts ist in jüdischen Augen mehr als dumm. Es ist – im Rahmen einer Diskussion um die hebräische Bibel – natürlich unsinnig, eine solche Liste überhaupt aufzustellen; ganz gleich, wie man es betrachtet, ist es aber auf jeden Fall geradezu grotesk, Gestalten wie Buddha, Sokrates und Gandhi aus der »Heilsgeschichte« der Welt auszunehmen, und vom moslemischen Standpunkt (wie übrigens auch vom jüdischen, da Maimonides den religiösen Wert des Islam durchaus anerkannte) läuft es eindeutig auf Blasphemie hinaus, Mohammed auszuschließen. Die gesamte Passage ist in der Tat dermaßen unglaublich, daß man sich fragt, welche Vorstellung wohl dahinterstehen mag. Diese Vorstellung tritt im nächsten Abschnitt zutage:

»Die Heilsgeschichte ist die Geschichte göttlichen Handelns für unsere Erlösung im und durch das Leben und die Person von historischen Menschen von Fleisch und Blut, die ebenso menschlich und fehlbar wie alle Menschen waren, und die dennoch – *nicht durch eigenes Verdienst* (Hervorhebung von mir) – zu Werkzeugen des göttlichen Plans zur Erlösung der Welt wurden.«

Die Wendung *nicht durch eigenes Verdienst* ist es, die die Geschichtsauffassung des Verfassers von einem meiner Ansicht nach legitimeren Verständnis der hebräischen Bibel scheidet. Denn ganz offensichtlich sind es doch die hervorragenden Eigenschaften von Noah und Abraham, die Gott dazu bewegen, sich weiter mit den Menschen abzugeben, ganz offensichtlich sind es der Wille und die Gebete von Hanna (1 Sam 1f), die die Geburt Samuels und das Heraufziehen einer neuen Epoche bewirken, und ist es doch gerade die Menschlichkeit einer Gestalt wie Jeremia, die zu einem integrierenden Bestandteil seiner Lehre wird. Die oben dargestellte Theorie ist deshalb so eindeutig unhaltbar, daß sie nur aufgrund eines tiefeingewurzelten theologischen Vorurteils auf seiten des Verfassers zustandegekommen sein kann, das seinerseits auf einer bestimmten christlichen Auffassung basiert. Auch das wird etwas später im selben Artikel explizit deutlich:

»Nach den tiefen theologischen Einsichten der jesajanischen Schule verblaßte die prophetische Vision, und der großartige Entwurf einer Erlösung allein durch die göttliche Gerechtigkeit wurde in den Lehraussagen des späteren Judentums verdunkelt, besonders in solchen, die eine Erlösung aufgrund menschlicher Verdienste implizierten. Nach der Lehre der Rabbinen mußte die Erlösung des einzelnen durch die peinlich genaue Befolgung der detaillierten Vorschriften der Tora (des mosaischen Gesetzes) erlangt werden, und man konnte die Aussichten eines Menschen auf Erlösung durch ein schlichtes Rechenexempel feststellen, indem man seine Verdienste und Vergehen gegeneinander aufrechnete. Zwar werteten verschiedene rabbinische Schulen dieses verdienstliche Werk oder jene Gebotsübertretung unterschiedlich hoch, doch alle hielten sich an dieselben Grundregeln. Darüber hinaus bestand Einverständnis darüber, daß ein frommer Jude, dessen angestrengtes Bemühen in seinem Leben nicht von Erfolg gekrönt war, sich aus dem Topf der überfließenden Verdienste der Väter Abraham, Isaak und Jakob und der makkabäischen Helden bedienen konnte. Auf diese Weise wurde die Erlösung weitgehend zu einer Sache menschlicher Leistung im Sinne einer Leistungsbilanz.

So jedenfalls stellte sich das offizielle (rabbinische) Judentum am Ende der alttestamentlichen Zeit bis in das Jahr 70 n. Chr. dar; wenn wir jedoch von den Belegen der Literatur aus Qumran ausgehen, so war auch die Frömmigkeit, wie die Sekten sie vertraten, kaum besser. Eine fanatische Gesetzlichkeit, die den totalen Rückzug aus der Welt verlangte, sollte die Erlösung einer kleinen Gemeinschaft Auserwählter bewirken; ihre Vorstellung von der Erlösung war von der, die Jesus verkündete und die Zöllnern und Sündern offenstand, denkbar weit entfernt. Das spätere Judentum wußte nur von einer Erlösung der Gerechten und nichts von der Erlösung der Sünder. Es war Jesus und seinen Anhängern, vor allem Paulus, vorbehalten, eine Reformation heraufzuführen, die auf der Neuentdeckung und Bekräftigung der prophetischen Lehre der Erlösung durch die Gerechtigkeit Gottes basierte.«

Es ist erstaunlich, daß noch im Jahr 1962, als das zitierte Werk erschien, eine dermaßen verzerrte Sicht des rabbinischen Judentums aufgetischt werden konnte. In jedem Fall verrät sich darin eine völlige Unkenntnis zeitgenössischer jüdischer Arbeiten und ein äußerst altmodisches – vor allem aber völlig unkritisches – Verständnis vom Neuen Testament. Das Wort »Tora« einfach mit »Gesetz« wiederzugeben, ohne dabei deutlich zu machen, daß das rabbinische Judentum ebensoviel Gewicht auf ethische, moralische, spirituelle, mystische und so etwas wie »humanistische« Werte legte, heißt, die Bedeutung des Begriffes völlig zu entstellen. Den Gedanken der *Teschuwa*, unangemessenerweise mit »Buße« übersetzt, ignoriert der Autor in seiner Kritik einfach. *Teschuwa* – das ist eine weit offene Tür zu Gott. Man könnte noch vieles anführen, aber ich denke, es ist klargeworden, worum es mir geht.

Es ist kaum möglich, im Kontext der hebräischen Bibel von »Erlösung« zu sprechen, ohne dabei einen Gedanken in unangemessener Weise in den Vordergrund zu rücken, der eher implizit als explizit in ihr enthalten ist, und ohne sich in den Beweiszwang hineinmanövrieren zu lassen, daß dieser implizite Gehalt dem, was aus christlicher Sicht explizit dastehen sollte, ebenbürtig ist.

Ich möchte im folgenden vor allem zwei Aspekte herausstellen, die für jedes Gespräch über die Erlösung zentral sind. Das ist einmal der Auszug aus Ägypten, der Bericht über eine in der Vergangenheit erfolgte Befreiung, der durch seine Rolle in der Liturgie gleichsam zur Verkörperung der fortdauernden Erfahrung von Erlösung und damit zu einem Modell für die Antizipation der Zukunft wurde. Das andere ist die Schöpfungsgeschichte und die Vorstellung von einer neuen Schöpfung, die Gott ins Leben rufen wird, wenn sich die Unmöglichkeit einer Vervollkommnung der menschlichen Gesellschaft durch die Menschen selbst erwiesen hat. Diese beiden Ereignisse möchte ich gern im einzelnen betrachten, wobei mir völlig klar ist, daß es selbstverständlich auch noch andere Ansätze und Aspekte gibt, die man untersuchen könnte.

Nach vierhundertjährigem Schweigen spricht Gott aus dem brennenden Busch zu Mose. Seine Rede ist, wie es sich für einen solch feierlichen Augenblick ziemt, sehr formell, nach einem konzentrischen Muster, aufgebaut.

»Dann sprach der Ewige:
Gewiß habe ich das Elend meines Volkes in Ägypten *gesehen*, und ich habe sein *Geschrei* wegen seiner Antreiber gehört; ich kenne seine Schmerzen.
Ich bin herabgekommen, um es aus der Hand der Ägypter zu erretten und es hinauszuführen aus diesem *Land* in ein *Land*, das gut und weit ist, in ein *Land*, das von Milch und Honig überfließt, an den Ort der Kanaaniter, Hetiter, Amoriter, Perisiter, Hewiter und Jebusiter.
Und nun siehe, das *Geschrei* der Kinder Israel ist vor mich gekommen, und ich habe die Bedrängnis *gesehen*, mit der die Ägypter sie quälen. Nun aber geh hin, denn ich will dich zum Pharao senden, damit du mein Volk, die Kinder Israel, aus Ägypten herausführst.« (Ex 3,7-11)

Der Aufbau des Abschnitts wird durch die Wiederholung bestimmter Schlüsselwörter sehr schön deutlich. Am Anfang sagt Gott: »Gewiß habe ich *gesehen*«, und am Ende sagt er wieder »ich habe *gese-*

hen« – beide Verbformen sind von der hebräischen Wurzel *ra'a* abgeleitet. Von diesem äußersten Ring her folgt als nächstes Schlüsselwort
Za'aga, »Geschrei«. In Vers 7 sagt Gott, er habe das »Geschrei« der
Israeliten gehört, und in Vers 9 erfahren wir, daß ihr »Geschrei« vor
ihn gekommen ist. Die Wiederholung dieser beiden Elemente in
umgekehrter Reihenfolge unterstreicht, daß Gott um die Leiden
Israels weiß. Der innerste Kreis ist dann um das Wort *Erez*, »Land«,
zentriert: Gott ist herabgekommen, um sie aus »diesem Land« der
Sklaverei in ein Land der Freiheit zu bringen, ein Land, das »gut und
weit« ist und »überfließt von Milch und Honig«. An späterer Stelle im
gleichen Kapitel wird Gott noch einmal betonen, daß er die Verheißung, die er den Erzvätern gegeben hat, erfüllen will, wobei die
Offenbarung des Gottesnamens eine große Rolle spielt. Wir wollen
uns hier jedoch auf die einleitende Absichtserklärung konzentrieren.

Der Mittelteil und damit der betonte Teil des Textes handelt von
dem »Land« der Verheißung im Gegensatz zu *diesem Land* (es wird
nicht einmal eines Namens gewürdigt), das zum Symbol all dessen
geworden ist, was menschliche Existenz elend machen kann: Sklaverei, Brutalität, Frondienst, Abstumpfung und schließlich die allge-
genwärtige Drohung eines gewaltsamen Todes. Es ist das genaue
Gegenteil zum Garten Eden, und von daher ist es kein Zufall, daß die
angebotene Alternative wie jener Garten ein weites und fruchtbares
Land ist, ein Land, das Gott den Israeliten verheißt, um damit seinen
göttlichen Plan zur Wiederherstellung der Menschen der Erfüllung
näherzubringen – ein Land und eine Gesellschaft, die das Vorbild der
neuen menschlichen Gemeinschaft sein sollen. Adam und Eva wurden aus Eden verstoßen, weil dort der Baum des Lebens steht – aber
sie und ihre Nachkommen sind mit Erkenntnis ausgestattet und müssen nun ihren Weg in ein neues Eden finden, das ihnen von Gott
geschenkt wird und das sie selbst zu einem Paradies machen müssen.

Zwei andere Themen, die ebenfalls mit der Geschichte des Exodus
verknüpft sind und noch weiterreichende Folgen haben, verdienen
es, an dieser Stelle erwähnt zu werden. Das eine ist das Thema von
Sklaverei und Freiheit. Die ersten Gesetze im Gesetzbuch des Bundes, die am Sinai erlassen werden (nach Ex 21), handeln vom Recht
israelitischer Sklaven auf Freiheit. Der Begriff, der für die Behandlung
der Israeliten durch die Ägpyter steht (*Parech*, »Strenge, Härte«),
taucht nur noch in einem einzigen anderen Kapitel im Pentateuch
auf, und zwar in Levitikus 25,43, wo geboten wird, daß man seine

Sklaven nicht mit *Parech* behandeln soll. Sonst findet sich dieses Wort nur noch in Ezechiel 34,4, wo der Prophet die Hirten des Volkes anklagt, sie behandelten die Israeliten mit ebendieser »Härte« – eine Wendung, die ganz offensichtlich die früheren Stellen aufgreift.

Doch es geht hier nicht nur um die Behandlung von Sklaven. Viermal werden die Israeliten aufgefordert, sich vor Augen zu halten, daß sie *Gerim*, »Fremde«, im Land Ägypten waren. Aus diesem Grund kennen sie die »Seele des Fremden« und sollen deshalb den Fremden nicht unterdrücken (Ex 22,20; 23,9). In Levitikus 19 wird ihnen in einer Parallele zu der berühmten Aussage »Du sollst deinen Nächsten lieben wie dich selbst« (Lev 19,18) geboten, die unter ihnen wohnenden Fremden als zu ihnen gehörig zu behandeln und »den Fremden zu lieben wie euch selbst, weil ihr Fremde in Ägypten wart, ich bin der Ewige, euer Gott« (vgl. Dtn 10,19).

Die wiederholte Hervorhebung dieser Wendung, wenn es um die Pflichten geht, die mit der neuen, nationalen Existenz des Volkes verbunden sind, läßt darauf schließen, daß die Sorge für Nicht-Volkszugehörige sich nicht von selbst verstand. Ehemalige Sklaven benutzen ja oft ihre neugewonnene Freiheit dazu, denen, die in ihrer Gewalt sind, die gleichen Ungerechtigkeiten zuzufügen, unter denen sie selbst vorher zu leiden hatten. Nichtsdestoweniger gilt das Gebot: Das israelitische Gemeinwesen soll ein Modell sein, kein Rückfall in den Sklavenstaat, aus dem Israel befreit worden war – sonst wäre der Exodus vergeblich gewesen.

Die Betonung der Sorge für andere, hier auf den Umgang mit den Fremden im eigenen Land beschränkt, stellt eine Verbindung zu einem anderen Motiv her, das die gesamte Exodus-Erzählung durchzieht, besonders die Geschichten von den Plagen. Es beginnt mit Pharaos Behauptung, er kenne den Ewigen, Israels Gott, nicht (Ex 5,2). Die Art, wie das Verb *jada*, »kennen«, hier gebraucht wird, impliziert nicht bloße Unkenntnis, sondern vielmehr die Weigerung, die Existenz, geschweige denn die Autorität des Gottes Israels anzuerkennen. (Der Midrasch läßt Pharao seinen Zauberern befehlen, den Namen dieses Gottes im offiziellen Verzeichnis aller Götter der Welt nachzuschlagen. Als er nicht darin zu finden ist, wendet Pharao sich triumphierend an Mose, der ihm entgegnet: »Suche nicht nach dem lebendigen Gott unter den Toten.«) In den folgenden Kapiteln taucht das Verb *jada* zehnmal auf (7.5,17; 8.6,18;

9.14,29; 10.2; 11.7; 14.4,18), und es wird betont, daß die letzte Plage, oder auch die Reihe der Plagen insgesamt, darauf zielte, Pharao, das ägyptische Volk und Israel selbst *erkennen* zu lassen, daß die Macht hinter diesen Ereignissen der lebendige Gott war. Damit ist die Befreiung Israels aus der Knechtschaft nicht nur ein Ereignis von interner Bedeutung für Israel, sondern eines, das Folgen für die ganze Welt hat.

Indem Israel sozusagen mitten auf die Bühne der Welt gestellt wird, soll die Macht Gottes allen Völkern offenbart werden und mit ihr zugleich auch seine Sorge für all jene, die leiden, und seine Verheißung, das Joch der Sklaverei zu zerbrechen. Aus diesem Grund beruft sich Mose, als Gott nach der Episode mit dem Goldenen Kalb droht, das Volk zu vernichten, auf Gottes Ansehen bei den Ägpytern, die sagen werden, er habe die Israeliten nur befreit, um sie umzubringen (Ex 32,13). Ganz ähnlich nach der anderen großen Krise, dem Vorfall mit den Spähern, wo Mose nicht nur geltend macht, was die Ägypter, sondern auch, was die Völker des Landes, in das Israel kommen wird, sagen könnten (Num 14,13-16). Bei Israels Befreiung aus Ägypten steht also mehr auf dem Spiel als nur seine eigene Rettung – die ganze Welt soll daraus lernen.

Als Ägpyten hinter ihnen liegt, werden die frisch befreiten Sklaven mit zwei Bestimmungsorten konfrontiert: dem Sinai und dem Gelobten Land. In Gottes zweiter großer Rede im Exodusbuch, die ebenfalls konzentrisch aufgebaut ist, wird dieser Prozeß in seinen einzelnen Stadien durch eine Kette aneinandergereihter Verben veranschaulicht:

»Ich werde euch herausführen unter den Lasten Ägpytens hinweg und ich werde euch retten aus ihrer Sklaverei;
ich werde euch erlösen mit ausgestrecktem Arm und durch große Gerichte; ich will euch als mein Volk annehmen
und ich will euer Gott sein;
dann sollt ihr wissen, daß ich der Ewige bin, euer Gott, der euch herausführt unter den Lasten Ägpytens hinweg,
und ich werde euch in das Land bringen, um dessentwillen ich meine Hand (zum Schwur) erhoben habe, daß ich es Abraham, Isaak und Jakob geben will,
und ich werde es euch als Erbe geben.
Ich bin der Ewige.« (Ex 6,6-8)

»Erlösung« ist hier der Terminus technicus für die Begleichung von Schulden oder auch eine andere Handlung, die bewirkt, daß ein Mensch aus der Sklaverei freikommt. Und der »Erlöser« ist derjenige, der mit dieser besonderen Verantwortung betraut ist. Hier ist Gott der Erlöser, der Israel in einen Bund hineinholt, in eine dauerhafte, vertraglich geregelte Beziehung mit wechselseitigen Pflichten. Am Sinai werden die Implikationen dieses Vertrages weiter ausgearbeitet: »Ihr sollt für mich ein Königtum von Priestern und ein heiliges Volk sein« (Ex 19,6). Die Rolle, die ein Priester als Vermittler zwischen Gott und den Menschen übernimmt – als ein ganz normaler Mensch, dem lediglich eine besondere Aufgabe zufällt –, soll Israel für die Völker der Erde übernehmen. In diesem allerpersönlichsten Augenblick der Entscheidung tritt die äußere Welt zurück, doch selbst hier wird betont, daß Gott Israel deshalb erwählen kann, weil »die ganze Erde ihm gehört«. Der universalistische Hintergrund gerät also nie aus dem Blick, und so steht Israels Rettung aus Ägypten letztlich in Zusammenhang mit der ersten Verheißung an Abraham, daß durch ihn alle Geschlechter der Erde gesegnet sein sollen (Gen 12,3).

Aufs engste verquickt mit der Sinai-Offenbarung sind natürlich die Zehn Gebote – oder vielleicht genauer die »Zehn Worte«, wie sie in der jüdischen Tradition heißen. Die Beziehung zwischen diesem Gebotskatalog und dem Geschehen am Sinai ist äußerst komplex. Dazu trägt nicht zuletzt die Alternativversion des Dekalogs im Deuteronomium bei. In der rabbinischen Lehre hat man sich viel mit den beiden Fassungen des Sabbatgebotes beschäftigt – wir haben in einem früheren Kapitel bereits Ibn Esras Auseinandersetzung mit diesem Punkt kennengelernt. Es fällt auf, daß die zwei Gründe, die für das Halten des *Schabbat* angegeben werden, jene zwei Pole spiegeln, auf die wir auch im Laufe unserer Untersuchung des Erlösungsthemas gestoßen sind: Schöpfung und Exodus. In Exodus 20 wird Israel aufgefordert, an den *Schabbat* zu denken,

»denn in sechs Tagen hat der Ewige den Himmel und die Erde gemacht, das Meer und alles, was in ihnen ist, und ruhte am siebten Tag, so segnete der Ewige den Sabbattag und heiligte ihn.« (Ex 20,11)

Und im Deuteronomium lautet der Grund für das »Halten« des *Schabbat*:

»Gedenkt daran, daß ihr Sklaven wart im Land Ägpyten und der Ewige, euer Gott, euch mit starker Hand und ausgestrecktem Arm von dort herausgeführt hat, darum hat der Ewige euch geboten, den Sabbattag zu feiern.« (Dtn 5,15)

Manchmal wird argumentiert, daß es sich bei der Exodus-Version um eine rein (*sic*) theologische Begründung handle, die Fassung aus dem Deuteronomium dagegen ein soziales Anliegen widerspiegle und damit stärker ethisch geprägt sei. Man könnte das Argument allerdings auch umdrehen und sagen, daß der Verweis auf die Schöpfung auf ein universelleres Konzept hindeutet. Sei dem, wie ihm wolle, das Faszinierende ist, daß das *Schabbat*-Gebot mit diesen entscheidenden Ereignissen verknüpft und begründet wird. Wieder ist eben jenes Wort für »Sklave« – *Ewed* –, das mehrfach in der Diskussion auftauchte, das Bindeglied. Denn dasselbe Wort, das die bittere Knechtschaft in Ägpyten bezeichnet, wird auch für die Arbeit gebraucht, die Adam im Garten Eden tat, als Gott ihn dort hineinstellte, »ihm zu dienen« bzw. »ihn zu bearbeiten« (Gen 2,15).

In den Vorschriften zur Freilassung von Sklaven im Jubeljahr wird dann noch einmal deutlich, welche Bedeutung hinter all dem steht:

»Denn (spricht Gott) mir gehören die Kinder Israel als *Awadim* (Sklaven/Knechte): sie sind meine Knechte, die ich aus dem Land Ägypten herausgeführt habe. Ich bin der Ewige, euer Gott.« (Lev 25,55)

Kein Israelit soll eines anderen Sklave sein, denn alles gehört Gott. Am *Schabbat*, der in dieser unerlösten Welt eine Ahnung von der vollkommenen Welt des Garten Eden vermitteln soll, gibt es keine Sklaven, und die Menschen stehen in völliger Freiheit vor Gott. Jenen Stand der Unschuld, den sie einst in Adam besaßen, können sie nun dadurch wiedererlangen, daß sie ihr Gemeinwesen freiwillig einem Ordnungssystem unterstellen, vor allem aber Gott als den Schöpfer des Universums und ihrer selbst anerkennen. Die Erlösung – als innerer wie als äußerer Zustand – liegt in der freien Entscheidung eines freien Menschen und eines freien Gemeinwesens, den eigenen Willen dem Willen Gottes unterzuordnen – eine Entscheidung, die ihren Ausdruck unter anderem darin findet, wie die Menschen miteinander umgehen.

Dieser Begriff der Freiheit ist so stark und die Überzeugung, daß der Staat Israel auf sie gegründet ist, so tief eingewurzelt, daß der Prophet Jeremia in der Mißachtung dieses Grundprinzips das ungeheuerlichste Vergehen überhaupt sieht, für das es keine Hoffnung auf göttliche Vergebung gibt. In Kapitel 34 seines Buches wird von einem Vorfall berichtet, der sich während der Belagerung Jerusalems durch Nebukadnezar abspielte. Auf Jeremias Predigt hin ließen die Fürsten des Volkes Sklaven frei, die nach dem Gesetz zum Sabbat- und zum Jubeljahr hätten freigelassen werden müssen. Als sich die Babylonier jedoch beim Herannahen der ägyptischen Armee zurückzogen, wurden die Sklaven mit Gewalt wieder zu ihren Herren zurückgebracht. Gott verurteilt diesen schändlichen Wortbruch scharf, wobei er auf die Terminologie von Levitikus 25,10 (»Ihr sollt Freiheit/Freilassung ausrufen«, *Dror*) und die Gesetzespassage in Exodus 21,2 (vgl. Dtn 15,1f) zurückgreift. In seiner Bestrafung der Übeltäter will er seinerseits »Freiheit ausrufen« – und zwar für das Schwert, für die Pest und für den Hunger (Jer 34,17). Von hier aus gesehen kommt es kaum unerwartet, daß das andere entscheidende Element, das nach Jeremia zwischen Jerusalem und seiner Eroberung durch fremde Mächte steht, die korrekte Einhaltung des Sabbat ist (Jer 17,19-27). Denn letztlich symbolisiert auch das Halten des *Schabbat* die Anerkennung Gottes als Schöpfer und die Annahme seines Willens und Planes zur Erlösung der Welt.

Daß das, was in Israel geschieht, Folgen für die ganze Welt hat, wird in den Texten des Deuterojesaja explizit. Es ist faszinierend zu beobachten, wie wiederum das Halten des Sabbat zu einem entscheidenden Kriterium für die Verheißung der Erlösung für alle Völker wird – Israeliten wie Fremde (*Nochri*, jemand, der keinerlei Verwandtschaftsbeziehungen zu Israel hat):

»So spricht der Ewige: Wahret das Recht und übt Gerechtigkeit, denn meine Erlösung ist nahe und meine Errettung, daß sie offenbart werde. Glücklich der Mensch, der das tut, und der Mensch, der daran festhält, der den Sabbat hält, ihn nicht entweiht, und seine Hand davor bewahrt, irgend etwas Böses zu tun. Möge der Fremde, der sich dem Ewigen angeschlossen hat, nicht sagen: ›Der Ewige wird mich sicher von seinem Volk ausschließen‹, und möge der Eunuch nicht sagen: ›Siehe, ich bin ein dürrer Baum‹. Denn so spricht der Ewige: ›Den Eunuchen, die meine Sabbate halten und das erwählen, woran ich Gefallen habe, und festhalten an meinem Bund, denen gebe ich in meinem Haus und in meinen Mauern ein Denkmal und einen Namen, besser als Söhne und Töchter; einen ewigen Namen werde ich ihnen geben, der nicht ausgelöscht werden soll. Und die Fremden, die sich dem Ewigen anschließen, um ihm zu dienen und den Namen des Ewigen zu lieben, und seine Knechte (*Awadim*), jeden, der den Sabbat hält und ihn nicht entweiht und an meinem Bund festhält, diese werde ich zu meinem heiligen Berg bringen und sie erfreuen in meinem Bethaus; ihre Brandopfer und ihre Schlachtopfer sollen angenommen werden auf meinem Altar, denn mein Haus wird ein Bethaus genannt werden für alle Völker.«« (Jes 56,1-7)

Sei es durch das Wirken einer menschlichen Gestalt, des »Gesalbten«, in dem das Bild des davidischen Königs wiederauflebt; sei es, daß die Völker nach Zion strömen, um dort Unterweisung in Gottes Tora zu empfangen und ihre Kriegswaffen niederzulegen; sei es, daß tiefgreifende Veränderungen in der Natur sich ereignen, so daß Raubtiere untereinander und mit dem Menschen in Frieden leben; ganz gleich, welche spezifische Metapher gewählt wird, in all diesen Visionen von der Erlösung der Welt geht es um die Errichtung eines Reiches der Gerechtigkeit und der Freiheit für alle unter der Herrschaft des einen Gottes. Es ist die Rückkehr in jene Harmonie zwischen Mensch, Schöpfung und Gott, die in Eden herrschte, dieses Mal jedoch heraufgeführt durch den Wunsch der Menschen, selbst an der Schaffung eines solchen Paradieses mitzuwirken. So groß das Ungleichgewicht der beteiligten Kräfte bei diesem Akt auch sein mag, er muß ein Akt der Partnerschaft und der beiderseitigen Verpflichtung sein.

Die Erfahrung Israels ist menschliche Erfahrung in einer menschlichen Welt, den unendlichen Varianten gesellschaftlicher und politischer Veränderung unterworfen. Das Gedenken und das liturgische Nacherleben des Exodus am Passafest gab den Israeliten eine Perspektive, ja eine Vision, die sie durch den zweiten Exodus aus Babylon und weiter bis ins zweite Exil zur Zeit der Römer begleitete. Beim Laubhüttenfest (*Sukkot*) wurden siebzig Stiere geopfert, ein Sinnbild dafür, daß dieses Fest für die siebzig Nationen der Welt zelebriert wurde, ein Sinnbild für die Verantwortung Israels für diese Welt und für die Realität jener Wüstenwanderung, die das Leben ist. Beide Feste vermitteln eine auf die Ewigkeit gerichtete Perspektive, an der die Realitäten des täglichen Lebens des einzelnen und seines Volkes gemessen werden können. Und der *Schabbat* mit seiner regelmäßigen Wiederkehr nach den sechs Arbeitstagen wird zum Modell und Garanten des Erlösungspotentials, das dem menschlichen Willen und der menschlichen Ruhe und Auslieferung an den Willen Gottes innewohnt. So ist Erlösung beides: Eine Verheißung von etwas Künftigem und eine gegenwärtige potentielle Realität; sie ist Trost in Zeiten der Bedrängnis und Herausforderung in Zeiten des Wohlstands und Erfolges.

In der Sabbatliturgie wird an diesem Tag die *Amida,* das Stehgebet, um einige Zeilen erweitert, in denen viel von dem, was in diesem Kapitel zur Sprache kam, ausgedrückt ist, nämlich daß der Sabbat selbst das Abbild der künftigen Erlösung ist:

»Unser Gott und Gott unserer Väter! Nimm unsere Ruhe mit Wohlgefallen an, heilige uns durch Deine Gebote, und gib uns unseren Anteil an Deiner Tora. Sättige uns mit Deinem Gut und erfreue uns mit Deinem Heil. Läutere unser Herz, daß wir Dir in Wahrheit dienen, und, Herr unser Gott, laß in Liebe und Wohlgefallen Deinen heiligen Sabbat unser Erbe bleiben; und möge Israel, das Deinen Namen heiligt, an ihm seine Ruhe finden.«[2]

Die Erlösung ist Gottes Geschenk an die Menschen und nicht weniger ein Geschenk der Menschen an Gott.

2. *Jakob J. Petuchowski:* Gottesdienst des Herzens. Freiburg 1981, S. 40 f.

3

Universalismus und Partikularismus

Ist die hebräische Bibel »universalistisch« oder »partikularistisch« –
diese Frage ist entweder von überhaupt keinem oder aber von so
brennendem Interesse, daß sie eine ernsthafte Erörterung und Analyse erfordert. Offensichtlich sind beide Elemente eng miteinander
verbunden, wenn nicht sogar untrennbar – die starke nationale
Identität Israels, die zugleich gekoppelt ist mit dem Bewußtsein,
daß der Gott Israels der Gott der ganzen Welt ist. Wie die beiden
Aspekte jedoch wechselseitig aufeinander bezogen sind und welche
Konsequenzen sie nach sich ziehen, gehört in jenen weitgefächer-
ten Fragenkreis des jüdischen Selbstverständnisses und des
Verständnisses der hebräischen Bibel, wie andere, besonders die
christliche Kirche, es haben.

Lassen Sie mich dies am Beispiel der Aussagen einiger jüdischer
Autoren zum Universalismus-Gedanken in der Bibel, wie er insbesondere in der prophetischen Tradition Ausdruck findet, deutlich
machen. Unser erstes Beispiel stammt aus einem kleinen Buch mit
dem Titel »Highways through Judaism« von Rabbiner Victor
Reichert, einem amerikanischen Reformrabbiner und Poeten. Das
Büchlein erschien 1936 in England.

»Daß das jüdische Volk sich während der jahrhundertelangen Zerstreuung
und Verfolgung seine Lebendigkeit bewahrt hat, ist nicht zuletzt auf die
jeder Todesdrohung die Stirn bietenden Impulse zurückzuführen, die aus
dem Geist der Propheten erwuchsen. Sie verliehen Israels Religion eine
weltumgreifende Perspektive und eine breite universalistische Basis, indem
hier ein Gott in den Blick genommen wurde, der sich nicht nur Israels
annahm, sondern der ganzen Menschheit. Damit befreiten sie den Glauben der Juden für immer aus den Fesseln eines engen, exklusiven Rassismus
und Nationalismus. Jener namenlose Prophet, der das kleine Meisterwerk,
das Buch Jona, verfaßte, lehrte die Brüderlichkeit aller Menschen als Ergänzung und Sinnbild der prophetischen Lehre von der Väterlichkeit Gottes.
Dadurch, daß sie Spiritualität mit ethischer Lebensführung und Gottes-

dienst mit Dienst am Menschen gleichsetzten, bereiteten die Propheten den Weg für jenen demokratischen, geläuterten Glauben, der selbst den Schock der Vernichtung Israels überdauerte.«[1]

Die Aussagen der zitierten Passage, wie etwa die Betonung des Universalismus, die Befreiung aus den »Fesseln eines engen, exklusiven Rassismus und Nationalismus«, die Lehre von der »Brüderlichkeit aller Menschen« und von einem »demokratischen, geläuterten Glauben« werden verständlich vor dem Hintergrund des klassischen amerikanischen Reformjudentums, dem Dr. Reichert zuzurechnen ist. Ziel dieser Bewegung war es, einen Weg zu finden, wie Juden am amerikanischen Leben partizipieren und zugleich die entscheidenden Werte ihrer Tradition bewahren konnten. Eine wichtige Rolle spielte dabei die Beschäftigung mit sozialen Fragen als einer Möglichkeit, der Hochschätzung der »prophetischen« Aspekte des Judentums Ausdruck zu verleihen. Ein amerikanischer Reformrabbiner würde also diese Anliegen ganz selbstverständlich als zentrale Aspekte der biblisch-prophetischen Lehre betrachten. Stellt man zudem in Rechnung, daß Reicherts Buch vor dem Hereinbrechen der *Shoa* und vor der Schaffung des Staates Israel entstand, so werden seine Offenheit und der optimistische Grundton des Textes um so verständlicher.

Der folgende Abschnitt liegt auf derselben Linie, obwohl er 1959 entstand und aus der Feder eines orthodoxen Rabbiners stammt, eines Absolventen des Jews College, des Orthodox Seminary of Great Britain, später dort Dozent für Semitische Sprachen und Direktor des Instituts. In dem kleinen Taschenbuch mit dem schlichten Titel »Judaism« schreibt Rabbiner Dr. Isidore Epstein in der Einleitung des Kapitels über die »Propheten«:

»Der Glaube, dem das Judentum sein Überleben und seine Dynamik verdankt, ist auf die Tora (das Gesetz) und die Propheten gegründet. Die Tora … vermittelt nicht nur Verhaltensmaßstäbe religiöser und moralischer Art, sondern auch die Erkenntnis Gottes und seines Willens. Mit großer Überzeugungskraft und Kreativität interpretierten die Propheten das so Erkannte und lenkten damit die Religion Israels in neue Bahnen und machten sie zu einer inspirierenden Kraft für die ganze Menschheit. Sie

1. *Victor Reichert:* Highways through Judaism, S. 17.

gaben, wie sehr richtig erkannt wurde, den Anstoß zu einem neuen Gottesverständnis, einem neuen Verständnis vom Menschen und einem neuen Verständnis von Religion. Dank ihrer Bemühungen wurde aus Monolatrie Monotheismus, aus Nationalismus Universalismus, wurde Religion zu einer Sache des rechten Lebenswandels statt bloßer ritueller Praxis.« (S. 55)

Etwas später stellt Epstein die hebräische und die griechische Auffassung einander gegenüber:

»Doch diese Zukunftsvision galt nicht Israel allein. Zwar blieben die Propheten ihrem nationalen Bewußtsein fest verhaftet, ihre Geschichtsvorstellung aber war auf die Weltgeschichte gerichtet. Die griechische Philosophie mag durch ihre Spekulationen die Vorstellung von der Seele des einzelnen bereichert haben, doch sie verschwendete keinen Gedanken an das Wesen anderer Völker. Die Barbaren – die Bezeichnung, mit der alle fremden Völker belegt wurden – hatten keinen Zutritt zum Reich der griechischen Philosophie. Die Propheten Israels dagegen gelangten über die Grenzen ihrer eigenen Nation hinaus zu der Vision von einer geeinten Menschheit und machten die Vorstellung von der Menschheit an sich zum Inhalt der Religion. Sie hatten die Vision von einer Welteinheit und Weltharmonie, in der alle Menschen und Völker Gott, den Herrn der ganzen Erde, erkennen und verehren.« (S. 59)

Bei beiden Autoren meint man aus der starken Betonung universalistischer Werte das Echo einer apologetischen Haltung herauszuhören, in die sich die Juden durch die christliche Sicht des Judentums hineingedrängt sahen. Inwiefern diese Apologetik auf die Bibelforschung abgefärbt hat, beschreibt Yehezkel Kaufmann in seiner monumentalen, vierbändigen hebräischen »Geschichte der Religion Israels«:

»Nach christlicher Lehre war die Zerstörung Jerusalems die verdiente Folge der fortgesetzten Sünden Israels, deren Höhepunkt die Ablehnung Jesu bildete. Israels Sündhaftigkeit, die in einer gleichsam angeborenen Neigung zur Rebellion wurzelt, führte schließlich dazu, daß es seinerseits von Gott abgelehnt wurde. Diese Vorstellung steht, bewußt oder unbewußt, hinter der modernen Auslegung der israelitischen Geschichte, wie sie christliche Gelehrte formuliert haben. Sie spiegelt sich in dem wissenschaftlichen Axiom, daß das israelitische Volk selbst heidnisch war und allein die Propheten und ihr engster Umkreis die monotheistische Idee aufbrachten und weitergaben. Der Gott der Populärreligion hingegen wird als synkretistische JHWH-Baals-Gottheit lokalen Ursprungs geschildert. Um sich von dieser seiner alten, territorial geprägten Naturreligion zu lösen, mußte Israel eine gewaltsame Entwurzelung durchmachen. Der nationale Zusammenbruch und das Exil waren die Vorbedingungen für den Sieg des prophetischen Monotheismus über den Volksglauben. Dies war denn auch konsequenterweise der innere Anspruch und das letzte Ziel der Prophetie, wenngleich die Propheten als Einzelpersonen ihr Volk natürlich durchaus liebten. In der Prophetie des Untergangs fand schließlich der radikale Gegensatz zwischen dem partikularistischen, synkretistischen Glauben des Volkes und dem universalistischen Monotheismus der Propheten einen adäquaten Ausdruck. Der Gott der Volksreligion verschwand in den Flammen seines Tempels; in der Zerstörung manifestierte sich der Sieg der Prophetie. In der Zeit des Zweiten Tempels erlebte der »Nationalgedanke« dann einen neuen Aufschwung, und wieder stand dem prophetischen Universalismus der nationale Partikularismus des gemeinen Volkes gegenüber; der alte Kampf begann von neuem.«[2]

Der Teil des Kaufmannschen Werkes, dem der oben zitierte Abschnitt entstammt, erschien 1948 zum ersten Mal, und zwar in Hebräisch. Die Vorannahmen, mit denen die Bibelforscher an die hebräische Bibel herangehen, haben sich seither gewandelt, neue Ansätze der Textanalyse haben die historisch-kritischen Methoden zurückgedrängt. Immerhin aber kann Joseph Blenkinsopp noch 1984 in seiner Wertung der »alttestamentlichen Theologie« für einen Perspektivenwechsel plädieren, der

»die Standard-Antithesen – christlicher Universalismus kontra jüdischer Partikularismus, christliche Freiheit vom Gesetz kontra jüdischer Legalismus, usw. – neu formuliert als Probleme, die *dem Judentum selbst inhärent* sind und zu denen auf verschiedene Weise Position bezogen werden kann, wie es denn auch während dieser ganzen Zeit geschah.«[3]

2. *Yehezkel Kaufmann:* The Religion of Israel, übers. von Moshe Greenberg, Allen & Unwin, 1971, S. 403.
3. *Joseph Blenkinsopp*: Old Testament Theology and the Jewish-Christian Connection, *JSOT* 28, 1984, 3-15.12. Daß wir immer noch weit entfernt von einer allgemeinen Neu-Bewertung christlicher Standardauffassungen vom Judentum sind, wird deutlich anhand von Büchern wie »Anti-Judaism in Christian Theology« von der verstorbenen Dr. Charlotte Klein (SPCK 1978).

Ist es möglich, aus der apologetischen Ecke herauszukommen, indem man versucht, das Verhältnis von Universalismus und Partikularismus im biblischen Denken abzuklären? Einen solchen Versuch hat Professor Harry Orlinsky in einem Artikel unternommen, dessen Titel bereits deutlich macht, welche Unterscheidung der Verfasser zu treffen versucht: »Nationalism-Universalism and Internationalism in Ancient Israel«.[4] Sein Text ist in einem etwas unwirschen Ton abgefaßt, der vermuten läßt, daß er sich zuviele »universalistische« Predigten von Kollegen, die dem Reform-Rabbinertum zugehörten, und von Absolventen des Hebrew Union College, an dem er lehrte, hatte anhören müssen. In seinem populären Buch »Ancient Israel«[5] äußert er sich zum Problem:

»Eine weitere, vielleicht die wichtigste Vorstellung, die anachronistischerweise in die Tradition der Propheten hineingelesen wurde, war der Gedanke, daß ihre Lehren eine immer umfassendere Perspektive vertraten, bis sie schließlich die gesamte Menschheit als eine einzige große Gemeinschaft sahen. Einer der am häufigsten zitierten und mißverstandenen Bibeltexte ist die wohlbekannte Maleachi-Stelle: »Haben wir nicht alle einen Vater? Hat nicht ein Gott uns geschaffen?« (2,10) In diesem Vers eine Aussage über die gesamte Menschheit zu sehen, hieße jedoch, ihn gewaltsam aus seinem ursprünglichen Kontext herauszureißen. . . . Die prophetische Tradition ruht fest auf dem Gedanken des Bundes zwischen dem Herrn und seinem Volk Israel. Den Propheten ging es konkret und exklusiv um dieses »erwählte Volk«, und sie nahmen von anderen Völkern und Nationen nur insofern Notiz, als diese – sei es im guten oder im bösen – mit Juda und Israel in Berührung kamen. »Vernehmt dieses Wort, das der Herr über euch gesagt hat«, sagt Amos. »Euch allein habe ich von allen Geschlechtern dieser Erde erkannt« (3,1-2). Die Vorstellung von der Gleichheit zwischen den Völkern wäre für die Propheten oder ihre Zeitgenossen völlig undenkbar gewesen. Eine solche Idee konnte sich erst später, unter völlig anderen Umständen, entwickeln und wurde begreiflicherweise sowohl von Juden als auch von Christen in die prophetischen Texte hineingelesen, als Rom die Juden nach 70 n. Chr. ins Exil verbannte und sie sich in den Weiten des römischen Reiches verloren.« (S. 163 f)

4. In: *H.T. Frank und W.L. Reed (Hg.)*: Translating and Understanding the Old Testament: Essays in Honour of Herbert Gordon May. Abindgon Press 1970, S. 206-36.
5. *Harry Orlinsky:* Ancient Israel. Cornell University Press 1954.

Orlinsky führt weiter aus, daß Israel ein wichtiger militärischer Knotenpunkt der Antike war. Das Volk lebte in beständiger Furcht vor
seinen Nachbarn, den Assyrern, Aramäern, Ägyptern und Babyloniern. Sein einziges Bestreben war, in Ruhe gelassen zu werden, und
»dieser übermächtige Wunsch war es denn auch, dem Jesaja (2,4)
und Micha (4,3) in den berühmten Zeilen Ausdruck gaben:

»Und (der Ewige) wird richten zwischen den Nationen, und für viele
Völker Recht sprechen.
Dann werden sie ihre Schwerter zu Pflugscharen umschmieden, und ihre
Speere zu Sicheln.
Nicht mehr wird Nation gegen Nation das Schwert erheben, und sie wer-
den den Krieg nicht mehr lernen.«

Orlinsky fährt fort:

»Im Lichte frommen Wunschdenkens kann man sich diese eindrucksvolle
Passage – wie es oft auch geschah – so zurechtlegen, daß sich in ihr der
Wunsch nach der Gemeinschaft aller Menschen und nach allumfassen-
dem Frieden auf der Welt manifestiere. Im nüchternen Licht der Realität ist
diese sentimentale Deutung vom Kontext her jedoch eindeutig auszuschließen.« (S. 165)

Orlinsky läßt gelten, daß nach prophetischer Auffassung die heidnischen Völker schließlich erkennen sollen, daß »Israel und seine
Religion und sein Gott mit seinem Wohnsitz auf dem Zion die einzig richtige Lebensform auf der Welt verkörpern. Dann werden die
heidnischen Völker der Welt zu dem Berg strömen, auf dem das
Haus des Herrn thront.« (S. 166 f).
Etwas später faßt Orlinsky seine Position zusammen:

»Für die Verfasser der Bibel, vom ersten bis zum letzten, ist Gott nicht allein
der Gott Israels, so wie allein Israel Gottes Volk ist, sondern er ist gleichzeitig und ganz selbstverständlich auch der Gott des Universums, der einzige
Gott, der auf der ganzen Welt existiert, der einzige Gott, der jemals existiert
hat und jemals existieren wird ... Und so ist der Gott Israels gleichzeitig der
einzige Gott und Herr des Universums und doch auch wieder nur der Gott
Israels: der *nationale* Gott des biblischen Israel ist ein *universaler*, aber kein
internationaler Gott. Mit keinem Volk außer Israel ging Gott jemals eine
gesetzlich festgelegte Beziehung ein.« (S. 213 f)

Eine ähnliche Auffassung vertritt Martin Buber beim Vergleich von Amos 2,10 und 9,7. »Der Amosspruch vom Führen der Aramäer lehnt solche Auffassung ab: die Völker wissen nicht, wer ihr Befreier ist, jedes nennt den seinen mit anderem Namen, jedes meint einen für sich zu haben, wir aber kennen den Einen, denn wir sind von ihm ›erkannt‹. Das ist der *nationale* Universalismus des prophetischen Glaubens.«[6]

Orlinskys Beteuerung mutet am Ende fast wie eine antiapologetische Apologie an, auch wenn er seine Argumentation ausgezeichnet mit Zitaten belegt. Es gibt jedoch eine ganze Anzahl von Passagen in der hebräischen Bibel, die derartig eindeutige Unterscheidungen wieder in einem etwas ambivalenteren Licht erscheinen lassen. Betrachtet man die Bibel als Ganzes, so ist hier vor allem das Buch Genesis und seine Position als erstes Buch des biblischen Kanons zu nennen: Daß ein einziger Gott ist, Schöpfer des Himmels und der Erde, und daß die gesamte Menschheit von einem einzigen Menschen abstammt, sind zwei absolut revolutionäre Aussagen. Vor allem die letztere scheint sämtlichen noch so deutlich sichtbaren Unterschieden von Rasse, Sprache und Nationalität geradezu ins Gesicht zu schlagen. Damit ist die Gleichung von dem *einen* Gott, dem *eine* Menschheit entspricht, in die Welt gesetzt. Durch den ungeheuren Einfluß des biblischen Weltbildes gewann dieses Verständis ein solches Gewicht, daß heute (zumindest im westlichen Abendland) Rassismus als eine Verirrung gilt. Dennoch ist dieser Gedanke zugleich so völlig unannehmbar und läuft dem »gesunden Menschenverstand« und allen nationalen, kulturellen, religiösen und Stammesbindungen so sehr zuwider, daß sich das Vorurteil gegen »die anderen« auf lokaler wie auf globaler Ebene immer wieder in Ausbrüchen von Gewalt Bahn bricht. Dessenungeachtet stellt die Plazierung der Genesis am Anfang der Bibel die Geschichte der Patriarchen, der zwölf Stämme und der israelitischen Nation auf eine Ebene mit einer ganzen Welt von Nationen und Völkern, die alle von *einem* allmächtigen Gott geschaffen wurden. Die Erwähltheit der Israeliten wird durchgängig vor diesem Hintergrund gesehen; ihre Erfolge und ihr Scheitern, ihr Verhältnis

---

6. *Martin Buber*: »Heiliges Ereignis«; in: Werke, Bd. II, Schriften zu Bibel, München und Heidelberg 1964, S. 284.

zu ihrem Land existieren nie in einem Vakuum, so beschränkt auch die Sicht des einzelnen Textes oder Verfassers scheinen mag. Wie früh oder spät wir das Buch selbst oder seine einzelnen Teile auch datieren, und selbst wenn wir uns auf die Beschäftigung mit dem Prozeß der Kanonisierung beschränken, in dessen Verlauf entschieden wurde, den Text an diese Stelle zu setzen – es bleibt eine erstaunliche Aussage über die Bedeutung und Rolle Israels und offenbart eine geradezu ehrfurchtheischende Tollkühnheit oder Überzeugung.

Die Metapher für die Beziehung zwischen Gott und seiner Schöpfung wie auch für die Beziehung zwischen Gott und Israel ist der immer wieder erneuerte Bundesschluß, die vertragliche Verbindung, die beiden Partnern Verpflichtungen auferlegt. Raphael Loewe[7] beschreibt die Reihe der Bundesschlüsse als konzentrische Kreise: »Der göttliche Plan entfaltet sich in einer Reihe von Bundesschlüssen expliziter oder impliziter Art, die auf immer kleiner werdenden konzentrischen Kreisen errichtet sind: Angefangen mit dem Kosmos ..., und fortschreitend über Noah (das heißt die Menschheit im allgemeinen) und Abraham bis hin zu Israel. In diesen letzten Kreis, »Israel«, fallen zwei weitere, die ebenfalls konzentrisch angeordnet sind, nämlich der Bund mit dem aaronitischen Priestertum und der davidischen Dynastie. Die beiden letzteren Kreise sind jedoch nicht im Sinne einer weiteren, immer engeren Selektion des menschlichen Bundespartners zu verstehen ...«

Auf diese Metapher, die bis dahin tief in Israels nationalem Selbstbewußtsein verankert war, kann Jeremia sich beziehen, wenn er von einem neuen oder erneuerten Bund mit Israel nach der Vernichtung, die er kommen sieht, spricht (Jer 31,31ff). In ähnlicher Weise kann die prophetische Stimme in Jesaja 42,6 (49,8) vom Gottesknecht sagen, daß er ein »Bund des Volkes« und das »Licht der Nationen« sein wird – eine rätselhafte Wendung, die jedoch auf jeden Fall Israel eine zentrale Rolle bei der Rettung aller Völker zuweist. Eindeutig ist hier gemeint, wie auch Orlinsky ausführt, daß Nationen, die Gottes Taten an seinem erwählten Volk Israel gesehen haben, herzuströmen werden, um diesem Gott allein zu huldi-

7. *Raphael Loewe (Hg.)*: Potentialities and Limitations of Universalism in the *Halakhah*, in: Studies in Rationalism, Judaism and Universalism in Memory of Leon Roth, London 1966, S. 115-50, 118.

gen, ja daß sie sich endlich sogar mit Israel vereinen und ihm dienen werden. Umgekehrt besteht aber auch eine direkte Verantwortung Israels gegenüber den Nationen, eine Verflechtung mit ihnen, die man nicht aus den Augen verlieren darf. Wie sollen wir sonst die immer wiederkehrende Forderung verstehen, daß die Israeliten Gottes Zeugen sein sollen, denen aufgetragen ist, die Erfahrungen, die sie selbst mit Gott und seiner Macht gemacht haben, zu beherzigen (Jes 43,10-12) und den Nationen weiterzusagen (Jes 55,4).

Nun ist ein Zeuge sicherlich dazu da, Zeugnis abzulegen – doch ist damit aktives Engagement für andere gemeint, das möglicherweise in ein Missionskonzept einmündet, oder genügt Israels bloße Existenz und die Erfüllung seiner eigenen Bundesverpflichtungen? Um diese Frage zu beantworten, sollten wir die Terminologie der »Segnung« bei der Berufung Abrahams in den Blick nehmen, womit wir erneut beim Buch Genesis wären. In Genesis 12,3 verheißt Gott Abraham: »Und ich will segnen, die dich segnen, und verfluchen, die dich verfluchen; und durch dich sollen alle Geschlechter der Erde sich segnen.« E. A. Speiser geht in seinem Kommentar zur Genesis auf die Probleme dieser letzteren Wendung ein:

»Die hebräische Verbform wird häufig mit »sollen gesegnet werden« übersetzt, da sie im Nifal steht, das im allgemeinen, wenn auch nicht immer, passivisch ist. Es finden sich jedoch auch Parallelstellen im Hitpael (vgl. xxii 18, xxvi 4), einer Form, die reflexiv oder auch reziprok gebraucht werden kann, nicht aber passivisch. Unser Satz meint also, daß die Nationen der Welt auf Abraham als ihr Ideal verweisen werden, indem sie entweder sich selbst segnen oder einander. Das Passiv dagegen würde bedeuten, daß die Privilegien, die Abraham und seine Nachkommen genießen werden, auch anderen Nationen zuteil werden sollen.«[8]

Keine der vorgeschlagenen Übersetzungen gibt jedoch die Bedeutung der identischen grammatikalischen Form, die sich in Jeremia 4,2 findet, wieder: »Wenn du (Israel) schwörst »so wahr der Herr lebt« in Wahrheit, in Gerechtigkeit und in Aufrichtigkeit, dann werden die Nationen sich in ihm segnen und sich in ihm rühmen.«
Benno Jacob sieht sich denn auch zu einer anderen Auslegung von Genesis 12,3 veranlaßt:

8. *E. A. Speiser:* Genesis, Anchor Bible, Doubleday 1962, S. 86.

»*Und durch dich sollen alle Geschlechter auf Erden sich segnen* oder »gesegnet werden«. Beide Übersetzungen sind möglich. Die erste würde besagen, daß alle Völker untereinander von Abraham sagen werden: »Wäre unser Volk nur so gesegnet wie er.« Die zweite würde bedeuten: Alle Völker werden durch dich gesegnet werden als Folge ihrer Beziehung zu dir, selbst wenn sie das wahre Verhältnis von Ursache und Wirkung nicht durchschauen. Diese Segensformel wird wiederholt, als Abraham sich als ein Vorbild moralischer und religiöser Größe erweist (Gen 18,18 und 22,18).«[9]

Im Fall der Intervention Abrahams für die Bewohner von Sodom und Gomorra (bei welchem Anlaß die Segensformel wiederholt wird) wird gerade diese zweite These veranschaulicht. Außerdem heilt Abraham als Fürsprecher bei Gott zugunsten von König Abimelech (Gen 20,17) die Unfruchtbarkeit der Frau des Abimelech, die daraufhin Kinder bekommen kann – das sichtbarste »Segenszeichen« für die israelitische Gesellschaft. Das heißt, Israels Beziehung zu Gott steht von Anfang an, vom Gründer des Volkes bis hin zu seinem letzten Propheten, nicht im Widerspruch zu einem Kontakt – manchmal freundschaftlicher, häufig aber auch feindseliger Art – zwischen Israel und den Nationen. Selbst wenn man Orlinskys Ansicht folgt und davon ausgeht, daß in den Passagen, in denen die Propheten die Nachbarvölker verurteilen, eigentlich Israel selbst gemeint sei, so wird in diesen Passagen doch zumindest ein internationales Interesse und Bewußtsein erkennbar, vielleicht sogar der fast magische Glaube, daß schon die Macht der Worte allein eine greifbare Wirkung hat.

Doch ist die Welt nach biblischem Verständnis tatsächlich so streng geteilt in Israel, das Gott »kennt«, auf der einen und den Rest der Welt, der das nicht tut, auf der anderen Seite? Immerhin kommt eine ganze Reihe von Personen dahin, Israels Gott anzuerkennen und auf die eine oder andere Weise in Verbindung mit ihm zu treten. Ein besonderes Beispiel dafür ist Rut; man denke aber auch an Personen wie Naeman, Befehlshaber der Streitkräfte des syrischen Königs (2 Kön 5), der Israels Gott annimmt, als er von seiner Lepra geheilt wird. Gestalten wie Melchisedek, Bileam und in mancher

9. *Benno Jacob*: The First Book of the Bible Genesis. Sein Kommentar, gekürzt, übersetzt und herausgegeben von E. I. Jacob und W. Jacob; Ktav 1974, S. 86 f.

Hinsicht auch Jitro aber sind allenfalls Außenseiter, die den einen, wahren Gott ähnlich wahrnehmen wie Israel. Sie bleiben – so sehr ihre Existenz und ihre Bedeutung auch hervorgehoben werden – Ausnahmeerscheinungen wie jener andere Liebling Gottes nicht-israelitischer Herkunft, Hiob. Daß selbst ganze Nationen – oder gar Supermächte – an Israels Beziehung zu Gott teilhaben können, ohne dabei ihre eigene Identität zu verlieren, läßt sich aus einem Abschnitt des Buches Jesaja ableiten, ganz gleich, wie spät der betreffende Text zu datieren ist:

»An jenem Tag wird Israel der Dritte sein mit Ägypten und mit Assur, ein Segen inmitten der Erde; denn der Ewige der Heerscharen hat es gesegnet und gesagt: Gesegnet sei Ägypten, mein Volk, und Assur, meiner Hände Werk, und Israel, mein Erbe.« (Jes 19,24-25)

Die Alternativen, vor denen die Nationen stehen, nämlich sich Israel zu assimilieren oder aber Gott anzunehmen und dennoch die eigene Identität zu wahren, finden sich vielleicht am deutlichsten im Buch Jona, das gewöhnlich im Zusammenhang mit Israels Partikularismus bzw. Universalismus angeführt wird. An dieser Stelle ist zunächst einmal nur wichtig, daß Jona mit zwei Gruppen zu tun hat, mit den Seeleuten und den Niniviten. Beide kommen durch das unwissentliche oder unwillentliche Handeln des Propheten in Berührung mit der göttlichen Macht und dem göttlichen Wohlwollen. Doch während die Seeleute am Ende zu JHWH, Israels Gott, beten, ihm Gelübde weihen und Opfer darbringen (Jona 1,14-16), rufen die Niniviten in der Person ihres Königs weiter »Gott« an (Jona 3,8), in der Hoffnung, daß »der Gott« seinen Zorn fahren lassen möge. Obwohl der König sich im Sinne der Theologie Jeremias verhält und äußert, redet er Israels Gott doch nicht mit Namen an, und in der Tat ist es dann auch dieser anonyme »Gott«, der Erbarmen hat und Ninive nicht zerstört. Gerade weil die verschiedenen Bezeichnungen für Gott im Buch Jona eine wichtige Rolle spielen, fällt die terminologische Unterscheidung an dieser Stelle besonders auf. Was auch immer das künftige Schicksal der Niniviten sein wird, sie wenden sich an den universalen Gott, soweit es ihnen ihre beschränkte Kenntnis dieses Gottes erlaubt.

In welcher Beziehung stehen nun diese theologischen Überlegungen Israels zu den realen Erfahrungen, die das Volk mit anderen Nationen machte? Welche geschichtliche Auffassung über die Ursprünge Israels man sich auch zueigen machen mag, immer wird die Erfahrung in und mit Ägypten als entscheidend für die Herausbildung der Identität des Volkes betrachtet. Die Kanaaniter – als Einzelvölker und als Kollektiv – bildeten den Bodensatz der einheimischen Bevölkerung, unter der die Israeliten wohnten, mit der sie Krieg führten, unsichere Bündnisse eingingen oder die sie unterwarfen. Es bestanden wechselseitige Beziehungen auf privater und öffentlicher Ebene, es gab Mischehen, und es kam zu gegenseitiger politischer und religiöser Beeinflussung. Die sich ständig ändernden Grenzen führten dazu, daß die unmittelbaren Nachbarn immer wieder neu eingeordnet werden mußten – als Feinde, als Bundesgenossen, als Vasallen oder Eroberer. Mit der Zeit Davids und Salomos eröffnete sich Israel die Möglichkeit zu Begegnungen mit fast allen Kulturen der damals bekannten Welt. Das Land wurde zu einem Knotenpunkt und Umschlagplatz sämtlicher Zeiterscheinungen, sei es im geistigen, religiösen, technologischen oder merkantilen Bereich. Auch die Großmächte jenseits der unmittelbaren Grenzen bekamen es zu spüren, sei es, daß sie nur mit ihren Armeen durch das Land zogen, wenn sie im Krieg miteinander standen, sei es, daß sie dem kleinen Küstenstreifen mit Annexion drohten. Was das hieß, brachte Salomo in seinem Gebet anläßlich der Einweihung des Tempels in einer gleichermaßen politisch wie religiös gefärbten Sprache zum Ausdruck, denn die beiden sind eng miteinander verbunden:

»Ebenso wenn ein Fremder, der nicht von deinem Volk Israel ist, aus einem fernen Land kommt um deines Namens willen (denn sie werden von deinem großen Namen hören und deiner mächtigen Hand und von deinem ausgestreckten Arm), wenn er kommt und betet zu diesem Haus hin, vernimm es im Himmel, deinem Wohnort, und tu nach allem, worum der Fremde zu dir ruft, damit alle Völker der Erde deinen Namen erkennen und dich fürchten mögen, wie es dein Volk Israel tut, und damit sie erkennen, daß dieses Haus, das ich gebaut habe, nach deinem Namen genannt ist.« (1 Kön 8,41-43)

Schließlich sollte Israel tatsächlich das Exil in Babylon durchmachen, im Herzen eines dieser fremden Großreiche. In Vorwegnahme der Folgen, die diese Erfahrung haben sollte, verfaßte der Prophet Jeremia ein Gebot für die Verbannten, das vielleicht die genaue Umkehrung der Erfahrung Salomos darstellt und dabei doch das Verhältnis Israels zur Außenwelt noch genauer bestimmt:

»So spricht der Herr der Heerscharen, der Gott Israels, zu allen Weggeführten, die ich in die Verbannung von Jerusalem nach Babel geschickt habe: Baut Häuser und wohnt darin; pflanzt Gärten und eßt ihre Früchte. Nehmt Frauen und zeugt Söhne und Töchter; nehmt Frauen für eure Söhne, und gebt eure Töchter in die Ehe, damit sie Söhne und Töchter gebären; vermehrt euch dort und vermindert euch nicht. Aber sucht das Wohlergehen der Stadt, in die ich euch in die Verbannung geschickt habe, und betet für sie zum Herrn, denn in ihrem Wohlergehen werdet ihr euer Wohlergehen finden.« (Jer 29,4-7)

Für diese Worte wurde Jeremia als Verräter an seinem Volk gebrandmarkt. Dabei bestätigt das vielgeschmähte Buch Ester die Wahrheit dessen, was er vorhersah. Unter der Phantasieerzählung der Oberfläche enthält der Text einen äußerst realistischen Bericht über die Situation Israels im Exil, wo es – eine Schachfigur im Intrigenspiel fremder Machtpolitik – zu überleben versuchte, so gut es eben ging, indem es sich der gleichen politischen Ränke bediente. Angefangen mit der Auflistung der Völker der Erde, die von den Söhnen Noahs abstammen (Gen 10), bis hin zu Israels zeitweilig erfolgreichem Taktieren in der Hauptstadt des persischen Großreiches mit seinen 127 Provinzen – das Gottesvolk war mit allen Aspekten der Außenwelt vertraut. Diese Realität läßt sich nicht auf ein paar theologische Prinzipien reduzieren. Man muß vielmehr erkennen, welche Wirkungen und welche Polarisierung die Aussage über Israels Schicksal, die anläßlich des ersten Bundesschlusses mit Gott am Sinai erfolgte, impliziert: ein Königtum von Priestern und ein heiliges Volk zu sein. Priester treten als Mittler zwischen das Volk, hier die Völker der ganzen Welt, und Gott. Ein heiliges Volk aber ist ein Volk, das ausgesondert ist, das anders ist als die andern, das zugleich in der Welt und doch nicht von der Welt ist. Wie sein unsichtbarer Gott der Geschichte muß Israel zugleich immanent und transzendent sein und für immer die schmerzliche Spannung dieser unvereinbaren Polarisierung ertragen.

Ich habe dieses Kapitel mit dem Problem der Apologetik begonnen, und muß nun auch damit aufhören. Das biblische Gesetz kannte zwei Sonderkategorien von Fremden, denen gegenüber Israel eine besondere Verantwortung trug, weil sie auf israelitischem Gebiet lebten und israelitischem Gesetz unterstanden. Der *Ger* war, obwohl er aus einem anderen Volk stammte, ein Mitglied der israelitischen Volksgemeinschaft und hatte politische wie religiöse Rechte, die auf vielen Gebieten denen der Israeliten gleichkamen. Der *Nochri* war ein Fremder, der sich nur vorübergehend im Land aufhielt; die Bezeichnung bekam im Zusammenhang mit den Götzendienstpraktiken anderer Völker einen negativen Beiklang. Wenn Rut ihrem Erstaunen über Boas' Freundlichkeit Ausdruck gibt, obwohl sie doch eine *Nochria* ist (2,10), so wird daran deutlich, daß diese Bezeichnung eine Ablehnung enthielt. Auch wenn es das biblische Israel heute nicht mehr gibt, so bleiben doch die Fragen, wer zu Israel gehört, wie Israel sich seinen Nachbarn und fremden Bürgern gegenüber verhalten soll, nach welchen Kriterien die Grenzen israelitischen Territoriums – seien sie nun realer oder ideeller Art – festzulegen sind, seit der Neubildung des Staates Fragen von brennendem Interesse. Und auch wenn das rabbinische Gesetz das biblische Gesetz schon lange abgelöst hat, um seinerseits wiederum zum Teil durch die säkularen Gesetzessysteme der Mächte, die Palästina jahrhundertelang regiert haben, ersetzt zu werden, so wenden sich doch manche noch heute zurück zur Bibel, wenn es gilt, diese und ähnliche Probleme anzupacken. Die territoriale Frage nach dem Land Israel in biblischer Zeit läßt sich nicht eindeutig beantworten, da verschiedene Traditionsstränge ganz unterschiedliche Bilder zeichnen, die zudem durch die klassischen rabbinischen Auslegungen noch bunter wurden.[10] Das heißt, daß die Entscheidung, zu der eine Person oder eine Gruppe am Ende steht, weitgehend subjektiv ist, wobei die Texte und Argumente jeweils so hingedreht werden, daß sie die eigene Auffassung bestätigen, sei sie nun maximalistisch oder minimalistisch. Nicht weniger subjektiv und willkürlich sind die Einstellungen gegenüber der arabischen Bevölkerung, die innerhalb der Grenzen von vor 1967 verblieb, sowie gegenüber den besetzten Territorien und den angrenzenden Län-

10. *Moses Aberbach*: The Boundaries of Israel, Midstream, Mai 1984, Bd. 20, Nr. 5, S. 13–18.

dern. Auch wenn die extremsten Positionen in den Medien am meisten vertreten zu sein scheinen, so spiegeln sie doch nur die beiden äußersten Pole eines breiten Spektrums von Ansichten, das ganz ähnlich schon in biblischer Zeit existiert haben muß, wie ja auch die Haltung der umliegenden Nationen gegenüber dem neuen israelischen Staat Aktionen und Einstellungen der biblischen Nachbarn Israels wiederaufnimmt. Wieder einmal sind, wie schon damals, Realpolitik und Religion hoffnungslos ineinander verstrickt. Damit ist die Frage nach dem Partikularismus oder Universalismus des biblischen Israel nicht länger nur von akademischem, sondern von öffentlichem und politischem Interesse.

Wenn es auch für all diese Probleme keine einfachen Lösungen und keine objektiven Anhaltspunkte gibt, an die man sich vom biblischen Text her halten könnte, so finden sich doch im Buch Levitikus, im priesterlichen Buch des »Königtums von Priestern«, zwei Äußerungen, die sie in die rechte Perspektive rücken. »Das Land soll nicht endgültig verkauft werden, denn mir gehört das Land (spricht der Ewige); denn Fremde und Siedler seid ihr bei mir« (Lev 25,23). »Denn die Söhne Israels sind meine Knechte, meine Knechte, die ich aus dem Land Ägypten herausgeführt habe. Ich bin der Ewige, euer Gott.« (Lev 25,55) Als Knecht des Ewigen erhält Israel seine Identität; und indem es anerkennt, daß das Land dem Ewigen gehört, darf Israel es in Besitz nehmen. Beide Aussagen aber gründen sich auf die Worte des Psalms: »Des Ewigen ist die Erde und ihre Fülle, die Welt und die darin wohnen.« (Ps 24,1)

4

Propheten im Widerstreit

In die Welt der Propheten führt keine Abkürzung. Allein auf der Ebene der Erzählung, in den Geschichten von Wundertätern, von treuen Gottesknechten, die sich mutig gegen Könige, Priester und das Volk stellen, von Sehern, die die Zukunft schauen, von Ekstatikern, die singend und betend durchs Land ziehen – allein über diese Geschichten finden wir Zugang zu den Propheten. Wie es uns aus unserer Kindheit vertraut ist: Da kämpft Elia gegen die Baalspropheten und gießt Wasser auf den Altar, und Feuer fällt vom Himmel und setzt den Altar in Brand; da schläft Jona ruhig im Bauch des Schiffes, während der Sturm um ihn herum tobt; Mose, der Vater aller Propheten, schwingt drohend die Tafeln mit den Zehn Geboten, um sie dann zu zerschmettern, oder er liegt auf den Knien vor seinem Gott und fleht für sein irregeleitetes Volk; der aufgebrachte Mob dringt auf den Stufen des Tempels wütend auf Jeremia ein, weil dieser es gewagt hat, den Fall Jerusalems zu prophezeien; Ezechiel verspeist die Schriftrolle mit den Worten Gottes; und Jesaja sieht sich in einer Vision vor dem Thron Gottes, wo ihm der Mund mit glühender Kohle gereinigt wird.

All diese Gestalten, umgeben vom Mysterium, von einer geheimnisvollen Macht, die sie zum unmittelbaren Kontakt mit Gott befähigt, aber auch tragische Persönlichkeiten, die selbst unter der Botschaft der Zerstörung leiden, die sie dem Volk und dem Land, das sie lieben, vorhersagen müssen, beeindrucken und ergreifen uns tief. Sie sind Außenseiter, die sich nicht in die Konformität mit den korrupten Normen zwingen lassen können, Menschen von so gesteigerter Sensibilität, daß die kleinen Zugeständnisse, die wir im täglichen Leben machen, ihnen als ungeheuerliche Sünden erscheinen, die unüberwindliche Mauern zwischen uns und unserem Gott aufrichten.

Diese Bilder und noch viele andere sind sicherlich wahr, zumindest auf der Ebene des Mythos, der Legende oder der Projektion. Problematisch wird es erst, wenn wir versuchen, die Wirklichkeit hinter ihnen zu erfassen, sowohl vom historischen Aspekt als auch von den Texten her, die diese Männer hervorgebracht haben. Der Satz vom Geheimnis, das immer undurchdringlicher wird, je mehr wir wissen, ist eine Platitüde. In diesem Fall jedoch geht mit dem größeren Wissen nicht nur ein größeres Staunen einher, gepaart mit den üblichen menschlichen Vorbehalten, sondern zugleich auch eine tiefe Entmutigung angesichts der vielen Dinge, die uns unwiderruflich verschlossen bleiben müssen, weil die Sprache, der Kontext, das ganze Wesen der Kultur, aus der die Propheten hervorgingen, allzu oft jenseits unserer Rekonstruktionsmöglichkeiten liegen. Schlimmer noch: Das, was wir zu verstehen meinen, ist häufig nur ein Konstrukt, und beruhe es auch auf noch so fundierter wissenschaftlicher Forschung, ein Konstrukt, das lediglich unsere eigenen vergänglichen Vorannahmen spiegelt, die in ein paar Jahren durch andere, wieder neue Artefakte ersetzt werden. Ständig erschaffen wir uns die Propheten nach unserem eigenen Bilde – darin liegt ihre Macht und zugleich auch ihr unvermeidliches Scheitern.

Als Historiker stehen wir vor den größten Schwierigkeiten, wenn wir die Bibel einordnen wollen, denn unser einziges Zeugnis ist die hebräische Bibel selbst. Die aber enthält eine solche Fülle widersprüchlichen Materials, in dem so viele verschiedene Vorstellungen von Wahrheit oder Realität zum Tragen kommen, daß es kaum möglich ist, »verifizierbare Daten« daraus zu gewinnen. Dabei scheinen zumindest die Redaktoren in manchen Fällen sehr daran interessiert gewesen zu sein, bestimmte Ereignisse innerhalb ihres historisch korrekten Kontextes anzusiedeln. Nicht zuletzt deshalb erscheinen uns die Geschichten von den Erzvätern und die Erzählungen bis zu den Ereignissen in 1. und 2. Könige als Legenden, aus denen wir ebensoviel über die kulturellen und politischen Kräfte zur Zeit der Redaktion erfahren wie über die Ereignisse, von denen da berichtet wird – eine Deutung, die freilich wieder unserem eigenen Instrumentarium historischer Forschung entstammt. Bei den klassischen Propheten wiederum stoßen wir häufig auf das Bemühen, konkrete Zeugen für bestimmte Ereignisse zu benennen. Es scheint von einiger Wichtigkeit gewesen zu sein, den genauen Augenblick zu belegen, in dem etwas geschah oder gesagt wurde, nämlich vor dem Eintreffen der schließlich in die Vernichtung und ins Exil mündenden Katastrophen, die die Propheten vorhergesagt hatten und die sie manchmal noch selbst miterlebten.

Die biblische Lesart und Berichterstattung der eigenen Geschichte ist nicht mehr und auch nicht weniger subjektiv als die unsere. Auch sie bewegt sich innerhalb eines Rahmens von bestimmten Vorannahmen darüber, was bewahrt, weitergegeben und gelehrt werden muß. Ob wir nun Ausschau halten nach ökonomischen Kräften, die der Geschichte einer Kultur ihr Gepräge geben, oder nach dem Wirken der Hand Gottes, immer versuchen wir dabei ganz bewußt, die Informationen um ein bestimmtes ideologisches Konstrukt herumzubauen. Die Fähigkeit der biblischen Berichterstattung, die eigene Kultur kritisch unter die Lupe zu nehmen und ihre Fehler mit geradezu schockierender Ehrlichkeit zu untersuchen, diese historische Forschungs- und Präsentationsmethode stellt in sich selbst einen Tribut an den Einfluß des prophetischen Strebens dar, die Alltagswelt mit den Augen eines ewigen Gottes zu sehen.

Als Geschichtswissenschaftler sind wir darauf aus, die Ursprünge und die Entwicklung dieses Phänomens zu ergründen. Schon von der Sprache her haben wir es mit einer Reihe von Begriffen zu tun, die miteinander gleichgesetzt werden können, dabei aber ganz unterschiedliche Konnotationen haben. *Ro'e*, der »Seher«, und *Chose*, der »Visionär«, scheinen auf Gestalten zu verweisen, die besondere Träume oder Visionen hatten und vielleicht sogar in die Zukunft blicken konnten – auch wenn wir aus der Etymologie der Begriffe nicht erkennen können, welche Bedeutung sie später annahmen. Der *Isch ha-Elohim*, der »Mann Gottes«, war möglicherweise so etwas wie ein Wundertäter, während die Bezeichnung *Nawi*, die man mit »Bote« übersetzen könnte, den Hinweis auf eine göttliche Mission enthält, zugleich vielleicht aber auch auf das »Wort« abhebt, das direkt von Gott kommt. Dabei kann der Begriff *Nawi* auf so unterschiedliche Gestalten wie Abraham und Mose aus der Frühzeit der israelitischen Geschichte, auf jene ekstatischen Tänzer, denen Saul nach seiner Salbung durch Samuel begegnet, und auf feinsinnige Poeten und hochgeistige Intellektuelle wie Jesaja oder Jeremia angewandt werden.

Die Herkunft dieser Begriffe und ihr ursprünglicher Bedeutungsgehalt liegen im dunkeln, wenngleich uns solche Sehergestalten so oder so ähnlich im ganzen Nahen Osten der Antike begegnen.

Abraham ist also ein *Nawi* – doch ist das nun eine anachronistische Lesart, die sich auf die Bedeutung des Begriffes in der Vergangenheit stützt, oder bezieht sich das Wort auf seine spezielle Funktion als Fürsprecher bei Gott zugunsten eines anderen, wie er sie etwa am Hofe Abimelechs übernimmt (Gen 20,7)? Mose ist der *Nawi* schlechthin, und er ist es auch, der der Hoffnung Ausdruck gibt, daß alle Israeliten Propheten sein sollen (Num 11,29). Die Frage bleibt, ob es sich dabei um eine authentische historische Erinnerung oder um eine Tradition bestimmter prophetischer Kreise handelt, die die Ursprünge des Prophetenamtes dem großen Führer des Volkes zuschreibt, wie etwa das Priesteramt auf Moses Bruder Aaron zurückgeführt wird. Wir hören in früheren Passagen gelegentlich von Einzelpersonen, die als Propheten auftreten, namentlich Mirjam und Debora, doch das eigentliche Phänomen der Prophetie scheint sich erst etwa um die Zeit der Anfänge der Monarchie in organisierterer Form zu etablieren. Wählt man statt der historischen die kulturgeschichtliche Perspektive, so hat es den Anschein, daß sich mit dem Auftreten Samuels ein bemerkenswerter Wandel in der Bedeutung des Prophetenamtes vollzog.

Samuel, der Retter, dessen Geburt die Antwort Gottes auf das Gebet Hannas war, wird zum Werkzeug des Übergangs in einem entscheidenden Augenblick der israelitischen Geschichte. Die israelitischen Stämme hatten bis dahin unabhängig voneinander existiert und sich allenfalls manchmal zu losen Bündnissen zusammengeschlossen, wenn die ständige Bedrohung durch die Nachbarvölker zur akuten Gefahr wurde. Der religiös motivierten Geschichtsschreibung des Richterbuches zufolge wandte sich das Volk in Augenblicken der Not regelmäßig an Gott, der ihm daraufhin Hilfe in Gestalt von Führern sandte, die als Häuptlinge oder Richter auftraten und für kurze Zeit die lokalen Stammesgruppen im Kampf gegen den Feind einten. Solange ein solcher Anführer lebte, herrschte Friede, doch mit seinem Tod fielen die Menschen wieder von ihrem Gott ab – bis die Eroberungsgelüste irgendeines Feindes den Kreislauf erneut in Gang setzten. Samuel war der letzte dieser Richter oder Herrscher in einer Zeit, in der die Gefahr einer feindlichen Invasion zu der politischen Erkenntnis führte, daß die sich formierende Nation größerer Einheit bedurfte, personifiziert in der Gestalt eines Königs, wie es bei Israels Nachbarvölkern schon lange der Fall war. Samuel war gegen diese Entwicklung, weil er in dem Wunsch nach einem König das Bestreben sah, sich auf die konventionellen politischen Machtmittel militärischer Stärke zu verlassen, statt auf Gott zu vertrauen, und vielleicht auch, weil ihn die halb göttliche Identität, mit der die Könige in den benachbarten Kulturen ausgestattet wurden, beunruhigte. Faktisch mußte er sich jedoch der Realpolitik beugen und zeichnete nacheinander verantwortlich für die Salbung des tragischen Königs Saul und des glückreichen David. Vergleicht man die drei, Samuel, Saul und David, miteinander, so tritt ein ganz bestimmter Aspekt der Rolle des Propheten hervor.

Samuel vereinigte in seiner Person noch drei wichtige Funktionen. Er war Priester im Heiligtum von Silo und brachte auf seinen Reisen durch das Land Opfer an den verschiedenen Lokalheiligtümern dar. Als Richter war er der politische Führer der Nation, und indem er versuchte, seine Söhne als seine Nachfolger einzusetzen, begab er sich letztlich selbst auf das heikle Terrain der Etablierung einer Herrscherdynastie. Bis zu diesem Zeitpunkt waren derartige Bestrebungen stets auf heftigen Widerstand gestoßen, entweder von seiten des Führers selbst, wie im Falle Gideons, oder durch das Eingreifen Gottes, wie bei dem Priester Eli, Samuels Vorgänger in Silo. Schließlich wurde Samuel auch als »Seher« bezeichnet, was, wie der Text uns mitteilt, die ältere Bezeichnung für einen *Nawi*, einen »Propheten«, war. Damit war er König, Priester und Prophet in Personalunion, eine Kombination, die sich davor nur ein einziges Mal – bei Mose – findet.

Saul unternahm offenbar den Versuch, diese dreifache Macht weiterhin auf seine Person zu konzentrieren. So schließt er sich zu Beginn seiner Laufbahn einer Gruppe von Ekstatikern an, wird der erste König Israels und versucht schließlich sogar, Opfer darzubringen wie ein Priester. In allen drei Bereichen erweist er sich als Versager. Seine ekstatischen Erfahrungen scheinen ihm keine göttliche Botschaft zu bescheren, und der Geist Gottes, der anfänglich auf ihm ruht, wird ihn später verlassen. Seine in der Priesterrolle dargebrachten Opfer erfolgen entweder zur Unzeit, oder sie werden unterbrochen und nie vollendet. Und als König zeigt er sich trotz unbestreitbar heroischer Augenblicke und ungeachtet der eindrucksvollen Würde, die er im Angesicht des Todes zeigt, als launenhafter und schwacher Herrscher, der sich, von Samuel zur Rede gestellt, weigert, die Verantwortung für die Handlungsweise seines

Volkes zu übernehmen. Um so auffallender ist der Gegensatz zu David. Von Anfang an, seit seiner Zeit als Guerillakämpfer, befindet sich ein Priester, Abjatar, in seinem Gefolge, einer der Überlebenden der Priesterschaft von Nob, die Saul niedermetzeln ließ (1 Sam 22,20-23). Später schließen sich ihm nacheinander verschiedene Männer an, die zu Hofpropheten werden; am bekanntesten unter ihnen ist Nathan, der David in der Angelegenheit mit Batseba zur Rechenschaft zieht (2 Sam 12).

Es hat den Anschein, daß David die Funktionen des Priesters und des Propheten an andere delegierte und sich selbst nur die Königswürde vorbehielt – eine Gewaltenteilung, die als Kontrollsystem innerhalb der Führungselite der israelitschen Gesellschaft wirkte. Der König ist der Gesalbte Gottes, rein formal hat er damit auch eine religiöse Position, doch seine eigentliche Macht liegt auf politischem Gebiet. Der Kult, der durch seine regulative Funktion das Gleichgewicht der Kräfte innerhalb des Kosmos in der Balance hält, der den ewigen Kreislauf der Feste und Riten bewahrt, die die Beziehung zwischen Israel und seinem Gott garantieren, ist fest in der Hand des Priestertums. Der Prophet schließlich fungiert als eine Art Sicherheitsventil, das die Beziehung zu Gott an die wechselnden Forderungen der alltäglichen Realität anpaßt. Er ist das Sprachrohr Gottes, er warnt die Menschen und weist sie zurecht, und er ist zugleich ihr Stellvertreter, der ihre Sache vor Gott vertritt.

Das historische Muster, das hinter dieser Gewaltenteilung steht, läßt sich wohl nicht mehr genau herauskristallisieren, klar ist jedoch, daß sich zugleich mit der Etablierung der Monarchie eine organisierte prophetische Tradition und ein prophetisches Amt herausbildeten. So haben die Propheten einen ganz bestimmten Jargon, wie sich an den Formeln und am Wortschatz ihrer Reden belegen läßt; sie erscheinen regelmäßig im Umfeld des Hofes, und der König ist auf ihr Wissen um den göttlichen Willen angewiesen. Wie alle Funktionäre des Establishments lassen auch sie sich jedoch verleiten, zu Verfechtern des *status quo* zu werden, zu meinungslosen Befürwortern der königlichen Politik und zu unkritischen Jasagern im Blick auf den religiösen Zustand der Gesellschaft.

Dennoch gehen aus ihren Rängen eine Reihe außergewöhnlicher Persönlichkeiten hervor: die eigentlichen Propheten der biblischen

Tradition, die sich von Gott selbst dazu berufen fühlten, aus Konvention und Herkommen auszubrechen und zu unbestechlichen Zeugen einer unbequemen Wahrheit zu werden.

Wenn wir die Herkunft der Propheten aus einer lebendigen Tradition betonen, so erinnert uns das zugleich daran, daß sie in einem ganz bestimmten Rahmen wirkten. Ihre Sprache verdankt sich grundsätzlich jener Tradition, auch dann, wenn sie wie Amos ihre Beziehung zu dieser Tradition zu leugnen scheinen. Mit seiner Aussage, daß er weder ein Prophet noch der Sohn eines Propheten sei (Am 7,14), macht Amos implizit deutlich, daß er sozusagen kein professioneller Prophet ist, sondern daß ihm eine besondere Berufung zuteil wurde, die ihn aus seiner normalen Tätigkeit herausriß – etwas, das so oder ähnlich jedermann widerfahren konnte. In seiner Schilderung der Visionen, die er schaute, in seinem Eintreten vor Gott für Israel und in seiner Sprache wirkt er jedoch ganz an prophetischen Vorbildern orientiert. Es ließe sich allenfalls einwenden – wie es in neuerer Zeit auch geschah –, daß im Laufe der Kanonisierung der Bibel ein redaktioneller Bearbeitungsprozeß stattfand, bei dem Prophetengestalten, die aus dem Rahmen fielen, dem konventionelleren prophetischen Schema angeglichen wurden.

Doch es gibt noch andere Fixpunkte der Tradition. Israels Bund mit Gott ist wohl die stärkste Metapher für die fortbestehende Beziehung zwischen Gott und seinem Volk – eine Vertragsverpflichtung, die beide Partner bindet. Die Katastrophen, die über das Volk hereinbrechen, wenn es gegen diesen Bund verstößt, entsprechen denn auch häufig den uralten Fluchlisten am Ende von Levitikus und Deuteronomium, die die Sanktionen des Bundes, sozusagen das »Kleingedruckte« am Ende des Vertrages, enthalten.

Die Propheten ihrerseits stehen in einer Gesetzestradition, die ebenfalls in die Linie des Bundesvertrages gehört. So kann etwa Jeremia das Recht eines Hausherrn auf Selbstverteidigung beim Ertappen eines Diebes als Beispiel anführen, wenn er die Ungerechtigkeit anprangert, die die Reichen den unschuldigen Armen gegenüber an den Tag legen. Ihr Blut ist ohne gesetzliche Rechtfertigung vergossen worden, sie wurden nicht einmal bei einem Diebstahl ertappt (Jer 2,34).

Selbst das Zögern der Propheten, ihre Berufung von Gott anzunehmen, scheint so etwas wie eine literarische Konvention zu sein –

wobei verschiedene Propheten unterschiedliche Berichte darüber abgeben, wie ihr Widerstand schließlich überwunden wurde.

Die ausführlichste Darstellung einer der Hauptaufgaben eines Propheten liefert uns die Geschichte von Moses Begegnungen mit Pharao. Gott sagt zu Mose: »Ich habe dich für den Pharao zum Gott eingesetzt, und dein Bruder Aaron soll dein Prophet sein – du sollst alles reden, was ich dir befehlen werde, und dein Bruder Aaron soll zum Pharao reden.« (Ex 7,1-2) Gott stellt also dem »göttlichen« Pharao einen »göttlichen« Mose gegenüber, dessen mysteriöse Auslassungen durch seinen offiziellen Repräsentanten vorgetragen werden. Diese Textstelle ist Teil jener ironisch gefärbten Passagen, in denen Pharaos Anmaßung und Hybris in der Begegnung mit dem wirklichen Gott unterlaufen werden, doch die Funktion des Propheten als Sprachrohr Gottes ist nichtsdestoweniger deutlich herausgearbeitet.

Mose ist auch das Vorbild für eine andere wichtige Rolle, die der Prophet zu übernehmen hat: die des Fürsprechers für das Volk vor seinem Gott. Nach dem Zwischenfall mit dem Goldenen Kalb und der Episode mit den Spähern und der darauffolgenden Weigerung des Volkes, das verheißene Land in Besitz zu nehmen, springt Mose in die Bresche und fleht Gott an, auf keinen Fall das Volk zu vernichten und damit das göttliche Experiment mit Abraham und seinen Nachfahren scheitern zu lassen, bei dem doch letztlich die Bewahrung von Gottes ganzer Welt auf dem Spiel steht. Mose widersteht sogar der Versuchung, selbst zum Stammvater eines erneuerten Volkes, zu einem zweiten Abraham zu werden. In einer dramatischen Umkehrung dieser Konvention wird Jeremia von Gott angewiesen, nicht zugunsten des Volkes zu intervenieren. Die Vergehen der Israeliten sind so ungeheuerlich, daß Gott sie nicht mehr retten will. Jeremias Tragik ist es, daß er um die künftige Vernichtung weiß und Gott bittet, sie abzuwenden, obwohl Gott ihm das verboten hat, und daß er dabei zugleich von eben jenem Volk, für das er sich einsetzt, wegen seiner Warnung vor dem drohenden Unheil angefeindet wird. Vielleicht ist es diese paradoxe Situation, die Jeremia veranlaßt, neue, andere Bilder für den Propheten zu gebrauchen. Er ist der Wächter auf dem Turm, der vor dem Nahen des Feindes warnt (Jer 6,17; vgl. Ez 3,16-21; 33,1-9); und als keiner sich um seine Warnrufe schert, wird er zum Ährenleser (Jer 6,9), der die wenigen Gerechten, die gottesfürchtig leben, aus der Spreu herausliest, oder zum Münz-prüfer (6,27), der in der Metallegierung nach Silber sucht, aber nicht fündig wird.

Hier begegnen wir einer Radikalisierung der Prophetenrolle, die vielleicht aber auch nur der angemessene Ausdruck ihres ursprünglichen Zweckes ist. Der Prophet soll ein ständiger Mahner sein, der den Menschen immer wieder die tiefste und wichtigste aller Verpflichtungen Israels in Erinnerung ruft – die Verpflichtung nicht zu materiellem Wohlstand oder militärischer Stärke oder irgendeinem anderen konventionellen Standard für nationalen oder öffentlichen Erfolg, sondern zu einem Lebensstil, der ein Zeugnis ist für den Willen Gottes, der das Volk Israel aus der Sklaverei in die Freiheit geführt hat, um eine ganz neue Form von Gesellschaft zu schaffen und damit letztlich die Welt wieder jener Einheit und Harmonie zuzuführen, die sie in Eden hatte.

Das Gebiet der Weissagung, der göttlichen Offenbarung, der Deutung von Visionen und Träumen gibt natürlich Raum für jede Menge Meinungsverschiedenheiten. Die prophetische Tradition hat vermutlich selbst Disziplinen, Studienbereiche und Experimentierfelder für den Erwerb solcher Offenbarungs-Erlebnisse und ihrer Auslegung hervorgebracht. Der einzige direkte Beleg jedoch, den wir dafür haben, ist die Musik, die die Wanderpropheten, denen Saul begegnete, umgab. Die strenge Absage der Bibel an Zauberer, Totenbeschwörer, Wahrsager und jegliche Form von Geisterbeschwörung oder Weissagung spricht für so etwas wie eine strikte gewerkschaftliche Regelung darüber, wer berechtigt war, Gott über die Zukunft zu befragen (sei es nun innerhalb der priesterlichen oder der prophetischen Tradition), und für einen bewußten Ausschluß entsprechender Praktiken und Praktiker der umwohnenden Kulturen und Gesellschaften. Gleichzeitig zeigt sich darin aber auch ein tiefes Bewußtsein für die Problematik, die darin liegt, wenn Menschen über die Erkenntnismöglichkeiten hinausgehen, die ihnen von ihren Sinnen und ihrem Verstand her zugänglich sind. Und schließlich zieht sich durch die ganze Bibel wie ein roter Faden das Ausschließen von magischen oder anderen Kräften und Mächten außerhalb von Gott.

Zweifellos spielt in der prophetischen Tradition die Voraussage künftiger Geschehnisse auf lokaler Ebene wie auch in größerem Maßstab eine wichtige Rolle. Der König läßt sich von den Propheten den Ausgang eines Krieges vorhersagen und befragt sie nach dem Willen Gottes. Der Seher Samuel wird gefragt, wo sich Sauls Eselinnen befinden, und sagt die Begegnungen, die Saul in den kommenden Tagen haben wird, voraus. Jeremia hat eine Vorahnung vom drohenden Herannahen des Feindes aus dem Norden, dessen genaue Identität ihm viele Jahre verborgen bleibt, um dessen Kommen und ungeheure Vernichtungsmacht er aber weiß, und sagt auch mit höchst unbequemer Präzision den Tod seines Gegenspielers Hananja voraus. Doch dieses Element der Weissagung ist nicht das entscheidende Markenzeichen der klassischen Propheten. Wichtig ist vielmehr die konditionale Lesart, die sie den Ereignissen geben: *Wenn* ihr euren Lebenswandel nicht ändert, *dann* wird Gott unausweichlich diese oder jene Strafe über euch verhängen. Die Bedeutung des Propheten liegt also nicht so sehr in seiner Zukunftsschau als vielmehr in seiner Gegenwartsanalyse – in seiner Fähigkeit, unter der Oberfläche der Ereignisse das eigentliche Geschehen zu erkennen und es in Beziehung zu setzen zu einem moralischen und religiösen Wertmaßstab, den seine Zeitgenossen erfolgreich aus ihrem Bewußtsein verdrängt haben. Das ist keineswegs ein rein intellektuelles Unterfangen – auch wenn man bei Gestalten wie Jesaja den Eindruck einer unbestechlichen Intelligenz gewinnt, die hinter seiner Analyse der Verfehlungen seiner Gesellschaft am Werk ist. Wir begegnen hier vielmehr einer hochempfindlichen Intuition, die – zumindest in der anfänglichen Konfrontation mit dem Offenbarungserlebnis – auf einer vorbewußten Stufe arbeitet.

Hosea sieht in der von emotionalen Belastungen und Verstrickungen geprägten Beziehung zu seiner untreuen Frau eine Parallele zu den Gefühlen und Reaktionen Gottes in der Auseinandersetzung mit dem abtrünnigen Israel, dem Hin- und Hergerissensein zwischen Liebe und Haß, zwischen unbezwingbarer Zuneigung und dem bitteren Bewußtsein des Betrogenseins. Jeremia geht durch die Straßen Jerusalems, und in seinen Ohren dröhnt das Alarmsignal des Horns, das vor dem Herannahen des Feindes warnt – ein Klang, der ihm allein vernehmbar ist, während alle anderen um ihn herum unbekümmert weiterleben. Er hört eine Frau stöhnen und keuchen, wie in Wehen schreien – Zion, das im Todeskampf liegt. Aus den überfüllten Gassen schlägt ihm nur noch Schweigen entgegen, das Schweigen des Todes, das »die Stimme der Wonne und die Stimme der Freude ... die Stimme des Bräutigams und die Stimme der Braut« (Jer 7,34) auf immer verstummen läßt. »Wenn ich aufs Feld hinausgehe, siehe da: vom Schwert Erschlagene! Und wenn ich in die Stadt komme, siehe da: Hungerkrankheiten!« (Jer 14,18)

Jeder Prophet sucht in der Gesellschaft, in der er lebt, nach dem Fehlverhalten, das die Strafe Gottes heraufbeschworen hat. Für Amos ist es die schreiende Ungerechtigkeit gegenüber den Armen, denen durch das Aufkommen einer neuen Kaste von Landbesitzern das Land ihrer Väter genommen wird, die Israel zur Zielscheibe des göttlichen Zorns macht. Jeremia sieht in der synkretistischen Verehrung anderer Gottheiten ein Verbrechen an Gott und dem mit ihm geschlossenen Bund. Viele Propheten, darunter auch Jesaja und Amos, gewahren im religiösen Leben ihrer Zeitgenossen eine zutiefst bedenkliche Selbstgefälligkeit, in deren Folge ein intensiver Opferkult als Alibi für die eigene ethische Verantwortung herhalten muß. Bei all dem dürfen wir jedoch ein großes Problem nicht übersehen: den ungeheuren Reichtum und die Komplexität der prophetischen Sprache, die Dunkelheit ihrer Terminologie und vieler ihrer Anspielungen, die es uns unmöglich machen, den genauen Zeitbezug und die konkreten Implikationen der Vorwürfe der Propheten auszumachen. Die Propheten sprechen zu *ihren* Zeitgenossen, und zwar über zeitbedingte wie auch über zeitlose Probleme. Wir sind nur heimliche Lauscher. Die unschätzbare Bedeutung, die die prophetischen Schriften für ihre Nachfahren gewannen und die zu dem Wunsch führte, sie als grundlegende Dokumente der eigenen Vergangenheit zu bewahren, verleiht der hebräischen Bibel eine ganz besondere Intensität, ein schmerzliches Bewußtsein für das, was nicht mehr enträtselt werden kann, und für die Warnungen, die wir vielleicht ebensowenig beherzigen können wie die Zeitgenossen der Propheten. Damit sind wir bei einem der zentralen Probleme der biblischen Prophetie überhaupt und bei der kurzen Episode der Begegnung des Propheten Jeremia mit dem Propheten Hananja, von der im Buch Jeremia berichtet wird. Denn wem sollen wir glauben in einer Welt autorisierter Propheten, die alle etwas anderes aus dem Willen Gottes herauslesen?

Eine formale Lösung für dieses Problem zeichnet sich im Deuteronomium ab, wo die Verheißung ergeht, daß Mose Nachfolger haben wird, andere Propheten, die das Volk führen werden. »Und wenn du in deinem Herzen sagst: Wie sollen wir das Wort erkennen, das nicht der Ewige geredet hat? Wenn der Prophet im Namen des Ewigen redet, und das Wort geschieht nicht und trifft nicht ein, so ist das das Wort, das nicht der Ewige geredet hat; in Vermessenheit hat der Prophet es geredet, du brauchst dich nicht vor ihm zu fürchten« (Dtn 18,21-22). Wie aber können wir zur Zeit der Prophezeiung wissen, ob das Prophezeite sich bewahrheiten wird oder nicht? Und überhaupt, ist die bloße Fähigkeit, etwas vorherzusagen, schon ein Beweis dafür, daß es sich um Gottes Wort handelt?

Schon Mose bediente sich eines »Zeichens«, um auf die Zukunft zu verweisen. Wie soll Israel wissen, daß Gott diesen Mann wirklich dazu ausersehen hat, das Volk in das verheißene Land zu führen? Das Zeichen dafür wird sein, daß die Israeliten, wenn sie Ägypten verlassen, am Sinai Gott begegnen werden. Das kurzfristig erfolgende Zeichen ist also der Beweis dafür, daß die auf lange Sicht gegebene Vorhersage sich ebenfalls bewahrheiten wird. Doch auch dieses Kriterium ist alles andere als unproblematisch, wie eine andere Gesetzesvorschrift in Deuteronomium 13,2-4 hervorhebt: »Wenn in deiner Mitte ein Prophet aufsteht oder einer, der Träume hat, und er gibt dir ein Zeichen oder ein Wunder, und das Zeichen oder das Wunder trifft ein, von dem er zu dir geredet hat, indem er sagte: Laß uns anderen Göttern, die du nicht gekannt hast, nachlaufen und ihnen dienen, dann sollst du nicht auf die Worte dieses Propheten hören oder auf den, der die Träume hat; denn der Ewige, euer Gott, prüft euch, um zu erkennen, ob ihr den Ewigen, euren Gott, mit eurem ganzen Herzen und eurer ganzen Seele liebt.« Streng werden wir auf uns selbst zurückverwiesen; wir sollen uns ein Urteil über die Qualität der prophetischen Aussage bilden und uns nicht durch die Fähigkeit des Propheten, zu weissagen oder kleinere Wunder zu vollbringen, blenden lassen.

Es bietet sich an, diese Kriterien am Kampf zwischen Jeremia und Hananja zu erproben. Die Auseinandersetzung findet etwa zehn Jahre vor der Zerstörung Jerusalems statt. Der vormalige König von Juda hat sich mit Ägypten, der zweiten großen Weltmacht der damaligen Zeit, verbündet und seinen babylonischen Oberherren den festgesetzten Tribut verweigert. In einer Strafaktion wurde daraufhin Jerusalem angegriffen und der Nachfolger des Königs in die Gefangenschaft nach Babylon verschleppt, und mit ihm die Elite der herrschenden Klasse und der Tempelschatz. In Juda wurde ein

Marionettenkönig auf den Thron gesetzt. Durch diesen brutalen Affront gegen den Nationalstolz fühlten sich die patriotischen Elemente Judas zu einer Revolte gegen Babylon gedrängt, wozu sie durch ägyptische Zusagen noch ermutigt wurden. Auf dem Hintergrund dieser politischen Wirren muß es für Jeremias Zeitgenossen in der Tat schwierig gewesen sein, die religiösen Elemente in seiner Botschaft von den politischen zu trennen. Immerhin predigte Jeremia die Unterwerfung unter Nebukadnezar, den König von Babylon, denn er sah in den Maßnahmen Babylons die Strafe Gottes für die Verderbtheit und das Versagen seines irrenden Volkes.

Damit bekämpfte er auf religiösem Gebiet den exklusiven Heilsanspruch, der so häufig mit religiösen Bekenntnissen einhergeht. In politischer Hinsicht muß er in offenem Gegensatz zu dem verletzten Stolz und dem nationalistischen Fanatismus seiner Zeitgenossen wie auch zu den wahrhaft internationalen Verbindungen und wechselnden Bündnissen zwischen den beiden Supermächten, die die Region beherrschten, gestanden haben. Als Abgesandte von verschiedenen umliegenden Nationen nach Jerusalem kamen, um König Zedekia zu einer Allianz gegen den gemeinsamen Feind Babylon zu bewegen, mußte Jeremia sich auf das Geheiß Gottes ein Joch machen und es um den Hals tragen und den Besuchern die Botschaft des Herrn verkünden:

»Ich habe durch meine große Macht und meinen ausgestreckten Arm die Erde gemacht mit den Menschen und den Tieren, die auf der Erde sind, und ich gebe sie, wem immer mir recht erscheint. Nun habe ich all diese Länder in die Hand Nebukadnezars gegeben, des Königs von Babylon, meines Knechtes, und ich habe ihm auch die Tiere auf dem Feld gegeben, ihm zu dienen. Alle Völker sollen ihm dienen und seinem Sohn und seinem Enkel, bis die Zeit seines eigenen Landes kommt, dann werden ihn viele Völker und große Könige zu ihrem Sklaven machen. Doch wenn irgendein Volk oder Königreich diesem Nebukadnezar, König von Babylon, nicht dienen will und seinen Nacken nicht unter das Joch des Königs von Babylon beugen, dieses Volk werde ich bestrafen mit dem Schwert, mit Hungersnot und mit Pestilenz, spricht der Ewige, bis ich es durch seine Hand verzehrt habe. Hört also nicht auf eure Propheten, eure Seher, eure Träumer, eure Wahrsager, eure Zauberer, die zu euch sprechen: Ihr sollt dem König von Babylon nicht dienen. Denn es ist eine Lüge, die sie euch

weissagen, die dazu führen wird, daß ihr weit fortgebracht werdet aus
eurem Land, und ich werde euch hinaustreiben, und ihr werdet unterge-
hen.« (Jer 27,5-10)

Eine ähnliche Botschaft verkündete Jeremia auch König Zedekia
und den Priestern. Außerdem beschuldigte er die Propheten, ihrer
Verantwortung nicht nachzukommen. Nebukadnezar wird den
ganzen Rest der heiligen Gefäße aus dem Tempel nach Babylon
schaffen lassen, sagte Jeremia, und die Propheten sollten eigentlich
mit Gottes Hilfe versuchen, dieses Geschehen abzuwenden, statt
Nebukadnezars Niederlage zu prophezeien. In dieser äußerst ange-
spannten Situation kommt es schließlich zum Streitgespräch in den
Vorhöfen des Tempels, in Gegenwart der Priesterschaft und des Volkes. Es ist ein Streitgespräch zwischen Jeremia und Hananja, dem
Propheten, der vermutlich die offizielle prophetische Linie reprä-
sentiert. Zwei Persönlichkeiten von höchster geistlicher Autorität
stehen sich hier im wichtigsten religiösen und nationalen Heiligtum gegenüber und debattieren vor der Führungsschicht ihrer
Gesellschaft darüber, was der Wille Gottes in ihrer Zeit sei – auf dem
Spiel steht dabei das Schicksal der ganzen Nation. Hananja, im
Vollgefühl der Macht und Autorität seiner Position, wahrscheinlich
noch bestärkt durch die Anwesenheit der ausländischen Gesandten
in der Stadt und den königlichen Rückhalt für eine Politik der
Revolte, ergreift als erster das Wort:

»So spricht der Ewige der Heerscharen, der Gott Israels: Ich habe das Joch
des Königs von Babylon zerbrochen. Innerhalb von zwei Jahren werde ich
alle Gefäße aus dem Haus des Ewigen, die Nebukadnezar, der König von
Babylon, von diesem Ort fortgenommen und nach Babylon gebracht hat,
an diesen Ort zurückbringen. Und auch Jechonja, den Sohn von Jojachin,
König von Juda, und alle aus Juda Verbannten, die nach Babylon gingen,
werde ich an diesen Ort zurückbringen, spricht der Ewige, denn ich will das
Joch des Königs von Babylon zerbrechen.« (Jer 28,2)

Wer könnte solche Gedanken in Frage stellen? Ihre Sprache ist die
Sprache der Weissagung, ihre Vollmacht stammt von Gott selbst,
und sie stehen in Einklang mit dem natürlichen Empfinden, dem
innersten Bedürfnis und der tiefsten Sehnsucht des Volkes selbst.
Für Jeremia aber kann das alles nur nach Wunschdenken klingen.

In seiner langen Kritik an den Propheten (Kap. 23) schreibt er über sie: »Sie setzen euch Flausen in den Kopf; es sind ihre eigenen Visionen, die sie reden, nicht etwas aus dem Mund Gottes. Allezeit sagen sie zu denen, die das Wort Gottes verachten: Alles wird gut werden; und zu denen, die in der Verstocktheit ihres eigenen Herzens wandeln, sagen sie: Kein Unheil wird dich treffen« (Jer 23,16f).

Es ist die Banalität ihrer Worte, ihre Selbstgefälligkeit, an der Jeremia Anstoß nimmt, hat er doch Gott als eine überwältigende Macht kennengelernt: »Ist mein Wort nicht wie Feuer, spricht der Ewige, und wie ein Hammer, der Felsen zerschmettert?« (23,29) Die Praktiker aber haben keinen Sinn für solche Macht: »Sie haben die Wunde meines Volkes oberflächlich geheilt, indem sie sagen: Friede, Friede; aber da ist kein Friede!« (6,13) Diese selbstgerechte Verbohrtheit kommt nicht nur in der Sprache der Propheten zum Ausdruck, sie manifestiert sich genauso in dem geradezu magischen Verhältnis der Priester zum Tempel, von dem sie glauben, daß er sie unter allen Umständen schützen wird. »Vertraut diesen falschen Worten nicht, die da sagen: Der Tempel des Ewigen, der Tempel des Ewigen, der Tempel des Ewigen!« (7,4)

Dennoch sieht Martin Buber in Hananja einen Patrioten, der überzeugt war, daß »es Jeremia an Vaterlandsliebe (fehlt); denn wie könnte er sonst seinem Volke zumuten, den Hals unters Joch zu legen? ... Chananja hält sich für einen großen Politiker; denn es gelingt ihm seiner Überzeugung nach, in der Stunde der Gefahr die Widerstandskräfte des Volkes aufrechtzuerhalten. Tatsächlich aber gelingt es ihm nur, eine Illusion aufrechtzuerhalten, mit deren Zusammenbruch die ganze Kraft des Volkes zusammenbrechen wird. Jeremia will Israel ebendavor retten. Es gibt keinen anderen Weg zum Heil als den steilen und steinigen über die Erkenntnis der Wirklichkeit.«[1]

Jeremias Entgegnung auf Hananja fällt überraschend milde aus. Er sagt: »Amen, so sei es! Möge der Ewige so tun; möge der Ewige die Worte, die du geweissagt hast, wahr werden lassen und die Gefäße aus dem Haus des Ewigen und alle Verbannten aus Babylon

1. *Martin Buber:* Werke, Bd. II, Schriften zur Bibel, München und Heidelberg 1964, S. 947f.

an diesen Ort zurückbringen.« Doch nachdem er diesem Wunsch Ausdruck gegeben hat, ist er auch sofort wieder beim Kern des Problems, bei der Frage, woran wirkliche prophetische Vollmacht zu erkennen ist: »Die Propheten, die dir und mir von alters her vorangegangen sind, haben Krieg, Hungersnot und Seuchen über viele Länder und große Königreiche geweissagt. Was nun den Propheten betrifft, der Frieden weissagt: Wenn das Wort dieses Propheten sich erfüllt, dann wird offenbar sein, daß der Ewige diesen Propheten wahrhaft gesandt hat.«

Propheten, so Jeremia, sind da, um zu warnen, nicht, um den *status quo* abzusegnen. Das ist ein eindrucksvolles Argument, denn es weckt ehrfürchtiges Staunen bei dem Gedanken, daß Gott, der ewige Gott, die Menschen anredet, und beschwört die Bilder einer langen Tradition prophetischer Gestalten herauf, die als Kritiker ihrer Gesellschaft auftraten. Und es steht in Übereinstimmung mit dem gängigen Bild des Propheten als Dissidenten, wie es in Jeremias öffentlicher Gerichtsverhandlung einige Jahre zuvor zur Sprache kam (Kap. 26). Vielleicht machte dieses Argument das Volk sogar schwankend, denn Hananja ist daraufhin gezwungen, etwas Drastisches zu tun. Er reißt Jeremia das Joch vom Hals und zerbricht es: »So spricht der Ewige. Genauso werde ich innerhalb von zwei Jahren das Joch Nebukadnezars, König von Babylon, vom Nacken aller Völker reißen und zerbrechen.« Jeremia bleibt stumm – er hat in diesem Augenblick kein Wort von Gott, das er Hananja entgegensetzen könnte. Hananja hat den Streit gewonnen, und Jeremia muß geschlagen abziehen.

Der Verfasser bedient sich hier eines subtilen Kunstgriffs. Die ganze Zeit gebraucht er den Titel »Prophet« im Anschluß an die Namen der verschiedenen Protagonisten, nur an dieser einen Stelle nicht. Als Hananja diese Worte spricht, spricht er sie als Hananja, nicht als Hananja, der Prophet. Vielleicht ist der kleine Wink für den Leser auch für die Zuschauer der einzige greifbare Hinweis, anhand dessen sie das Gesagte beurteilen können. Buber versucht, das Bild der beiden Männer in diesem Augenblick zu zeichnen:

»(Jeremia) schweigt ... da das Joch zerbrochen ward, und geht. Er geht, um auf das Wort Gottes zu horchen. Warum geht er? Offenbar doch, weil er, trotz allem, nicht Bescheid weiß. Chananja hatte gesprochen wie ein Mann, der Bescheid weiß. Jeremia hat ihn reden hören, wie einer redet, der

Bescheid weiß. Aber er, Jeremia, weiß, trotz allem, nicht Bescheid. Gewiß, Gott hat vor einer Zeit zu ihm gesprochen. Aber jetzt ist eine andere Zeit, Geschichte geschieht, und Geschichte bedeutet, daß eine Zeit nicht der anderen gleicht. Gott handelt in der Geschichte, und Gott ist nicht ein Apparat, der, einmal aufgezogen, so lange gleichmäßig läuft, bis er abgelaufen ist, sondern er ist ein lebendiger Gott. Auch das Gotteswort einer Stunde, dem man dadurch gehorcht, daß man sich ein Joch um den Hals legt, darf man nicht als ein Plakat dranhängen. ... Man darf sich nicht auf sein Wissen verlassen. Man muß fortgehn und von neuem horchen. ... Chananja weiß Bescheid. Er weiß die Wahrheit nicht, weil er Bescheid weiß.«[2]

Hananja gewinnt den Streit, und Jeremia muß sich geschlagen geben – der Volksgeist verlangte nach einfacheren, beruhigenderen Botschaften und erfolgreicheren Helden. Erst später erinnerte sich ein besiegtes Volk der Worte jenes Mannes, den es einst geschmäht, ins Gefängnis geworfen und, wie die Legende weiß, schließlich sogar im ägyptischen Exil ermordet hat – nun wurden seine Aussagen auf einmal mit Ehrfurcht betrachtet. Dennoch sollten wir uns hüten, in Jeremias Schicksal so etwas wie ein höchstes Gütekriterium für den biblischen Propheten schlechthin zu erblicken. Es gab, wie berichtet wird, andere Propheten, deren Botschaft durchaus vernommen wurde, und durch deren Wirken die Katastrophe tatsächlich abgewendet werden konnte (Jer 26,18-19). Genausowenig ist das Unheildrohende der Botschaft der notwendige Beweis für ihre Echtheit, trotz Jeremias anderslautender Worte. Jeremia, der leidenschaftliche Kritiker seines gleichgültig gewordenen Volkes, wird auch zu einem Boten der Hoffnung, der Erneuerung, des Wiederaufbaus für die gebrochene Nation und die Verbannten in Babylon – auch wenn sein Appell, geduldig im Exil auszuharren, bis Gott sie zurückbringen wird, und zugleich für den Frieden in dem Land zu beten, in dem sie als Gefangene leben, für all diejenigen, die immer noch einen wenn auch stark gedämpften Nationalstolz über den höheren Willen ihres Gottes stellten, keine geringe Irritation bedeutete.

Schon die Unvorhersagbarkeit des prophetischen Wortes selbst sollte uns deutlich machen, daß es den Propheten um mehr ging als um die unmittelbaren politischen oder gesellschaftlichen Zu-

2. *Martin Buber*: Werke, Bd. II, Schriften zur Bibel, München und Heidelberg 1964, S. 945 f.

stände. Auch wenn der Gedanke unbequem ist – hier steht nicht eine Zukunftsvision, sei sie nun optimistisch oder pessimistisch, auf dem Spiel. Und es geht auch nicht um bestimmte politische Entscheidungen oder Regierungsformen, denn das biblische Israel erlebte viele Regimes – als unabhängiges Volk und unter Fremdherrschaft. Und so merkwürdig es klingt, geht es auch nicht um die Frage des Militarismus, auch wenn die Propheten es für absurd hielten, die letzte Hoffnung auf irgendwelche Aufrüstungsmaßnahmen zu setzen. In all diesen und noch vielen anderen, für unser Überleben entscheidenden Bereichen, zählte für die biblischen Propheten einzig und allein die Verpflichtung des einzelnen und des Kollektivs auf den Bund, auf eine transzendente Realität, die die Unterwerfung unter einen höheren Willen als den menschlichen forderte und die Menschen damit zur Demut zwang. Jeremias Demut bestand darin, daß er die Kampfarena verließ, statt große Reden zu führen wie Hananja und so beweisen zu wollen, daß er im Besitz des göttlichen Wortes sei. Angefangen mit dem Stolz der Erbauer des Turms zu Babel bis hin zum babylonischen König, den Jesaja dafür kritisiert, daß er behauptet, er wolle seinen Thron im Himmel errichten – stets ist es die Hybris, die die Menschen verleitet, sich über ihren Schöpfer zu stellen, und damit das göttliche Eingreifen und den eigenen Untergang heraufbeschwört.

Wie wir eine solche Lektion aus ihrem israelitischen Ursprung in einer theozentrischen Welt auf eine säkulare Welt übertragen, ist eine andere Sache. Hybris ist stets leicht zu erkennen, wenn auch schwer zu bekämpfen – bei anderen wie bei uns selbst. Verglichen mit den Assyrern und Babyloniern, vor denen das biblische Israel zitterte, erscheint die Politik unserer Supermächte als nicht weniger groteske und unkontrollierbare Bedrohung. Schon Jeremia sah in seinen Visionen eine Welt, die ins Chaos zurückfiel, wie es vor der Schöpfung herrschte, eine Welt ohne Städte, ohne Vegetation, ohne Lebewesen, ohne Menschen, und er hatte Angst vor dem Eintreffen dieser Schreckensvision (Jer 4,23-26). Amos sah die Ausbeutung und Versklavung der Armen, noch verstärkt durch ein korruptes Rechts- und Gesellschaftssystem, gegen das es keine Abhilfe gab. Jesaja sah eine Religion, die Opium war, nicht für die leidenden Armen wie bei Marx, sondern für die satten, selbstzufriedenen Reichen. Jeremia sah in der Verkommenheit der Sprache der Propheten einen Beleg für ihre innere Verkommenheit. Es mangelt nicht an Analogien zu unserer Zeit – das Problem liegt eher darin, wie wir mit ihnen umgehen.

Am Anfang dieses Kapitels habe ich auf das unausweichliche Scheitern der Propheten hingewiesen. Das Paradoxon ihres Daseins, wie es Jona erfuhr, war, daß sie in dem Augenblick, in dem es ihnen gelang, das Wort Gottes zur Geltung zu bringen, überflüssig wurden. Häufiger jedoch war es ihr Schicksal, ihre Zeitgenossen nicht zu erreichen – so daß erst die, die nach ihnen kamen, mit dem Wissen der Zurückblickenden die Wahrheit ihrer prophetischen Worte erkannten. Dabei wäre es völlig falsch, ihre Visionen einfach auf unsere heutige Situation zu übertragen – denn die Geschichte, die Welt und Gott haben sich weiterentwikkelt. Weil die Propheten in ihrer eigenen Zeit daran scheiterten, daß die Menschen nicht unter die bequeme Oberfläche schauen wollten, können wir von ihnen lernen, mißtrauisch gegenüber dem konventionellen Wissen, den überkommenen Traditionen und den modischen Wahrheiten unserer eigenen Zeit zu sein. Aber vielleicht können wir auch etwas von der Weisheit eines David lernen. Der klassische Prophet war Glied eines Triumvirats der Macht, das aus der wechselseitigen dynamischen Spannung lebte und so eine Absicherung gegen die Konzentration aller Macht in der Hand eines einzelnen bot. Schrankenlose politische Macht, religiöse Kontrolle ohne Selbstkritik und prophetischer Eifer, der keine Kompromisse mit der menschlichen Schwäche eingeht, sind gleichermaßen katastrophal für das Überleben der Menschheit.

Der Prophet als loyaler Oppositioneller in unserer Gesellschaft ist zu suchen, auf ihn ist zu hören und ihm ist zu gehorchen – vorausgesetzt, wir versäumen es nicht, gleichzeitig die Autorität und selbstregulierenden Kräfte der Regierung und die Disziplin und selbstreinigenden Kräfte unserer religiösen Traditionen zu stärken. Doch auf einer anderen Ebene ist der Prophet zugleich unser »Träumer von Träumen«, der uns eine Vision von dem vermittelt, was möglich ist. Ihm verdanken wir Bilder der Wiederherstellung und Wiedergeburt, der Hoffnung und Versöhnung; Bilder einer wiedervereinten Menschheit, des Friedens zwischen Mensch und Tier und einer Welt ohne Angst. Diese Visionen liegen stets hinter dem Horizont, denn der Wächter auf seinem Turm kann nur mit wachsender Furcht das Nahen des Gegners verfolgen. Ohne Visionen sind wir zu einem Leben in einer Welt ohne Sinn und Hoffnung verurteilt, aber mit ihnen gelingt es uns vielleicht immer wieder neu, den Ansturm unserer selbstzerstörerischen Impulse zu überstehen.

5

Gottesbilder

Bei der Arbeit an diesem Kapitel stieß ich auf einen Vers, den ich an den Anfang stellen möchte. Er stammt aus Salomos Rede anläßlich der Einweihung des Tempels: »Siehe, die Himmel und die Himmel der Himmel können dich nicht fassen, wieviel weniger dieser Tempel, den ich gebaut habe« (1 Kön 8,27). Wieviel weniger erst kann dieses kurze Kapitel der Vorstellung von Gott in der hebräischen Bibel gerecht werden! Doch ich glaube nicht, daß Salomo hier nur das Offensichtliche konstatierte oder die Bescheidenheit übertrieb. Natürlich konnte der Tempel Gott nicht fassen, aber seine Existenz war den Menschen doch ein sichtbarer Beweis, daß die Gegenwart Gottes gefunden und erfahren werden kann. Oder ist es vielleicht genau umgekehrt? Robert van Pelt sagte (bei einem Vortrag anläßlich der fünfzehnten Jüdisch-Christlichen Bibelwoche in Bendorf), daß der Tempel gerade die entgegengesetzte Funktion erfülle:

»In archaischen Kulturen wie der israelitischen zur Zeit Salomos stand der Mensch, was das Göttliche und Übernatürliche betrifft, vor völlig anderen Problemen als wir heute. Wir versuchen verzweifelt, die Spuren Gottes in einer säkularisierten Gesellschaft zu finden. Für den archaischen Menschen dagegen war das göttliche Geheimnis allgegenwärtig. Jeder Baum, jeder Brunnen, jeder Berg oder Hügel hatte seinen Geist, gehörte einem Gott, und sie alle forderten Ehre, Achtung und Aufmerksamkeit ein. Das Problem, vor dem der archaische Mensch stand, war also, wie er in dieser Welt eine Art Freihafen schaffen konnte, wo er der unerträglichen Last, die die Götter den Menschen auferlegen, ledig war.

Fast alle Kulturen haben einen Ausweg aus diesem Dilemma gefunden, waren in der Lage, das Joch des Übernatürlichen wenigstens in ihrem Alltagsleben abzuschütteln. Wie sie das taten, vollzog sich überall auf der Welt praktisch auf die gleiche Weise: Man schuf einen besonderen Ort, der dazu bestimmt war, diese Last zu übernehmen, und der dadurch den übrigen Raum ›frei‹ machte. Dieser besondere Ort war der sogenannte ›heilige Ort‹.«

Während unser Problem heute die scheinbare Abwesenheit Gottes ist, so hatten die Israeliten mit dem entgegengesetzten Problem, mit der überwältigenden Gegenwart Gottes, zu kämpfen. Während wir heute darum ringen, ein für unsere Zeit angemessenes Bild von Gott zu finden, so war das Problem der biblischen Zeit die Überfülle von Göttern und damit auch von Bildern für Israels Gott, mit der die Menschen konfrontiert waren. Die Bezeichnungen und Namen, aus dem kanaanitischen Ritus entlehnt und entsprechend modifiziert, und die Bilder und Metaphern, die Israel selbst schuf, ziehen in einer nicht endenwollenden Folge auf den Seiten der Bibel an uns vorbei: *El, El Schaddai, El Eljon; El Roj, El Berit, El Olam, El Elohaj Jisrael, Elohim, Eloa; Pachad Jizchak* (die Furcht Isaaks), *Abir Ja-akov* (der Mächtige Jakobs), *Ha Zur* (der Fels), der Ewige (Herr) der Heerscharen, König, Richter, Hirte, Vater, der Heilige, Erlöser, der lebendige Gott. Sie alle bezeugen eine Vielfalt von Traditionen, hinter denen wiederum eine Vielfalt von Erfahrungen steht, die über die Generationen hinweg gehegt, weitergegeben und verarbeitet wurden. Und irgendwie wurden alle diese Gottesvorstellungen auch anerkannt, obwohl sie aus so unterschiedlichen Kulturen kamen und so Verschiedenes ausdrückten – als Bilder, die auf die eine oder andere Weise eine Einheit, ein Einssein hinter der Verschiedenheit spiegeln.

Der Gott der hebräischen Bibel wird »der Eine« genannt, in der berühmten Formulierung aus Deuteronomium 6,4: »Höre, o Israel, der Ewige, unser Gott, der Ewige ist Einer«. Dennoch tritt uns dieses Einssein, diese Einheit und Einzigartigkeit in mannigfaltigen Bildern entgegen, in Termini, die offenbaren, und in Termini, die verbergen. Zwischen uns und jenem Gott liegen viele Schichten der Tarnung und der Täuschung.

Die Grenzen menschlicher Sprache machen eine Beschreibung dessen, was ja per definitionem unbeschreibbar und undefinierbar ist, unmöglich. Und die Versuche unserer hebräischen Vorfahren, Gott darzustellen, werden durch unsere eigene zeitliche und räumliche Entfernung von ihrer Kultur, Sprache und Wahrnehmung noch rätselhafter für uns. Selbst wenn wir ihre Sprache beherrschten und wüßten, was sie wirklich meinten, stünde doch zwischen dem Bericht, der auf uns gekommen ist, und der »Wahrheit« über Gott die Unzulänglichkeit, der menschliche Zeugen des Göttlichen unterworfen sind. Zwischen dem, was die biblischen Erzähler und

Dichter erlebten und berichteten, und der Realität, die dahinterstand, besteht eine riesige Kluft, um die sie selbst durchaus wußten. So sah Ezechiel »die Erscheinung des Abbildes der Herrlichkeit des Ewigen« (1,28). Hosea erzählt uns, daß Gott »zu den Propheten geredet hat und die Gesichte zahlreich sein ließ und durch die Propheten Gleichnisse gab« (12,11). Elia erfuhr, daß Gott nicht im Sturm war und nicht im Erdbeben, auch nicht im Feuer, sondern im Ton des tiefsten Schweigens (1 Kön 19,11-12).

All das sind menschliche Versuche zu beschreiben, was nicht beschrieben werden kann. Immer vorausgesetzt, wir können diesen menschlichen Zeugen überhaupt trauen. Propheten sind nun aber einmal notorisch unzuverlässig und geben manchmal der Beruhigung und Bequemlichkeit den Vorzug vor der Wahrheit. Jeremia lag sein Leben lang im Kampf mit solchen falschen Propheten, die die prophetische Terminologie dazu mißbrauchten, dem Volk ihre eigenen Gedanken zu verkaufen, jenen Propheten, die »Weissagungen weissagen«, um sein eigenes Wortspiel für derartige Praktiken zu gebrauchen (*Wajin'amu n'oom*; Jer 23,32). Und selbst die »guten« Propheten, diejenigen, denen wir vertrauen, können etwas falsch verstanden haben. Nicht nur, daß Prophetie konditional ist, also Bedingungen überhaupt erst schaffen kann, insofern, als das menschliche Handeln das Schicksal beeinflußt – manchmal beurteilen ihre Vertreter die Lage auch einfach falsch. Deshalb wird soviel Aufhebens darum gemacht, daß Samuel den falschen Sohn Isais zum König salben will (1 Sam 16,6) – er wählte ihn aufgrund seiner Größe, wie den unglückseligen Saul. »Denn«, sagt Gott, »es ist nicht so, wie der Mensch es sieht; denn der Mensch sieht auf die äußere Erscheinung, der Herr aber sieht auf das Herz.« Ausgerechnet Samuel, »der Seher« (1 Sam 9,9), ist derjenige, der in einem entscheidenden Augenblick *nicht* »sieht«. Die Bibel selbst sagt uns, daß unsere Zeugen fehlbar sind, daß unser Sehvermögen unvollkommen ist und unsere Fähigkeit, das Geschaute zu vermitteln, begrenzt – ein Grund mehr, äußerst vorsichtig mit unseren Aussagen über den Gott der hebräischen Bibel zu sein.

Gott entzieht sich immer wieder dem menschlichen Zugriff. Die Erzväter scheinen die Wirklichkeit und das Wesen des Gottes, dem sie begegneten, noch einfach hingenommen zu haben. Abraham »testet« zwar in der Auseinandersetzung um Sodom gleichsam Gottes Maßstab für Gerechtigkeit, doch der erste, der versucht, die

Eigenschaften und das Wesen Gottes konkreter zu erfassen, ist Mose. In seinem ersten Anlauf beim brennenden Busch wird er mit einer Offenbarung konfrontiert, die gleichzeitig eine klare Zurückweisung enthält. Auf seine Frage nach dem Namen Gottes erfolgt das berühmte, nahezu unübersetzbare *»Ehjeh ascher ehjeh«*: »Ich bin, was ich bin« oder »Ich werde sein, was ich sein werde« oder eine andere der unzähligen Varianten, mit denen sich die Wendung wiedergeben läßt. Wie bereits angedeutet, wurden von theologischer und philosophischer Seite zahlreiche Versuche unternommen, die Implikationen dieser Aussage zu erfassen, die – zumindest von der Wortwurzel her – mit dem Verb »sein, existieren« in Zusammenhang stehen könnte und vielleicht so etwas wie Gottes Zeitlosigkeit oder existentielle Gegenwart zum Ausdruck bringen soll. Grammatikalisch ist die Wendung jedoch mit anderen Satzkonstruktionen verwandt, die ganz eindeutig verschleiernd wirken sollen. So heißt es etwa, als der Leser nicht erfahren soll, wo Davids Männer sich zu einer bestimmten Zeit aufhielten, »sie gingen hin, wo sie hingingen« (1 Sam 23,13). »Ich bin, was ich bin« kann deshalb einfach bedeuten: Ihr könnt mein Wesen nicht in das Schema eines Namens pressen und damit in gewisser Weise Macht über mich haben, wie andere, die den Namen ihres Gottes kennen. Ich kann letztlich nur aus mir selbst heraus verstanden werden. Ich bin, was ich bin. Mit anderen Worten: »Kümmert euch um eure eigenen Angelegenheiten!«

Das klingt recht brüsk. Nicht weniger problematisch ist Gottes anfängliche Reaktion auf Moses zweiten Versuch, etwas über Gottes Wesen zu erfahren. Nach der Episode mit dem Goldenen Kalb, als das Unternehmen Exodus gescheitert scheint, erkämpft sich Mose die Zusage von Gott, weiterhin inmitten des Volkes gegenwärtig zu sein. Durch Gottes positive Antwort kühn geworden, bittet Mose: »Zeig mir deine Herrlichkeit.« Damit sind wir beim Problem des Wortes *Kawod*, das mit »Herrlichkeit« übersetzt wird, was soviel wie »Ehre« oder »Ruhm« bedeuten kann. *Kawod* kann aber auch die Vorstellung von »Person«, »Selbst« verkörpern, wie der Begriff »Name«. Gott verspricht in seiner Entgegnung, Mose seine »Güte« schauen zu lassen. Aus der folgenden Passage, in der Gott seine Eigenschaften näher bezeichnet, könnte man folgern, daß damit jene »Barmherzigkeit und Gnade, Langmut und Treue« oder Liebe gemeint ist, die »tausend Generationen währt und alle Arten von

Unrecht vergibt, aber den Schuldigen nicht straflos ausgehen läßt«
(Ex 34,6-7). Doch in einem Atemzug mit seiner ersten Antwort sagt
Gott auch (Ex 33,19): »Ich werde gnädig sein, wem ich gnädig bin,
und mich erbarmen, über wen ich mich erbarme« – wieder eine ähnliche grammatikalische Konstruktion wie oben: »Ich bin, was ich
bin, und ich tue, was ich will.«

Gott bleibt in seiner souveränen Herrschaft über die Welt im
Besitz einer geradezu anarchischen Macht. Das heißt, von seinem
Wesen her gesprochen (seinem »Namen«) und im Blick auf sein
Handeln an der Menschheit (seine »Herrlichkeit«) zieht Gott sich
hinter einen Schleier des Mysteriums und der scheinbaren Willkür
zurück. Wenn Gott definiert werden könnte, wenn er in seinem Verhalten vorhersagbar und damit manipulierbar wäre, würde er aufhören, Gott zu sein. Und doch bindet sich derselbe Gott durch ein
Bundesabkommen an ein ganz bestimmtes Volk und grenzt seine
Macht damit scheinbar ein. Das ist das erste von vielen Paradoxa,
denen wir noch begegnen werden.

Um wieder auf die Problematik des biblischen Zeugnisses an sich
zurückzukommen, so sind wir uns heute der besonderen Beschaffenheit des Berichts, der uns hier vorliegt, sehr viel stärker bewußt.
Dieses Wissen eröffnet uns zugleich auch einen neuen Zugang zu
den Geschichten der Bibel. So ist z. B. die Begegnung am brennenden Busch nur eine aus einer ganzen Reihe ähnlicher Geschichten,
deren Terminologie und deren Elemente sich gleichen. Ich habe
bereits darauf hingewiesen, daß am Anfang von Exodus 3, in der
Episode mit dem brennenden Busch, und in Genesis 18, bei Abrahams Begegnung mit den drei »Engeln«, zweimal das gleiche Wortspiel auftaucht.[1] Beide Male erlaubt uns der unterschiedliche
Gebrauch des Verbes »sehen«, die Geschichte einmal mit den
»objektiven« Augen des Erzählers und einmal mit den »subjekti-
ven« Augen des Beteiligten zu betrachten. Mose sieht einen Busch
brennen – wir, die Leser, wissen, daß ein Engel in dem Busch steht.
Abraham sieht drei Männer – wir wissen, daß sich hier in Wirklichkeit Gott manifestiert. Der gleiche literarische Kunstgriff kommt
bei Gideons Begegnung mit dem Engel und bei dem Engel, der
Simsons Mutter erscheint, zur Anwendung. Auch Josua erschei-

1. »The Bush that Never Burnt: Narrative Techniques in Exodus 3 und 6«;
   Heythrop Journal, Bd. XVI, 3, Juli 1975, S. 304-11.

nen diese Engel/Boten/Männer vor seiner ersten Schlacht, Jakob kämpft mit einem von ihnen, und Hagar begegnet ihnen, als sie in der Wüste umherirrt.

Wenn wir lesen, daß Josef auf der Suche nach seinen Brüdern einen Mann trifft, der ihn mit einigen dunklen Bemerkungen weiterschickt, so erwarten wir, daß dieser Mann sich ebenfalls als Engel entpuppt – und als das nicht geschieht, wird uns klar, daß es sich hier offensichtlich um eine weitere Variation desselben Themas handelt, die möglicherweise andeuten soll, daß Josef zu diesem Zeitpunkt nicht hinter die oberflächliche Erscheinung der Geschehnisse blicken kann. Das heißt, alle diese Episoden sind Variationen eines bestimmten »Szenen-Typs« (um in Robert Alters Terminologie zu bleiben[2]). Es handelt sich dabei um einen Erzählmodus, bei dem die Kunst darin liegt, das Grundthema passend zum Kontext zu variieren.

Wir haben bereits herausgearbeitet, welche Form der künstlerischen Kontrolle zwischen der originären Erfahrung, ihrer sprachlichen Vermittlung und ihrer letztlichen Aussage (ganz abgesehen von Fragen späterer Redaktion oder Kanonisierung) steht. Wir haben einen gewissen Einblick in die Komplexität und Raffinesse gewonnen, die hinter der scheinbaren Einfachheit und Naivität der biblischen Erzählungen steckt – unsere biblischen Vorfahren waren weder »primitiv« noch ungebildet noch dumm. Was wir jedoch noch nicht genügend in den Blick genommen haben, ist, daß ebendiese Geschichten auch »göttliche Wahrheit« sind. Eines der immer wiederkehrenden Themen, ausgenommen vielleicht bei der Josef-Geschichte, in der dieses Element wohl bewußt unterdrückt wird, ist das Wunderbare an der Begegnung mit Gott, in welcher Manifestation auch immer er sich zeigt, und die spielerische, oft humorvolle Erzählweise. Wir lachen auf Kosten unserer Helden – sogar auf Kosten von Mose, und werden uns gleichzeitig wieder einmal der unendlichen Distanz zwischen Gott und Mensch bewußt und damit auch der Unmöglichkeit, Gottes Wirklichkeit, und sei es auch nur näherungsweise, in Worte zu kleiden. Statt dessen begnügen wir uns mit einer Vielfalt von Formulierungen, die ebendiese Distanz zum Ausdruck bringen.

2. *Robert Alter:* The Art of Biblical Narrative, Allen & Unwin 1981, S. 47-62.

Immer wieder ist es die an vielen Stellen in der hebräischen Bibel spürbare Ironie, die diese Widersprüchlichkeit sichtbar macht: die Distanz zwischen unserer Selbstwahrnehmung und Gottes Wissen um die Realität des menschlichen Lebens; zwischen unserem Machtgefühl und Gottes Wissen um unsere Schwäche. Damit wird die Ironie zum literarischen Kunstgriff, der die ungeheure Dissonanz zwischen unseren scheinbar unbegrenzten menschlichen Begabungen, Kräften und schöpferischen Fähigkeiten, die uns »kaum weniger als göttlich« (Ps 8,6) erscheinen lassen, und unserer menschlichen Verletzlichkeit erträglich, ja angenehm macht – denn wir sind wie »Gras, das am Morgen wächst, das so frisch am Morgen wächst, und am Abend welkt und stirbt« (Ps 90,5-6).

Nachdem wir uns die Kunstgriffe und Techniken angesehen haben, die unser Bild von den Ereignissen prägen und eine gewisse Distanz zum dargestellten Gegenstand erzeugen, sollten wir auch jener biblischen Zeugen gedenken, die die Begegnung mit Gott so überwältigte, daß sie fast greifbar wurde – sei es, daß sie berauscht wurden von frommer Ekstase oder vernichtet durch die erbarmungslose Drohung, die sie streifte. Jeremia erlebte beides, wie aus seinen »Konfessionen« hervorgeht: »Deine Worte wurden gefunden und ich aß sie, und deine Worte wurden mir zu einer Wonne und zur Freude meines Herzens, denn ich bin durch deinen Namen berufen, o Ewiger, Gott der Heerscharen.« (15,16) »Denn das Wort des Ewigen ist mir zur Verhöhnung und zur Verspottung geworden den ganzen Tag. Und sage ich: Ich will nicht mehr an ihn denken und nicht mehr in seinem Namen reden, so ist es in meinem Herzen wie brennendes Feuer, eingeschlossen in meinen Gebeinen. Und ich mühe mich ab, es weiter auszuhalten, ich kann es nicht!« (Jer 20,8b-9)

Radikaler und zynischer ist Hiob, der sich die sorgsam gehüteten Worte der Überlieferung vornimmt und sie höhnisch paraphrasiert. Der Psalmist fragt noch voll frommen Staunens:

»Was ist der Mensch, daß du sein gedenkst, und der Menschen Sohn, daß du dich um ihn kümmerst? Du hast ihn kaum weniger als göttlich gemacht und krönst ihn mit Herrlichkeit und Ehre.« (Ps 8,5-6)

Bei Hiob werden daraus die bitteren Worte:

»Was ist der Mensch, daß du so viel Wesens um ihn machst, daß du ihm soviel Aufmerksamkeit schenkst? Daß du ihn jeden Morgen heimsuchst und ihn jeden einzelnen Augenblick prüfst!?!« (Hiob 7,17-18)

In Jonas paranoidem Welterleben atmet jeder Windhauch, jedes Lebewesen, jede Pflanze, jedes menschliche Wort die beharrliche Forderung, daß er Gottes Willen tun und gegen seinen gesunden Menschenverstand und seinen Willen in die verderbte Stadt Ninive gehen soll. Das ganze Universum ist erfüllt vom Dasein Gottes, einem Dasein, das uns oft allzu nah rückt. »Der Herr des Hauses drängt!« heißt es bei den Rabbinen.

Andererseits hat Gott, wie wiederum Jeremia bezeugt, die unangenehme Eigenschaft zu verschwinden, wenn er gebraucht wird; schweigend, scheinbar ungerührt von den Leiden seines Sprechers, ja seines ganzen Volkes, wie Israel immer wieder leidvoll erfahren mußte. In Deuteronomium 32 droht Gott in seinem Zorn über den Abfall Israels, sich seinerseits von seinem Volk zurückzuziehen: »Ich will mein Gesicht vor ihnen verbergen« (Dtn 32,20; vgl. 31,18). Immer wieder stoßen wir in der Bibel auf das grausame Spiel des Suchens und Sich-Verbergens zwischen Mensch und Gott. Einer der Verfasser der Psalmen kann im Blick auf seine Zeit sagen: »Das ist die Generation derer, die ihn suchen, diejenigen, die dein Gesicht suchen, sind Jakob« (Ps 24,6). Umgekehrt findet sich im sogenannten Tritojesaja die Klage Gottes: »Ich war bereit, mich suchen zu lassen von denen, die nicht fragten. Ich war bereit, mich finden zu lassen von denen, die nicht suchten. Ich sagte: »Hier bin ich, hier bin ich« zu einer Nation, die meinen Namen nicht anrief« (Jes 65,1).

Dieses Spiel ist Teil einer oft nur allzu menschlich anmutenden Tragikomödie, die doch auf einer kosmischen Bühne stattfindet. Vom allerersten Anfang in Genesis an wird Gott als tragischer Held dargestellt, dessen Bemühungen, die Treue und Liebe seiner Geschöpfe, seiner Geliebten, zu erringen, immer wieder in Enttäuschung, Frustration, Zorn und Vergeltung münden – gefolgt von tränenreichen Versöhnungsszenen. Heschel bringt es auf die Formel: »Gott sucht den Menschen.«

Es ist ein weiteres Paradoxon des biblischen Panoramas, daß ein solch anthropomorphes Bild sich neben den theologischen Ansätzen, die Andersheit Gottes zu betonen, behaupten kann. Jesaja 6 etwa stellt die Transzendenz Gottes (heilig, heilig, heilig – d. h., »abgesondert«, »anders«, jenseits aller menschlichen Vorstellungskraft) und Gottes Immanenz (die Erde ist erfüllt von seiner *Kawod*, »Herrlichkeit, Gegenwart«) nebeneinander.[3] Oder man denke an die Warnung in Deuteronomium 4,15-18:

»Deshalb hütet euch wohl. Denn ihr saht keine Gestalt an dem Tag, an dem der Ewige am Horeb mitten aus dem Feuer zu euch sprach, damit ihr nicht verderblich handelt, indem ihr euch ein Götzenbild in Gestalt irgendeines Wesens macht, das Abbild eines Mannes oder einer Frau, das Abbild irgendeines Tieres, das auf der Erde ist, das Abbild irgendeines geflügelten Vogels, der in der Luft fliegt, das Abbild von irgend etwas, das auf dem Erdboden kriecht, das Abbild irgendeines Fisches, der im Wasser unter der Erde ist.«

Es geht hier nicht nur darum, daß Gott größer ist als die anderen Götter, wie es im Lied am Schilfmeer (Ex 15,11) heißt: »Wer ist dir gleich, Ewiger, unter den Göttern? Wer ist wie du majestätisch in der Heiligkeit, ehrfurchtgebietend im Ruhm, Wunder wirkend?« Für den Verfasser des Deuterojesaja ist Gott einzigartig: »Ich bin der Erste und ich bin der Letzte; neben mir ist kein Gott« (Jes 44,6). »Ich bin der Ewige, und es gibt keinen anderen, neben mir ist kein Gott. Ich umgebe dich, obwohl du mich nicht kennst« (Jes 45,5). »Denn ich bin Gott, und es gibt keinen anderen, ich bin Gott, und keiner ist wie ich« (Jes 46,9). Die Stimme ist fordernd und ergreifend zugleich in ihrer Beharrlichkeit.

Und dann kümmert sich dieser selbe Gott, der transzendent ist, fern und abgeschieden, wieder und wieder um die winzigsten Einzelheiten menschlichen Erlebens und Lebens. Für Jeremia liegt Gottes geographischer Ausgangspunkt im Himmel, dem Gott von der Vorstellung her »nahe« ist und damit schon räumlich dem menschlichen Leben »fern«:

3. Ausführlicher wird dieser Punkt in meinem Artikel »A Little Lower than the Angels« behandelt, erschienen in: Harvest: Journal for Jungian Studies, 28, 1982, S. 97-105.

»Bin ich ein Gott, der ganz nahe ist, spricht der Herr, und nicht ein Gott in der weiten Ferne? Kann ein Mensch sich an geheimen Orten verbergen, so daß ich ihn nicht sehen kann? spricht der Ewige. Erfülle ich nicht Himmel *und* Erde? spricht der Ewige.« (Jer 23,23-24)

Jeremia macht mit diesem Bild deutlich, daß Gott die Heuchelei der falschen Propheten auf Erden durchschaut. Der Dichter des 113. Psalmes dagegen läßt Gott aus seiner unendlichen Höhe über der Erde herabsteigen und diejenigen, die in den Staub gebeugt sind, aufheben:

»Hoch über alle Nationen ist der Ewige, über die Himmel seine Herrlichkeit. Wer ist wie der Ewige, unser Gott, der so weit von allem lebt, der so tief innen wohnt, daß er die Himmel und die Erde überblickt? Er richtet den Schwachen aus dem Staub auf, erhebt den Armen aus dem Schmutz, um ihn unter die Vornehmen zu setzen, die Vornehmen seines Volkes.« (Ps 113,4-8)

Das bringt uns wieder zurück zu Hiobs Klage, daß Gott die Menschen nie auch nur für einen Augenblick allein läßt. Was uns wiederum an die Subjektivität unserer biblischen Zeugen erinnert, an ihre Menschlichkeit und die damit unausweichlich verbundene »Vermenschlichung« der biblischen Bilder von Gott. Er ist ein Gott, der »seine Meinung ändern kann«; der offenbar menschlichen Leidenschaften unterworfen ist; der in einem Augenblick sein Mitgefühl und seine Liebe zum Ausdruck bringen und im nächsten mit der Vernichtung der Welt oder der Ausrottung eines feindlichen Volkes drohen kann. Es ist genauso verfehlt, einzig und allein auf die biblische Gottesliebe, Gerechtigkeit und Barmherzigkeit als Inbegriff seines Wesens und seiner Eigenschaften fixiert zu sein – wozu die religiösen Apologeten neigen –, wie es verfehlt ist, nur seinen Zorn und seine Zerstörungskraft und seine scheinbar anarchischen Entscheidungen zu sehen – was die anti-religiösen Apologeten so gern tun. Entweder alles oder nichts. Ohne diese Totalität, ohne diese Widersprüche, wäre Gott nicht Gott. »Ich bilde Licht und schaffe Finsternis. Ich wirke Frieden und schaffe Böses. Ich, der Ewige, tue alle diese Dinge.« (Jes 45,7)

Es gehört zu den Charakteristika des biblischen Textes, daß die Menschen sich häufig in Gott irren. Israel bildet da keine Ausnahme, ja es täuscht sich vielleicht sogar noch häufiger als andere

Völker. »Gott ist auf unserer Seite und wird unsere Feinde vernichten«, meinen die Zeitgenossen von Amos. Und der Prophet muß ihnen entgegnen:

»Wehe euch, die ihr den Tag des Ewigen herbeisehnt! Warum wollt ihr den Tag des Ewigen? Er ist Finsternis und nicht Licht.« (Am 5,18)

Sie sind überzeugt: »Gott kann durch die angemessene Erfüllung unserer Rituale, durch die Pracht unserer Gottesdienste und unserer Opfer beschwichtigt werden.« Und müssen sich sagen lassen:

»Ich hasse, ich verabscheue eure Feste und habe keine Freude an euren feierlichen Versammlungen. Auch wenn ihr mir eure Brandopfer und Getreideopfer darbringt, werde ich sie nicht annehmen, und die Friedensopfer von euren gemästeten Tieren werde ich nicht ansehen. Befreit mich vom Geplärr eurer Lieder; der Melodie eurer Harfen werde ich nicht lauschen. Aber laßt Gerechtigkeit wie Wasser herabströmen und Rechtschaffenheit wie einen nie versiegenden Strom.« (Am 5,21-24)

Sie glauben: »Wir sind Gottes erwähltes Volk, und nur unser Schicksal ist mit dem seinen verknüpft.« Doch auch darin irren sie:

»Seid ihr mir nicht wie die Kinder der Kuschiten, ihr Kinder Israel? sagt der Ewige. Habe ich nicht Israel aus dem Land Ägypten herausgeführt und die Philister aus Kaftor und die Aramäer aus Kir?« (Am 9,7)

Sie beruhigen sich: »Weil Gott uns ganz besonders liebt, wird er uns immer behüten und beschützen, komme, was da wolle.« Weit gefehlt:

»Euch allein habe ich von allen Geschlechtern der Erde gekannt; deshalb werde ich euren Übeltaten besondere Aufmerksamkeit schenken.« (Am 3,2)

Jesaja sieht zu seiner Zeit in der Bedrohung durch eine feindliche Belagerung Jerusalems kein vorrangiges Problem – Gott wird seine Stadt bewahren. Jesaja behält recht. Für Jeremia steht ein Jahrhundert später fest, daß dieses Jerusalem von den Babyloniern zerstört werden wird – ungeachtet der festen Überzeugung seiner Zeitgenos-

sen, daß Gott niemals zulassen wird, daß Jerusalem fällt, eine Überzeugung, in der sie sich durch Jesajas frühere Aussagen bestärkt
sehen. Doch auch Jeremia behält recht. Es ist, als ob Gott sich dagegen verwahrt, für allzu berechenbar gehalten zu werden. Als ob er
deutlich machen will, daß es nie zweimal die gleiche Situation gibt.
Daß Geschichte, Tradition oder schlichter Glaube keine Garantie
für die Gegenwart bieten. Entweder ist Gottes Wort lebendig und
gegenwärtig und verlangt, gehört zu werden – oder nicht. Und nur
allzu oft verlangt dieses lebendige Wort vom Hörer genau das
Gegenteil von dem, was er erwartet. Um im Bild Jonas zu bleiben:
Israel wird dauernd nach Ninive geschickt und dabei ertappt, wie es
sich nach Tarsis davonmachen will. Es ist nur ein weiteres Paradoxon, daß bei allem biblischen Beharren auf Gottes Gerechtigkeit
und Verläßlichkeit, auf seine Bundestreue die Bibel zugleich immer
wieder auch seine unbegrenzte Macht, die Menschen zu überra-
schen, um nicht zu sagen zu schockieren, feiert, die Macht, sein
Volk vor neue Herausforderungen, neue Bewußtseinsinhalte, neue
Verantwortungen zu stellen. »Groß ist der Ewige und sehr zu loben,
und seine Größe ist unerforschlich!« (Ps 145,3)

Es gibt nicht *die* Gottesvorstellung der hebräischen Bibel. Besten-
falls gibt es »Vorstellungen«, die wir vielleicht richtiger als Erfahrungen persönlicher und kollektiver Art bezeichnen sollten, weitergegeben in allen möglichen literarischen Formen von ungezählten
Generationen über eine lange Zeitspanne hinweg – Erfahrungen,
die aufeinander bezogen sind in all ihrer Ähnlichkeit und Widersprüchlichkeit und in dem ganzen Staunen, das eine so reiche Vielfalt schenken kann. Von Moses Begeisterung bis zu Jakobs Raffinesse, von Hiobs Bitterkeit bis zu Kohelets Zynismus, von der
Ekstase des Hohenliedes bis zur Verzweiflung der Klagelieder, von
der Klarheit unzähliger Gesetzestexte bis zum Stammeln der Propheten, von der burlesken Gestalt eines Simson bis zur schlichten
Frömmigkeit einer Hanna reicht die Bandbreite der Texte, Bilder
und Erlebnisse, unerschöpflich und unauslotbar.

Der Gott der hebräischen Bibel ist für uns lebendig durch das
vielfach gebrochene Zeugnis all dieser Menschen – so fehlbar und
unzulänglich sie auch gewesen sein mögen. Ja, sie scheinen im
Gegenteil gerade wegen ihrer Fehler und Unzulänglichkeiten auser-
wählt und werden durch ihre Erfahrung vielleicht sogar noch
unvollkommener. Sie sind nicht mehr am Leben, doch durch sie

und durch das, was sie uns überliefert haben, besitzen wir, wenn auch keine Vorstellung von Gott, so doch zumindest einen schattenhaften, unsere Neugier weckenden Eindruck, ein Gefühl von dieser Macht, die ihr Leben, ihre Geschichte, ihr Schicksal bestimmt hat. Diese Überlieferung hält uns noch heute in Atem und fordert uns heraus, und sie verlangt noch immer mit gleicher Dringlichkeit eine Antwort von uns.

6

Wenn alles gesagt ist

Natürlich wäre noch viel zu sagen. Viele der Sündenbekennt-
nisse, die am Versöhnungsfest in der Synagoge verlesen werden,
sind in Form eines Akrostichons angeordnet. Vermutlich handelt es sich dabei um eine Gedächtnisstütze aus einer Zeit, in der
die Gottesdienstteilnehmer noch keine geschriebenen Texte zur
Verfügung hatten. Die Rabbinen zogen jedoch aus dieser kleinen
Besonderheit eine hübsche Lehre: Die Zahl der Sünden, die
Menschen nach menschlichem Ermessen begehen können, ist ja
eigentlich unendlich. Die Leute kämen also mit dem Bekennen
nie an ein Ende. Glücklicherweise aber ist die Länge des Alpha-
bets begrenzt, so daß auch das Bekenntnis irgendwann aufhören
muß – genauso wie ein Buch.

Ich würde zum Schluß gern noch einmal eine Herausforderung im Blick auf die Bibel ansprechen. Es kursiert da so eine
halb religiöse, halb abergläubische Ansicht, daß die Bibel die
Antwort auf alle unsere Probleme parat habe. Man schlage sie
einfach nach dem Zufallsprinzip auf, und schon findet man Rat.
Das Problem bei dieser Form des Umgangs mit der Bibel ist, daß
man mit derselben Wahrscheinlichkeit, mit der man den ersehn-
ten Trost findet, auch an eine endlose Liste von Opfergaben
geraten kann oder eine Aufzählung der Symptome von Aussatz
oder an eine Stelle voller Flüche und Beschimpfungen gegen
irgendwelche obskuren Völker. Besonders praktische Bibeln
haben deshalb ein Verzeichnis mit den passenden Stellen für alle
Lebenslagen. Ich selbst vermute zwar, wie ich auch im vorliegenden Buch mehrfach deutlich zu machen versucht habe, daß die
Bibel mehr Fragen als Antworten enthält, doch es mag durchaus
sein, daß eine bestimmte Passage, etwa aus den Psalmen, uns im
Kummer oder in einer bestimmten Stimmung anspricht und uns
den Trost oder die Erleichterung geben kann, derer wir be-
dürfen.

Was aber fangen wir mit all den Brocken an, die uns scheinbar überhaupt nichts sagen? Die Antwort ist nicht so einfach. Vor einigen Jahren richtete ich eine ganz ähnliche Frage an Rabbiner Adin Steinsaltz, einen der bedeutendsten zeitgenössischen jüdisch-orthodoxen Gelehrten, der sich ganz allein an das Unterfangen gewagt hat, den Talmud in modernes Hebräisch und jetzt auch ins Englische zu übersetzen. Ich hatte Freunde in Israel besucht, deren Töchter mitten in den Schulabschlußprüfungen steckten. Unter anderem mußten sie auch einige Kapitel aus Jesaja lesen und erläutern. Ich warf einen Blick auf die betreffenden Passagen und merkte mit Schrecken, daß ich überhaupt nichts mit ihnen anfangen konnte. Erst nach einiger Zeit wurde mir allmählich ein bißchen klarer, wovon sie überhaupt handelten, aber ich fragte mich, was Fünfzehnjährige wohl davon verstanden. Die Antwort von Adin lautete: »Wahrscheinlich nicht besonders viel.« Nun mußten die Mädchen diese Stellen nur für eine Prüfung lernen, d. h. sie mußten die Vokabeln kennen und Fragen über bestimmte Dinge, auf die sie sich vorbereitet hatten, beantworten können. Für ein Examen mag so etwas ja noch angehen, was aber sollen *wir* aus dermaßen dunklen Passagen machen, wie sie für einen Großteil der prophetischen Literatur typisch sind? Wie soll man mit ihnen arbeiten und einen Sinn aus ihnen herausfiltern? Steinsaltz' Antwort war, das einzige, was man tun könne, sei, sich mit diesen Stellen bekannt zu machen, mit ihnen zu leben, sie zu einem Teil seiner selbst werden zu lassen und zu hoffen, daß sie vielleicht eines Tages zu sprechen begännen.

Ich glaube, er hat recht, auch wenn eine solche Auffassung unserer heutigen Kultur, die ja immer sofortige Antworten und sofortige Bedürfnisbefriedigung erwartet, zuwiderläuft. Das Leben mit der Bibel erfordert einen langen Atem. Die ersten Erkenntnisse können in ihrer Eindrücklichkeit atemberaubend sein, doch wenn dann die Flitterwochen vorbei sind, muß die Bibel immer wieder neu umworben und errungen werden, wenn sie zu uns sprechen soll. Ein Rabbi mit dem merkwürdigen Namen Ben Bag Bag hat es folgendermaßen formuliert:

»Drehe und wende sie wieder und wieder, denn alles ist in ihr. Schau hinein, werde alt und grau über ihr und wende dich nicht von ihr ab, denn du hast nichts Besseres als dies.« (Sprüche der Väter 5,25)

Bei einer Gelegenheit wurde denn auch tatsächlich eine solche obskure »Liste« für mich lebendig, und diese Geschichte scheint mir ein passender Schluß für mein Buch zu sein. Sie stammt wieder aus einer Predigt anläßlich der Bendorfer Bibelwoche. Es geht in der betreffenden Passage um die Materialien, die für das Heiligtum und seine Ausgestaltung benötigt werden.

Ich möchte damit schließen, weil die Geschichte von der nie endenden Reise handelt. Der Pentateuch endet ja befremdlicherweise an der Stelle, wo die Kinder Israel an der Grenze des Verheißenen Landes stehen, es aber nicht betreten. Dieser Vorgang wird in der Synagoge im jährlichen Perikopenzyklus nachgestellt. Beim Fest der *Simhat Tora*, der »Freude an der Tora«, wird jemand gebeten, als der sogenannte »Bräutigam der Tora« die Schlußverse des Deuteronomium zu lesen, und unmittelbar darauf liest der »Bräutigam der Genesis« die Anfangsverse von Genesis, so daß der Kreislauf sofort wieder von vorn beginnt. Von der Grenze des Verheißenen Landes kehren wir also zur Schöpfungsgeschichte zurück und beginnen von neuem. Dieses Muster wiederholt sich auch in den Pilgerfesten, die uns aus Ägypten herausführen (*Pesach*, Passa), hin zur Offenbarung am Sinai (*Schawuot*, Pfingsten), durch die Wüstenwanderung (*Sukkot*, Laubhüttenfest) begleiten und wieder zurückbringen nach Ägpyten, wenn es wieder Frühling wird. Wir sind gleichsam in einer Zeitschleife gefangen, in der wir unsere symbolische Reise endlos immer wieder durchlaufen, während wir uns gleichzeitig durch Zeit und Raum der »realen« Welt bewegen. Wir leben in zwei Dimensionen, die jedoch in ständigem Dialog miteinander stehen. Die Bibel ist uns auf dieser Reise Begleiterin, Fixpunkt, Landkarte und Ansporn.

Es ist wichtig, an den Rahmen des Ganzen zu denken: Wir befinden uns auf einer Reise aus einem Land der Sklaverei in ein Land der Verheißung. Wir mögen unter Sklaverei vielerlei verstehen – auf jeden Fall ist sie ein Ort oder ein Zeitraum, in dem unser Leben von anderen bestimmt wird, vielleicht auch von unbekannten Kräften oder Mächten. Unsere Sklaverei ist so beschaffen, daß wir sie gar nicht als solche erkennen. Wir leiden wohl unter ihr und fürchten sie, aber die Veränderung fürchten wir noch mehr. Unfreiwillig, widerstrebend und ängstlich lassen wir uns in die Wüste hinauszerren.

Doch es gibt ein Land der Verheißung – einen Traum, eine Vision, eine Phantasie, die manchmal ausreicht, uns am Leben zu halten, uns zu anderen Zeiten aber wie ein schlechter Scherz erscheint. Die Realität ist die Wüste. Doch es ist wichtig, den Rahmen des Ganzen im Auge zu behalten.

Wir sind nicht allein in der Wüste. Wir können einander helfen oder uns gegenseitig behindern. Wir sind vernünftige, lernfähige Menschen. Wir bauen unser Lager. Wir lassen unsere Familien, unsere Stämme, unsere Völker Aufstellung nehmen. Wir legen eine Marschordnung fest. Wir markieren und bezeichnen die verschiedenen Zwischenstops – hier ist ein Ort, der »Bitterkeit« heißt, da das »Haderwasser«, dort der »Berg Gottes«.

Im Zentrum unseres Lagers befindet sich unser Mysterium, unser Geheimnis – die Kraft, die uns aus der Sklaverei herausgezwungen hat, die uns rücksichtslos vorantreibt. Weil sie uns befreit hat, haben wir Angst vor ihr. Wir fürchten ihr Drängen, wir fürchten uns vor dem Preis, den sie fordern wird. Wir haben die Sicherheit des Sklavendaseins verloren, aber die Freiheit des Freiseins noch nicht erlangt.

Wir hüten unser Mysterium nach Kräften, ist es doch unsere Kraftquelle. Wenn wir diese Macht kontrollieren können, bringt sie uns vielleicht ins Gelobte Land. Wenn wir sie nicht im Zaum halten können, zerstört sie uns womöglich. Wir zelebrieren und beschwichtigen. Wir freuen uns, wir sind wachsam und wir warten.

Wir bauen ein Heiligtum. Sorgfalt, Präzision, Kunstfertigkeit –alles, was wir haben, setzen wir für diese Arbeit ein. Unseren Intellekt, unsere Kreativität, unseren Reichtum, unsere Hände. Jedes Handwerk und jede Kunst, die wir beherrschen, wirkt mit zum Wohle des Ganzen. Denn die Reise ist endlos und beschwerlich, und das Land der Verheißung weit. Mit unserem Herzblut bauen wir einen Ort für unseren Gott, der so schrecklich ist in seiner Liebe. Welch ein überströmender Eifer ist da am Werk, wieviele Gaben kommen zusammen, mehr als für die Arbeit selbst jemals nötig sind. Und Stück für Stück nimmt es Gestalt an – jedes Teil meisterhaft und mit echter Freude ausgeführt. Dabei lassen wir uns keineswegs dazu verleiten, in den einzelnen Stücken mehr verkörpert zu sehen, als sie sind. Wir freuen uns unserer schöpferischen Kraft, aber wir huldigen dabei

doch immer unserem Schöpfer. Und Stück für Stück tragen wir
unser herrliches Werk zusammen und nennen jedes einzelne
Teil mit Namen:

»Das Zelt und all seine Geräte,
seine Haken,
seine Bretter,
seine Riegel,
seine Säulen,
seine Sockel,
die Decke aus rotgefärbten Widderfellen
und die Decke aus Seehundfellen
und den verhüllenden Vorhang;
die Lade des Zeugnisses
und ihre Stangen und die Deckplatte;
den Tisch, seine Gefäße und die Schaubrote,
den reinen Leuchter mit seinen Lampen, die in der Ordnung aufzustellen
                                                                    sind,
und seine Gefäße sowie das Öl für die Beleuchtung;
den goldenen Räucheraltar;
das Salböl;
das wohlriechende Räucherwerk
und den Vorhang für den Eingang des Zeltes;
den Bronzealtar,
sein bronzenes Gitter,
seine Stangen und all seine Gefäße,
das Becken und sein Gestell;
die Behänge des Vorhofes,
seine Säulen und Sockel,
und den Vorhang für das Tor des Vorhofes,
seine Seile und Pflöcke,
und alle Geräte für den Dienst
der Stiftshütte, des Zeltes der Begegnung.«
(Ex 39,33-40)

Wir bauen unsere Stiftshütte für Gott, eben weil sie so greifbar,
so endlich ist. Sie ist Struktur, Form, Klarheit. Sie ist Ritual,
Routine, Pflichterfüllung. Sie ist Schutz und Speise und Selbst-
darbringung. Sie ist Symbol und Modell und Code. Sie prägt und
bildet uns und garantiert unsere Identität in der Wüste. Sie erin-

nert uns daran, wo wir waren und wo wir hingehen wollen. Aber sie kann auch zum Gefängnis werden, zur Besessenheit, ja zum Tod.

»Sooft sich die Wolke von der Stiftshütte erhob, brachen die Kinder Israel auf, auf all ihren Wanderungen.« (Ex 40,36)

Jedesmal bauen wir unsere Stiftshütte wieder ab, bezeichnen die einzelnen Teile, reparieren und erneuern, was kaputtgegangen ist, und ziehen weiter. Wir bewahren und wir verändern. Wenn die Wolke weiterzieht, müssen wir ihr folgen, sonst kommen wir in der Wüste um.

Denn wir sind ein Haufen ehemaliger Sklaven, aneinandergekettet, gegen unseren Willen auf dem Weg in ein Land der Verheißung. Wir murren und schimpfen, und doch haben wir miteinander unsere Stiftshütte gebaut. Und gemeinsam starren wir auf die Wolke, ängstlich, staunend, ungeduldig, und warten darauf, daß sie weiterzieht.

Bibelstellenregister

Leseempfehlungen

Nehama Leibowitz: Studies in the Pentateuch. 5 Bde. Studien zu: *Bereschit* (Genesis); *Schemot* (Exodus); *Wajikra* (Levitikus); *Bamidbar* (Numeri); *Dewarim* (Deuteronomium). The World Zionist Organization Department for Torah Education and Culture in the Diaspora, Jerusalem 1980.

Hyam Maccoby: Judaism on Trial: Jewish-Christian Disputations in the Middle Ages. Littmann Library of Jewish Civilization, Oxford University Press 1982.

LEO BAECK
COLLEGE

Das **Leo Baeck College für Jüdische Studien** wurde 1956 gegründet. Nach dem Verlust europäischer Studienzentren durch den Holocaust und aus dem Bedürfnis der wachsenden Anglo-Jüdischen Gemeinschaft nach Erneuerung ihrer geistig-religiösen Führung heraus entstand der Wunsch, eine jüdische Hochschule zu gründen, an der die Traditionen jüdischer Wissenschaft in Europa fortgeführt werden konnten. Zu den eifrigsten Befürwortern des Unternehmens gehörte Rabbiner Dr. Leo Baeck, eine der bedeutendsten Gestalten des Judentums im 20. Jahrhundert. Leider konnte Rabbiner Baeck nicht mehr selbst als Lehrer an der neugeschaffenen Einrichtung wirken. Nach seinem Tod erhielt das College seinen Namen in der Hoffnung, daß an dieser Stätte Baecks Engagement für alle Aspekte jüdischen Lebens und Denkens weiterleben möge.

Bei der Gründung des Leo Baeck College wurden als Ziele der Institution festgeschrieben: »... *die Erforschung des Judentums in einem Geist der Verehrung für die jüdische Tradition, verbunden mit akademischer Freiheit und wissenschaftlicher Objektivität, voranzutreiben; die Kenntnis des Judentums in der jüdischen Gemeinschaft zu fördern und Rabbiner und Lehrer für moderne jüdische Gemeinden in Großbritannien und in anderen Ländern, insbesondere in Europa und im Commonwealth, auszubilden.«*

Es ist das Anliegen des Leo Baeck College, Rabbiner mit einem wachen Bewußtsein für die lebendige Tradition des Judentums auszubilden, die ihnen in ihrem Dienst für Gott und ihre Mitmenschen eine Hilfe sein soll.

Seit 1989 ist das Leo Baeck College als akademische Ausbildungsstätte anerkannt. Die am College gepflegte Verbindung von rabbinischer und akademischer Forschung hat neue Möglichkeiten für das Studium des Judentums eröffnet. Neben der Ausbildung von Rabbinern, Religionslehrern und verwandten Berufen bietet das College auch Interessierten, die aus Nachbarwissenschaften kommen oder einfach ihr Wissen erweitern möchten, entsprechende Hochschulkurse an.

GTB Weltreligionen

Michael Krupp
Die Geschichte der Juden im Land Israel

Vom Ende des Zweiten Tempels
bis zum Zionismus. 160 Seiten mit
zahlr. Abbildungen und Karten.
Ein NES AMMIM-Buch.
Kt. Originalausgabe.
[3-579-00765-3] (GTB 765)

Michael Krupp
Zionismus und Staat Israel

Ein geschichtlicher Abriß. Mit
einem Geleitwort von Helmut
Gollwitzer und einem Vorwort
von Teddy Kollek.
Ein NES-AMMIM-Buch.
3. Auflage. 224 Seiten mit
2 Karten. Kt.
[3-579-00791-2] (GTB 791)

Dennis Prager/Jospeh Telushkin
Judentum heute

Neun Fragen an eine Weltreligion.
Aus dem Amerikanischen über-
setzt von Elisabeth Kesten und
Ulrike von Essen. 192 Seiten.
Ein NES-AMMIN-Buch. Kt.
Deutsche Erstausgabe.
[3-579-00766-1] (GTB 766)

Gütersloher
Verlagshaus